安徽省质量工程项目“一流教材”建设成果

社会工作行政

赵怀娟　主编

華東理工大學出版社
EAST CHINA UNIVERSITY OF SCIENCE AND TECHNOLOGY PRESS
·上海·

图书在版编目(CIP)数据

社会工作行政 / 赵怀娟主编. —上海：华东理工大学出版社，2022.10
ISBN 978-7-5628-6744-9

Ⅰ.①社… Ⅱ.①赵… Ⅲ.①社会工作—行政管理 Ⅳ.①C916

中国版本图书馆CIP数据核字(2022)第166104号

内 容 提 要

本书聚焦于社会服务机构管理的主要问题，设置了5个模块，共分为12章，包括社会工作行政基础知识以及社会服务机构的事务处理、人力资源管理、财务工作、监督评估，全方位构筑了社会工作行政的知识体系。本书吸收了国内外学者的研究成果以及政策精神和本土实践经验，内容全面、充实，编写体例科学、简明，知识点清晰明了。本书的适用范围较广，既可作为社会工作专业的教学用书，又可作为社会组织理事会与管理人员的案头工具书，还可供政府相关部门的工作人员、社区工作者等群体参考使用。

策划编辑 / 刘　军
责任编辑 / 张　云
责任校对 / 程　楠
装帧设计 / 靳天宇
出版发行 / 华东理工大学出版社有限公司
地址：上海市梅陇路130号，200237
电话：021-64250306
网址：www.ecustpress.cn
邮箱：zongbianban@ecustpress.cn
印　　刷 / 江苏凤凰数码印务有限公司
开　　本 / 710 mm×1000 mm　1/16
印　　张 / 21.5
字　　数 / 350千字
版　　次 / 2022年10月第1版
印　　次 / 2022年10月第1次
定　　价 / 78.00元

前　言

时光荏苒，2022年是我参加工作的第25个年头了。虽然我本科所学的专业是历史教育，但自留校工作起就与社会工作结下了不解之缘。我与社会工作从“相识”到“相知”再到“相守”，我为它倾注了青春年华，它为我提供了成长的舞台。当年，我刚参加工作时就担任了安徽师范大学首届、安徽省首批社会工作本科生的专职辅导员，后来我转到教学岗位，全程参与了社会工作专业评估、社会工作专业硕士点建设、国家一流本科专业建设“双万计划”申报等工作，见证和陪伴着社会工作在我国的成长和发展。

在安徽师范大学，我先后讲授过多门课程，但唯有“社会工作行政”课程的教学时间最久。依稀记得2002年夏天我在湖南长沙参加中国社会工作教育协会举办的“首届社会工作专业师资培训班”时的情形，那时全国几十所高校的专业教师每天都在热烈地讨论社会工作专业建设与课程设置的问题。也是在此培训班上，我决定接下“社会工作行政”这门课程的授课任务。当时，由于我国社会工作教育恢复不久，专业书籍非常有限，为了备课，我到处托人复印相关高校学生的听课笔记，将报刊上零星的素材做成简报供教学使用。一个学期下来，仅写讲义就用了数百张稿纸。

2005年，我参与了合肥工业大学出版社策划的“社会工作丛书”的编撰工作，承担了《社会工作行政》的部分写作任务。不过，当时受专业资料缺乏、本土实务探索刚刚起步等因素的制约，《社会工作行政》一书的内容设置并不太合理，社会工作专业色彩不足，不少地方存在着将社会工作与公共行政强行嫁接的痕迹。后来，《社会工作行政》的版本逐渐多了起来，国外的同名教材也被引进到国内。伴随着国内社会工作专业建设的推进和一轮轮的教学活动，“社会工作行政”课程体系逐渐成熟。我暗下决心，待时机成熟，我一定要重新编写一本理论性强、实操性强的《社会工作行政》。为此，我每年都调整授课内容，把实践进展和最新政策介绍给学生，力求理论联系实际，并凸显社会工作的专业性，以更好地回应国家对社会工作人才培养的相关要求。

2018年，我申报的省级质量工程——“社会工作行政”一流教材建设项目(项目编号为2018yljc096)被安徽省教育厅批准。随后，我便开始着手梳理与社会工作行政相关的教学讲义。为了避免撰写此书时因一己之见而产生偏狭的观点，我特意邀请了两位在高校讲授“社会工作行政”课程的教师同行和两位在社会服务机构担任管理职务的实务人才参与此书的讨论和编写工作。经过充分讨论，我们对本书的编写任务做了分工，后因机构管理人员工作繁忙而有所调整。本书的实际编写分工如下：赵怀娟负责第一至第三章、第五章、第十一章、第十二章的编写；唐南负责第四章的编写；张艳荣、黎志芬负责第六章的编写；蒋艳负责第七章、第八章的编写；孙天骄负责第九章、第十章的编写。

由于每位编者对教学内容的理解不同，教学、研究与实践经历也各异，因此各章的呈现方式可能会有不一致的地方，对此，我在统稿过程中也花了很多时间和精力予以完善。我真诚地希望本书能够服务于社会工作专业人才的教育和培养，能够成为社会服务机构工作人员和政府相关部门管理人员的参考用书，并能够接受社会工作行政实践的检验。在编写中，我们参考了国内外学者的研究成果，在此对其表示诚挚的谢意。我们还要感谢安徽省教育厅和安徽师范大学对教材建设的大力支持，感谢华东理工大学出版社编辑们的辛苦付出。由于编者的水平有限，书中若存在不足之处，恳请广大读者批评指正！

赵怀娟

目　　录

基　础　编

事　务　编

人　力　编

财　务　编

监 管 编

基 础 编

社会工作行政是社会工作专业的一门必修课程。社会工作行政既是社会工作的实践形态,也是社会工作的专业方法。本编设置了三章内容:首先,交代了社会工作行政的基础知识,如定义、构成、特征、内容等,并讨论了社会工作行政的基本功能与学习要求;其次,聚焦于社会工作行政的主体——社会服务机构,阐述了社会服务机构的发展历程、性质特征、管理体制与治理结构;最后,关注社会服务机构的领导者,试图通过对领导活动的剖析,说明社会工作行政的过程、内容与要求,并联系实际,特别讨论了社会服务机构的领导创新问题。

第一章

社会工作行政导论

社会工作行政是社会工作的实践领域，也是社会工作的专业方法。在高等学校，社会工作行政是社会工作专业学生必修的基础课程之一。本章主要介绍社会工作行政的含义、发展、构成、特征、功能等，并讨论学习社会工作行政的意义和方法。

第一节　社会工作行政的含义与构成

一、社会工作行政的含义

从字面来看，社会工作行政由“社会工作”(social work)和“行政”(administration)构成，因此，我们可以简单地将其理解为社会工作实践中的行政活动，或者是行政管理的理论与技术在社会工作中的运用。但由于社会工作、行政的概念并不是一成不变的，甚至是非常复杂多元的，因此，我们要科学界定社会工作行政的含义并不是一件容易的事情。

（一）社会工作

19 世纪末 20 世纪初，英、美等国出现了以运用专业方法帮助有困难的群体解决基本生存问题的职业活动。这种活动被人们称作社会工作，或社会服务、社会福利服务。对于社会工作，相关教材给出的概念是多种多样的，大体包括助人说、职业说、专业说、过程说、学科说、艺术说、制度说。

2014 年 7 月，国际社会工作者联合会在澳大利亚墨尔本召开会议。此次会议基于全球社会工作的发展状况和基本特点，提出了社会工作的新定义——社会工作是以实践为基础的职业，是促进社会改变和发展、增强社会凝聚力、赋权并解放人类的一门学科。社会工作的核心准则是追求社会正义、人权、集体责任和尊重多样性。基于社会工作、社会学、人类学和本土化知识的理论基础，社会工作使人们致力于解决生活中的困难，提升生活的幸福感。这一关于社会工作的新定义，既强调了社会工作作为一种职业活动的目标和准则，也突出了社会工作的学科属性和知识基础，体现了社会工作的本质要求和时代特点。

（二）行政

像社会工作一样，学者们对"行政"一词也有多种解读。例如，美国学者威洛比（Willoughby）从三权分立的角度将"行政"界定为政府部门的政务活动，它不同于立法部门与司法部门的职务行为；威尔逊（Wilson）区分了"政治"与"行政"，将"行政"解读为执行政策、体现政治意图；菲夫纳（Pfiffner）、西蒙（Simon）等学者则将人们为了实现共同目标而采取协调一致的行动理解为广义上的"行政"。

与"行政"密切相关的一个词语是"管理"。人们一般认为行政的职能范围比管理要窄。王思斌教授在《社会行政》（第二版）一书中对"行政"与"管理"进行了比较，认为"行政"偏重"服务"，而"管理"偏重"控制"。行政主要是指"对事务的计划、组织、推动和监督"[①]。当然，在实践中，由于行政与管理常常连在一起使用，因此，很多人并不会特别在意两者之间的细微差别。近年来，受新管理主义的影响，行政与管理的界限已逐渐模糊。一些学者认为，在社会工作实践中，没有必要刻意区分"行政"与"管理"。例如，英国学者韦罗妮卡·库尔谢德（Veronica Coulshed）认为，所有的社会工作者皆为管理者。我国台湾学者黄源协教授也指出，近年来，受新公共管理思潮的影响，社会福利管理已逐渐取代社会福利行政。他认为，管理与行政有很多功能是重合的，其知识体系与技巧范围有较为广泛的适用性。[②]

（三）社会工作行政

1. 对社会工作行政的界定

关于社会工作行政，已有研究和相关教材从不同角度给出了不同界定，这

---

① 王思斌：《社会行政》（第二版），高等教育出版社 2013 年版，第 2 页。

② 黄源协：《社会工作管理》，华东理工大学出版社 2018 年版，第 4—5 页。

里主要介绍以下 4 种。

第一，从行政与政治的区别出发，将社会工作行政理解为执行社会政策的活动。例如，我国台湾学者朱辛流认为社会工作行政是运用政府权力，根据当前政策及施政方式，有计划地健全人民团体、推展社会运动、增进社会福利、保障社会安全、加强劳动管理、发展合作经济、推行公共保健，并对国民的生存权、工作权和利益权予以确切保障的措施。美国学者约翰·C. 基德尼(John C. Kidneigh)强调社会工作行政是一种双向活动，其一方面是把社会政策转变为社会服务，另一方面是用实践经验来修正决策。上述观点均把社会工作行政视为一个将社会政策付诸行动的执行过程。

第二，从行政的一般内容出发，将社会工作行政视为一系列管理行为的总和。例如，美国学者雷克斯·A. 斯基德莫尔(Rex A. Skidmore)认为，社会工作行政是机构工作人员将机构的社会政策转化为社会服务的行为。其基本过程通常是计划、组织、人事、指挥和控制。[①] 与之类似，美国学者特雷克(Trecker)也指出，社会工作行政是一个持续、动态的过程，也是一个调动积极性的过程。这一过程旨在合理地配置人力、物力资源，通过协调与合作的方法(包括计划、组织、领导等)来促进共同目标的实现。上述观点均强调社会工作行政是为了实现特定的组织目标而制订计划、配置资源、实施管理的活动或过程。

第三，从兼顾宏观与微观的层面出发，提出综合性定义。例如，我国台湾学者白秀雄认为，社会行政有广义和狭义之分。广义上，社会行政是指社会福利体制的建立和运行；狭义上，社会行政是指通过行政程序确保社会服务机构实现组织目标、改进服务方式。王思斌教授在《社会行政》(第二版)中指出，我们可以把社会行政理解为社会工作领域的行政活动，或是针对社会工作的行政活动。因此，社会行政既可以是宏观层面政府实施社会政策的活动，即社会福利行政；也可以是微观层面社会服务机构的管理行为，如筹措资源、协调服务等。[②] 上述观点兼顾了政府部门对社会工作的管理和社会服务机构对内部事务的管理。

第四，从社会工作方法体系出发，将社会工作行政理解为一种间接的服务方法。例如，萧洪恩认为，从工作运行的角度来看，社会工作行政运用行政学、

---

① ［美］雷克斯·A. 斯基德莫尔：《社会工作行政：动态管理与人际关系》(第三版)，张曙等译，中国人民大学出版社 2005 年版，第 3 页。

② 王思斌：《社会行政》(第二版)，高等教育出版社 2013 年版，第 2—6 页。

管理学的方法与技术提高社会服务机构的工作效率与服务品质，是一种重要的间接社会工作方法。[①] 陈为雷认为，社会工作行政与个案工作、小组工作、社区工作等共同构成了社会工作方法体系。[②] 时立荣指出，在社会工作领域，社会工作行政是继个案工作、小组工作、社区工作后出现的一种专业方法，是一种宏观工作方法和间接服务方法。[③] 黄源协认为，社会工作行政是一种社会工作方法与过程，目的是将管理的知识运用于人群服务机构，协助机构的社会工作人员发挥专业知识的优势，进而达成服务人群或案主的最终目标。[④]

2. 国内学界关于社会工作行政的讨论

截至 2019 年年底，国内学界出版的《社会工作行政》已有 10 种，数量并不算少。但是，对于社会工作行政的含义，学界似乎并未形成一致的看法。在早期的教材版本中，作者对社会工作行政一般采取较为宽泛的界定方法，常常将社会工作行政、社会行政、社会福利行政等同使用。例如，张曙编著的国内第一本《社会工作行政》(2002 年)中就指出："社会工作行政简称社会行政。""由于社会工作行政的主要内容涉及社会福利，故社会工作行政也可称社会福利行政。"范志海和阎更法编著的《社会工作行政》(2004 年)、萧洪恩主编的《社会工作行政》(2005 年)、曾群编著的《社会工作行政》(2007 年)等教材中皆有上述提法。王思斌主编的《社会行政》有两个版本，他在书中也明确指出，社会行政也称为社会工作行政和社会福利行政。

此后，有几部教材对上述观点提出了不同的意见。例如，陈为雷在其编著的《社会工作行政》(第二版)中指出，社会工作行政、社会行政和社会福利行政的英文用法不同，这种不同体现在中文上就是三个不同的词组。他认为社会工作行政、社会行政、社会福利行政是属于不同范畴的概念，有必要把它们区别开来。他明确指出，社会工作行政就是社会服务机构的行政管理活动，不包括政府层面的行政管理活动。[⑤] 时立荣在其主编的《社会工作行政》中也持类似的观点，她将社会工作行政的主体界定为社会服务机构。此外，国内社会工作学者史柏年教授也曾撰文专门阐述了自己对社会工作行政的看法。他认为，社会行政、社会福利行政和社会工作行政三者之间是具有递进性从属关系

① 萧洪恩：《社会工作行政》(第二版)，华中科技大学出版社 2013 年版，第 7 页。
② 陈为雷：《社会工作行政》(第二版)，中国社会出版社 2015 年版，第 10 页。
③ 时立荣：《社会工作行政》，中国人民大学出版社 2015 年版，第 19 页。
④ 黄源协：《社会工作管理》，华东理工大学出版社 2018 年版，第 53 页。
⑤ 陈为雷：《社会工作行政》(第二版)，中国社会出版社 2015 年版，第 10 页。

的概念。社会行政是最大的概念，它是针对整个社会系统的运行所进行的协调与管理；社会福利行政是中间的概念，是社会行政中的主要部分，只涉及与社会福利有关事务方面的行政工作内容；社会工作行政是最小的概念，是社会福利行政中只涉及专业社会工作服务的一部分内容。[①] 他也主张从社会服务机构管理的角度来界定社会工作行政。

国内学界关于社会工作行政的界定之所以存在争议，主要是因为受到西方社会的不同影响。作为社会工作的诞生地，英国对社会工作行政的理解偏向于宏观层面，更强调其是社会政策的执行环节。在英国社会政策学科发展史上，20 世纪 40 年代末至 60 年代初曾被称为社会政策学的"社会行政"时期，以至于高校社会政策学科常常以社会行政命名。20 世纪 50 年代，蒂特马斯（Titmus）被伦敦经济学院聘为首位社会行政教授就是例证。作为非营利组织较发达的国家之一，美国对社会工作行政的理解偏向于机构的运营或管理方法层面。例如，美国 1995 年出版的《社会工作辞典》是这样界定社会工作行政的："负有行政责任的人所采用的方法，包括确定一个社会福利机构或其他单位的组织目标，获取行动方案的资源并进行分配，协调达成选定目标的工作，对工作程序和结构进行监控、评估，并进行必要的调整以提高绩效。在社会工作中，'行政'很多时候是'管理'的同义词。"[②]

3. 本书对社会工作行政的界定

本书主张从机构管理的角度界定社会工作行政，理由有如下三点。第一，早期学界对社会工作行政的宽泛理解符合我国社会工作的发展阶段。彼时，我国社会工作恢复重建时间不长，社会工作实务探索有限，社会工作机构数量较少，社会服务管理经验缺乏。从教材编写的角度来看，如果作者宽泛理解社会工作行政，那么写作的难度相对适宜，可以发挥的空间较大。所以，早期多个版本的教材都试图把行政管理与社会工作嫁接起来，并尽量突出社会工作的色彩。经过十几年的发展，我国的社会组织逐渐壮大，社会工作实务形态趋于丰富，社会服务机构数量快速增加。这时，编写社会工作行政教材就应该较多关注社会服务机构的管理问题，以便机构在实践中参考使用。第二，对社会工作专业的学生而言，他们也需要学习社会服务机构管理的相关知识，为将来

---

① 史柏年：《社会工作行政涵义辨析》，载《社会工作》2013 年第 2 期。

② 陈为雷：《社会工作行政》，中国社会出版社 2010 年版，第 18 页。

的职业发展打下基础。第三，从国内新近出版的教材和境外较为畅销的教材看，作者多是从机构管理层面讨论社会工作行政的。例如，前文提及的陈为雷编著的《社会工作行政》、时立荣主编的《社会工作行政》、斯基德莫尔所著的《社会工作行政：动态管理与人际关系》和黄源协所著的《社会工作管理》等。

本书认为，社会工作行政是社会服务机构基于自身的宗旨与使命，有效策划和利用社会资源，运用管理的知识与方法，通过计划、组织、领导、控制等方式将社会政策和机构决策转化为社会服务，以最大限度地满足社区和居民需求的管理过程，也是一种社会工作的专业方法。这一定义有以下 4 个要点。第一，社会工作行政的主体是社会服务机构。社会工作行政就是社会服务机构的行政管理活动，不包括政府层面的行政管理活动。第二，强调社会工作行政是对社会政策和机构决策的执行，顾及了“行政”的本义；强调机构的管理活动要在宗旨和使命的指导下开展，要注重工作效率和社会效益。第三，社会工作行政的最终目标是最大限度地满足服务对象的需求，而不是满足机构自身的利益。也就是说，好的管理能协助组织成员为服务对象提供优质的服务。所以，社会工作行政是社会工作的间接服务方法，旨在通过积极、有效的管理过程，使服务对象间接获益。第四，既关注了国际社会工作者联合会在墨尔本召开的会议上提出的社会工作新定义中的职业活动、实践特性等元素，又强调了社会工作行政的核心是科学地运用管理方法，创设有利的政策执行环境，保障服务输送的效率与品质。

需要说明的是，鉴于近年来管理学对社会工作实践的影响，在后文的论述中，本书不特别强调行政与管理的差别，也就是说，将社会工作行政与社会工作管理视为同义词。

二、社会工作行政的发展

我们可以从两个维度出发，考察社会工作行政的发展。第一，社会工作行政是社会工作中的管理活动，是社会服务机构将政策转化为社会服务的一系列行为，如设定目标、制订计划、分配资源、执行方案、评估效果等。因此，社会工作行政是社会工作的一个实践领域。第二，社会工作行政是社会工作实务中的一种专业方法，它虽然借鉴公共行政的工具，如组织、领导、财务、人事等，但在具体运用时，又有社会工作专业独特的理论视角和价值伦理。

（一）作为实践形态的发展

作为实践形态的社会工作行政起源很早，因为只要有社会服务机构，就会有机构的管理行为。当然，既然我们讨论的是社会工作行政，就应当聚焦于社会工作领域。众所周知，英国是社会工作的发源地，在过去的几百年间，其民间力量一直致力于解决贫困、失业、社群疏离等社会问题。组织这些公益慈善活动，客观上必然要求社会服务机构管理者进行组织建设和制度建设，对人财物资源进行调配，对服务过程进行跟进指导，并对服务成效予以评价。这种管理活动一方面促进了社会服务机构的健康成长，另一方面推动了社会工作行业的良性发展。

19 世纪 60 年代末，英国成立了慈善组织会社（charity organization society，COS）。该组织成立的宗旨之一就是联合其他机构，实现对慈善资源的整合，提高救助服务的覆盖率，解决重复服务与服务不足等问题。COS 成立后引入了德国爱尔伯福制对济贫事务的管理方法，在各地设立委员会。1869 年，COS 设立了 12 个地区办事处，1875 年扩展到 40 多个。1877 年，美国的布法罗市也建立了 COS。到 1892 年，美国共建立起 12 个 COS。英、美的 COS 运用规划、指挥、协调、控制等行政手段，统筹资源、协同机构、培养人才，这些工作无疑都属于行政的范畴。

进入 20 世纪，社会工作朝着专业化、职业化的方向发展，从业人员的分工逐渐细化，志愿者、临床社会工作者、服务督导人员、管理人员等在社会服务机构内扮演着不同的角色，承担着不同的责任。社会服务机构的管理人员被期待能够提供专业化的领导，如雇用专业员工、安排督导人员。同时，他们还要积极参与社会工作专业团体的成立和组织工作，并为社区组织和新机构提供咨询和指导。[①] 20 世纪 20—40 年代，随着社会服务机构的日益增多和社会工作实践领域的逐渐拓展，加强内部治理成为社会服务机构必须重视的工作，如合理划分部门及其职能、建立管理体制、确立工作标准、提高决策水平等。其间，英国、美国、德国等建立社会福利制度客观上刺激了社会服务机构的快速发展，并激发了机构对管理人员的强烈需求。

20 世纪 50—60 年代，社区发展与福利国家建设呈现出一派繁荣的景象。工业化国家纷纷强化了对社会福利的供给和管理。这些国家通过出台政策、

① 黄源协：《社会工作管理》，华东理工大学出版社 2018 年版，第 36 页。

设立机构、设计项目、服务民众等使社会福利事业获得了快速发展。在这一背景下,越来越多懂管理、具有社会工作专业背景的人成为社会服务机构的管理人员。例如,20 世纪 60 年代美国发起“向贫困开战”的运动,把贫困治理任务下沉到社区,建立由贫困人口、地方政府、企业和劳工组织构成的联盟性、非营利性的社区行动机构。包括社会工作者在内的各专业背景的管理者受雇进入社区行动机构,策划和实施反贫困服务方案,发动贫困人口参与项目,实现自助。

20 世纪 70—90 年代,社会服务机构能够获得的财政和政策支持有所减少。但是,在需求的驱动下,社会服务仍在持续增加,营利性机构也成为服务供给的主体。这使得人群服务组织间的竞争不断加剧,管理学的新理论和新方法被广泛运用于服务机构。为了获得可持续发展,社会服务机构把管理的焦点更多地转向了组织效率、方案评估、责信交代与服务对象满意度等方面。在政府购买日益普及的情况下,社会服务机构承担了政府部门难以完成的终端社会工作,既执行了社会政策,满足了服务对象的需求,也推动了社会服务立法或社会政策的变革。不过,管理主义的盛行也对社会工作行政产生了一定的消极影响,迫使社会服务机构管理者和专业人士不得不把大量的时间和精力放在规划、评估、监测和报告等方面,引发管理主义和专业主义之间的冲突。

(二) 作为专业方法的发展

如果将社会工作行政视为社会工作方法,那么它的发展历程就比实践活动短了很多。因为,对于社会工作这样一门以实务为导向的学科来说,其方法是从实践中提炼出来的,自然会远远滞后于实务工作的开展。众所周知,慈善助人的历史悠久,但是将助人经验上升为个案工作的理论、方法和技巧却是在 20 世纪初期。因此,从社会工作的方法体系看,社会工作行政的确立与个案工作、小组工作、社区工作相比,是比较晚的。20 世纪初,社会工作走向专业化和职业化。当时,社会工作教育机构对从业者的训练主要集中在个案工作方面,其被视为“核心技术”(nuclear skill),是社会工作专业化的象征。

但是,随着社会工作的发展,一些实践者和研究者逐渐意识到将个案工作等同于社会工作太过狭隘,因为在涉及人群服务和组织行动时,个案工作显得势单力薄。以美国学者阿伯特(Abort)为代表的社会工作教育者提出,学校不仅要训练学生如何为个体提供服务,还要为他们将来可能从事管理工作和政策执行工作做准备。20 世纪 20 年代，美国学者哈格蒂(Hagerty)做过一项研究，他强调社会工作学院不仅要培养直接的服务人员，还要培养社会工作的组织者、领导者和执行者。但由于当时个案工作正处于发展的黄金时期，加之社会工作教育界缺乏对行政的了解，因此，社会工作行政并未得到太多的关注。

1929—1930 年的经济危机使得西方资本主义制度受到了严峻的考验。政府对社会危机的介入，客观上推动了社会福利行政的发展。1933 年，美国设立了"联邦紧急救济署"，次年颁布《社会安全法案》，随后创立公共救助制度。新机构与新制度的出现，激发了美国社会对社会工作管理人才的强烈需求。于是，美国政府便出资请社会工作学院开设一些短期的、密集型的培训班，以便为公共福利部门输送具有计划、组织、财务、监督等能力的社会工作专门人才。也正是在这一时期，公共行政学作为一门研究国家行政管理现象及其规律的学科，在西方获得了快速发展。20 世纪 30 年代末，公共行政学作为一门独立的学科基本形成，这为社会工作实务引入"行政"提供了可能。于是，在相关社会工作的研讨会上，人们开始听到关于社会工作行政的议题。1944 年，全美社会工作学院协会将"社会行政"确定为社会工作专业的核心课程。社会工作教育工作者与实务工作者认识到，社会工作行政不是一般意义上的管理技术，它需要建构起专门的知识体系，但对于课程内容该如何设置，教育界却存在争议。

1955 年，美国社会工作者协会(the National Association of Social Workers, NASW)成立。1960 年，NASW 实施了一项专门针对社区发展和社会工作行政的调研。当时，项目组集中了一批知名的专家学者和实务工作者。项目组提交的研究报告中指出：行政对于推动社会工作发展具有重要意义，社会工作如果仅停留在对个体的救助，而忽视通过专项立法、设置特定机构、争取政府预算等方式解决社会问题，其效果将是零星的、有限的、缺乏整体效应的。此后，美国社会工作教育专家伯恩斯(Burns)设计了社会工作行政的课程内容，并经美国教育委员会审议通过。1963 年，NASW 在组织内部增设了社会工作行政组，但当时社会工作实务界更关注的是社区工作方法。

20 世纪 60 年代至 70 年代中期，社会服务的范围不断拓展，从制度和组织层面解决社会问题变得十分重要，社会工作与行政管理不断融合。对此，社会工作教育界做出了积极回应：调整社会工作专业课程体系，增加社会福利、社会政策、社会服务管理等方面的课程，并训练学生的领导能力和管理技巧。

1970 年，美国社会工作教育委员会出版了《社会工作行政：资源手册》和《社会工作行政案例》。前者收录了 40 篇论文和相关文献资料，供社会工作专业师生和社会工作实务工作者使用。书中既有关于社会工作行政的研究论文，也有诸如马克斯·韦伯(Max Weber)的“科层制”、亨利·法约尔(Henri Fayol)的“管理通则”等管理学经典理论。后者是前者的姊妹篇，共收录了 25 个实务案例，剖析了社会工作行政中的典型问题。

随着课程内容的确定和实务资源的增加，美国有越来越多的社会工作学院开始设置社会工作行政学科或相关课程，1975 年为 19 所，1979 年为 36 所，1988 年增至 53 所。许多社会工作专业毕业生在政府、非营利组织中担任了管理职务。20 世纪 70 年代，玛丽莲·A. 比格斯塔夫(Marilyn A. Biggerstaff)曾经对美国 8 所社会工作学院的毕业生做过一项调查，发现有 22%的毕业生处于高级管理岗位，32%的毕业生处于中层管理岗位，13%的毕业生成为一线督导人员，33%的毕业生从事直接服务。可见，经过社会工作专业训练的学生中有六成多从事的工作与福利行政、机构管理有关。1977 年，美国创办专业刊物《社会工作行政》(*Administration in Social Work*)，这标志着社会工作行政学术化发展时期的到来。1978 年，美国社会工作教育委员会提出，要将社会工作行政置于优先发展的地位。可见，20 世纪 70 年代，社会工作行政已跻身于社会工作方法体系，被视为间接服务方法和宏观社会工作方法。

三、社会工作行政的构成

（一）社会政策与机构政策

社会工作行政是对社会政策和机构政策的执行，所以，它们是社会工作行政的依据。在社会政策学科发展史上，最早对其进行界定的是德国社会政策学会的阿道夫·瓦格纳(Adolph Wagner)。他把社会政策界定为“运用立法和行政的手段，以争取公平为目的，清除分配过程中的各种弊害的国家政策”①。后来，英国学者 T. H. 马歇尔(T. H. Marshall)、M. 希尔(M. Hill)、蒂特马斯等都提出过社会政策的定义，将社会政策的内涵从国家调控分配扩展到向公民提供社会福利。美国学者大多主张在宽泛的意义上理解社会政策。例如，D. S. 艾特迪斯(D. S. Iatridis)认为，社会政策是与整个社会的基本状况及其

① 曾繁正：《西方国家法律制度社会政策及立法》，红旗出版社 1998 年版，第 165 页。

发展、人类与环境的关系以及个人的福祉相联系的，它是“向全体人民提供公民权利的媒介物”[①]。

近年来，社会政策已成为我国学者关注的热点。对于社会政策，国内学者的理解大致有如下特点：第一，强调社会政策具有满足社会需求、增进社会福利、解决社会问题、稳定社会秩序等功能；第二，认为社会政策一般表现为法律、法规、规定、规则等，是一系列行为准则、法令和条例的总称；第三，认为社会政策的主体不限于国家和政府，还包括非政府组织、非营利组织等；第四，社会政策的对象是个人、家庭或全体社会成员，但弱势群体是重点对象，如老年人、儿童、残障人士等。在社会工作界，人们更倾向于把社会政策与弱势群体、社会救助、社会服务、社会保护等联系起来。除社会政策外，社会服务机构还会制定有利于实现自身使命、提高服务品质的相关章程与标准等，这也是社会服务机构管理的重要依据。

（二）社会工作行政主体

根据本书对社会工作行政的界定，社会工作行政的主体就是各类社会服务机构。它们具有合法身份，遵守法律、法规，在政策方针的框架下按照机构的服务宗旨开展活动，将政府的执政理念和政策要求转化为社会服务。从性质上看，社会工作行政主体有公与私之分。前者主要包括政府部门主办的社会福利事业单位和服务机构，如救助站、福利院、公办社会工作机构等，还有群团组织主办的服务实体。这类主体由主办者建设和管理，主要负责人有一定的行政级别和与之相应的待遇。后者是私营或民办主体，指的是那些由私人投资、合伙经营或由社会团体兴办的，为老年人、儿童、残疾人或其他有需求的人士提供生活照料、康复训练、心理疏导等专业服务的社会服务机构。这些机构具有非营利性质，必须经民政部门登记，在业务范围内开展活动，接受业务主管单位和登记管理机关的指导与监督。从活动区域看，社会工作行政主体也可分为国际性的、全国性的、地方性的等。更具体地说，社会工作行政主体是在社会服务机构中承担管理责任的人，如机构领导人、部门负责人、项目主管等。他们在管理活动中要解释政策、制定行动规则和服务标准，进行资源动员与服务协调等。

（三）社会工作行政客体

客体是主体实践活动和认识活动所面向的对象。在社会工作行政中，客

① 黄晨熹：《社会政策概念辨析》，载《社会学研究》2008 年第 4 期。

体就是主体要处理的相关事务和要管理的机构资源。前者可以理解为社会工作行政的内容或范围。例如：研究所在地区的社会福利情况，确定机构的服务目标；完善机构的制度、服务方案、工作程序，以实现机构的工作目标；进行资金分配、管理工作和会计工作；选择机构的工作人员；维护机构的设施设备；提供服务、保存资料、向有关方面做出交代；评估服务效果和人员的工作效率；进行有关工作的研究。后者实际上就是机构的人财物资源，这是机构执行政策的保障。挖掘、使用、维护这些资源是社会服务机构管理者的重要职能。尤其要关注人力资源，因为不论是行政人员、督导人员，还是一线服务人员，都是政策执行时不可或缺的主体。当然，社会服务机构在运营中存在着各种角色，有些人员经常会处于既是主体又是客体的角色中。

（四）社会福利资源

社会工作行政是将政策要求转化为社会服务的过程。在此过程中，社会工作行政主体将社会福利资源传递给服务对象。简单来说，社会福利资源包括物质性资源和服务性资源。物质性资源是以实物和资金形式存在的，如食品、衣物、辅具、现金或代金券等。因为实物可以换算为资金，所以物质性资源也可称为资金性资源。物质性资源可属于国家、企业、社会团体、公民个人，社会工作行政可以通过合法的转换机制改变物质性资源的占有方式，使其进入弱势群体的生活。例如，社会服务机构接受捐赠，然后把捐赠品或金钱转移给服务对象。服务性资源相对无形，但也不可或缺，甚至在有些情况下能够直接改善服务对象的境况。例如，将遭受暴力侵害的服务对象安置在安全场所，为经济困难的失能老年人提供长期照料，等等。弱势群体获得社会服务一般不需要自己付费，所以这种服务是福利性的。政府可以用财政资金向社会服务机构购买服务，并要求其将服务供给特定群体。社会服务机构也可以组织爱心人士为弱势群体提供关爱和协助。总之，社会福利资源是社会工作行政的构成要件，因为如果没有它，组织和提供资源的行政活动就不可能产生。

（五）社会工作行政手段

如何将社会福利资源传递给服务对象？这里就涉及各种行政管理手段的运用。对社会服务机构而言，这些手段包括设计和实施具有操作性的服务方案，筹集和调配人财物资源，对服务过程进行指挥、控制、沟通和协调，对服务结果进行评价与反馈，等等。总之，通过行政管理手段，社会工作行政主体可落实社会政策，将社会福利资源传递给服务对象。因此，行政管理手段是社会工作行政的构成要件。

综上，社会工作行政就是主体依据政策要求，运用行政管理手段，促使社会福利资源流向服务对象的过程。当然，这个过程不是单向的，主体、客体与服务对象之间是交互作用的。主体在实施社会政策时要顾及客体和服务对象的特性，机构人员和服务对象的反应也会促使机构对政策做出调整。此外，社会政策作为执行依据，不仅能明确社会福利资源供给的数量、形式与质量，而且会对主体的管理行为提出要求。

第二节　社会工作行政的特征与功能

一、社会工作行政的特征

有学者认为，分析社会工作行政的特征应该着眼于社会服务机构的运作，即根据社会工作和社会工作机构的特点总结出社会工作行政的特征。[①]也有学者主张通过与工商行政做比较，发现社会工作行政的基本特征。[②] 本书综合上述两方面的看法，将社会工作行政的主要特征概括如下。

（一）价值驱动，机构目的非营利

社会工作是"一种道德实践活动"，因为它有明确的价值观，追求平等、公正、利他，致力于提供全人关怀，促进助人自助。在社会工作领域内活动的社会服务机构承担着把社会福利资源传递给服务对象（常常是弱势群体）的职责，因而必须注重社会工作专业的价值观。作为人群服务组织，社会服务机构具有非营利性，它们的使命通常也包含着为弱势群体赋权、推动社会进步等内容。可以说，专业价值观是社会工作行政的重要驱动力之一。社会服务机构在社会工作价值观指引下为服务对象提供服务，并以独特的价值凝聚起志同道合的人一起工作。社会工作行政的目的不是让社会服务机构获利，而是满足服务对象的需求，改善服务对象的处境，促进服务对象的发展。

---

① 付立华、陈为雷：《社会工作行政》，山东人民出版社 2012 年版，第 5 页。

② Ming-sum Tsui and Fernando C. H. Cheung, "Social Work Administration Revisited: A Re-examination of Concepts, Context and Content," *Journal of Social Work*, 2009, 9(2): 148 - 157.

（二）人际取向，管理方式灵活

社会服务机构不同于政府部门，其工作人员常常因理念相符、观念相近而一起工作。他们受社会工作价值观的影响，希望享有平等、民主、协作的工作氛围。他们希望机构的组织结构具有灵活性和弹性，而非等级森严；管理者注重互动、沟通、对话、协商、合作及信息共享，而非专断行事。这就要求机构管理者能关注和满足员工的合理需求，在领导活动中注意人际取向，以平等、接纳、激励、授权等方式助力员工开展工作。也正因为如此，社会工作行政不能一味强调科层界限和权力等级。在面对具体的工作任务时，各司其职、服从指挥固然重要，但管理者也要依靠非职务权威影响和带领行政及服务人员。

（三）角色分离，管理力求平衡

从实践情况看，社会服务的购买方与使用方常常是分离的。在社会工作行政中，向社会服务机构提供资金支持的可能是政府部门、社会组织、公民个人，而服务的使用方可能是孤寡老人、困境儿童、留守妇女等特殊群体，购买方与使用方不一致，且彼此之间通常是陌生的。而工商业组织的消费者一般既是付款人，也是产品和服务的使用方，或者两者即使不等同，也有密切关系，因此，企业一般奉行“顾客是上帝”的信条，因为赢得了顾客就意味着赢得了利润。而对社会服务机构而言，其一方面需要努力争取购买方的支持，因为这关乎机构的生存和发展；另一方面必须赢得使用方（服务对象）的认可，因为服务对象的评价会影响机构的社会声誉和出资人的决策。但是，购买方与使用方对机构的期待未必一致，因此机构在管理中要努力平衡这两种角色。

（四）多方问责，机构需回应各方关切

从财务上说，社会服务机构必须对购买方负责，按照购买方的意图和要求开展工作，并严格执行非营利组织的财务制度。从管理上说，机构主管必须对董事会、理事会、监事会负责，证明机构决策与执行的程序、效率与结果是可靠的。同时，机构要对业务主管单位和登记管理机关负责，接受它们的指导和监督。从服务上说，机构必须满足服务对象的需求，帮助他们解决问题，并保证服务供给具有专业性。此外，机构还要对组织以外的关注社会服务质量的压力群体（如媒体）、其他服务机构、社区等利益相关者负责。而工商业组织主要对消费者负责。社会工作行政面临多方问责是由社会服务机构的特性所决定的。表 1－1 比较了社会工作行政与工商行政之间的差异，可作为理解社会工作行政特征的补充。

表 1-1　社会工作行政与工商行政的差异[①]

特　征	社会工作行政	工　商　行　政
价值观	社会公正、平等	自利，通过竞争实现经济增长
对象	草根群体、脆弱群体	消费者
问责制	多方问责	通常是单一的
主要受益者	全体公民、服务对象	企业所有者、股东
主要资金来源	税收、捐赠	投资、收费
产出	社会福利服务	商业产品和服务
法律方面的考量	公民权利	消费者权利、消费者购买力
策略	强化服务对象的独立性	强化消费者的依赖性
最终目标	增进服务对象的福祉	利润最大化

二、社会工作行政的内容

关于社会工作行政的内容，现有相关书籍讨论得不多，论述的角度也不一致。有的学者讨论的是社会工作行政的职能，如宋林飞提出的 3 种职能说——领导（包括规划、指导、监督），协调，服务（信息服务、环境服务、横向联系服务）。[②] 有的学者讨论的是社会工作行政的范围，如萧洪恩在其主编的《社会工作行政》中就介绍了联合国、我国台湾地区关于社会工作行政范围的划定情况。王思斌教授主编的《社会行政》（第二版）虽然在第二章单独列了一节“社会行政的内容”，但并未给出明确的结论。可见，对于社会工作行政的内容，学者们并没有一致的看法。本书认为，“社会工作行政的内容”回答的是社会服务机构“做什么”的问题，也可将之理解为社会服务机构应该承担的职责。

（一）从机构处理事务的角度进行考察

由于此部分在论述社会工作行政客体时已有界定，因此这里不再赘述。

---

① Ming-sum Tsui and Fernando C. H. Cheung, “Social Work Administration Revisited: A Re-examination of Concepts, Context and Content,” *Journal of Social Work*, 2009, 9(2): 148-157.

② 宋林飞：《社会工作概论》，南京大学出版社 1991 年版，第 150 页。

（二）从社会工作行政的专业责任出发

美国社会工作者协会下属的社会工作行政委员会曾讨论过社会工作行政人员的职责，如评估社会需求、创设政策、制订计划等。美国学者特雷克曾从社会服务机构在社区开展工作的角度讨论过社会工作行政的内容，如研究社区需要、维护与社区的有效联系等。综合上述两方面的看法，本书认为，从管理者履行专业责任的角度看，社会工作行政的内容主要包括以下方面：(1) 确定与修正机构的目标，在此方面承担领导责任；(2) 对单位和工作人员进行管理；(3) 制定和评估政策；(4) 基于社会需要，做决策、订计划；(5) 建立并维护好与社区机构、社区领袖、服务对象等的积极关系；(6) 向外界推介机构，建立良好的公共形象；(7) 做好预算，争取财政支持，落实资金来源；(8) 招募、任用、考核、培养工作人员，并为其发展创造条件；(9) 管理机构的各种资源；(10) 做好服务记录与报告，评估服务绩效与人员工作效率，向有关方面做出交代；(11) 适当开展研究，促进社会政策的制定和修订。

（三）从行政的一般内容加以引申

对社会服务进行管理当然也应当基于一般行政管理的知识，所以，社会工作行政的内容也可以从行政管理学的角度予以考察。亨利·法约尔认为，一般的管理活动至少应包括计划、组织、指挥、协调和控制。卢瑟·H. 古立克(Luther H. Gulick)提出了“行政管理七要素说”，认为行政的内容主要有计划(plan)、组织(organization)、人事(staff)、指挥(direction)、协调(coordination)、报告(report)、预算(budget)。他提取 7 个单词的首字母，创造了 POSDCORB 一词。后来，也有学者主张再加入“E”和“P”，即评估(evaluation)和公共关系(public relations)的首字母。如果从这一视角出发，社会工作行政的内容就表现为管理的若干职能，如成立社会服务机构、制订社会服务计划、进行人财物资源管理、开展社会服务评估等。

三、社会工作行政的功能

功能是指事物的作用。关于社会工作行政的功能，相关学者编写的书籍大多进行了阐述。王思斌教授从两个角度对其做了分析：一是社会工作行政对社会运行的影响，如满足困难群体和弱势群体的需要、增进社会福祉、促进社会公平和维护社会秩序；二是社会工作行政对社会政策的影响，包括促进社会政策的实施与改进、提高机构的服务效率、增强机构服务技术层面的功能。[1] 付立华、陈为雷指出，社会工作行政具有 4 个功能：将社会政策转化为社会服务；保持机构的高效运转；输出有效的社会服务；修订和完善社会政策，实现社会福利最大化。[2] 时立荣着眼于过程视角，认为社会工作行政的功能包括执行社会政策以传递社会服务，运用科学方法以提高机构的服务效率，执行工作流程以确保机构事务顺利进行，监控效率和效果的一致性。[3] 本书认为，社会工作行政的功能主要有以下 3 种。

（一）将政策转化为服务

这是社会工作行政的基本功能。将社会政策转化为实际的服务活动并真正使服务对象受惠，需要一种转换机制，那就是社会工作行政。社会工作行政的转化功能主要体现在如下方面：第一，社会工作行政在将社会政策转变为具体服务的过程中要将宏观政策具体化，如阐释政策意义、界定服务对象、说明执行要求，帮助社会服务机构各层级员工正确掌握政策的重点，从而使服务更能响应政策目标；第二，依据社会政策，制订服务计划、创设工作流程、组建工作团队，指导员工有效、有序地落实政策相关内容；第三，为了更有效地开展工作，社会服务机构还会主动创设和执行自身的规章制度，创建自己的服务品牌，把福利资源更精准地传递给服务对象。

（二）促进机构的高效运转

为了落实社会政策，社会服务机构要对服务进行具体的统筹和管理。例如，配置各种资源，并使之与工作程序和服务标准相匹配。若资源不足，则要有所取舍，以决定哪些服务需要调整。这些工作体现在维持专业投入、提供适切服务、响应社会需要等方面，是社会工作行政的必要之责。[4] 又如，督导社会服务的进程，并对其进行评估和调整；发展志愿者，扩充机构的人力资源；促进行政人员、一线服务人员、志愿者协同工作，以提高服务效率；将机构的宗旨与使命演化为独特的服务文化，以增强员工的凝聚力；等等。管理的目标是提高效率与减少浪费，使人力、财力、物力发挥最大的功效。因此，在管理层面，社会工作行政的功能是追求高效率、高质量地完成机构目标。社会工作行政虽然不是具体的、直接的社会服务，但作为一种对社会服务统筹、组织、协调和监

---

① 王思斌：《社会行政》(第二版)，高等教育出版社 2013 年版，第 36—42 页。
② 付立华、陈为雷：《社会工作行政》，山东人民出版社 2012 年版，第 19 页。
③ 时立荣：《社会工作行政》，中国人民大学出版社 2015 年版，第 21—24 页。
④ 区伟祥：《社会工作行政浅谈(下)》，载《中国社会工作》2018 年第 16 期。

督的活动,它会直接影响机构的绩效。

(三) 推动社会政策改革

由于社会工作行政是社会政策的贯彻过程,并且政策执行者要对由此转化而成的社会服务有深入的了解,因此,社会工作行政人员就具备了评价社会政策合理性和可行性的能力。他们可以向决策者提供意见,促进社会政策的修订和完善。一般来说,社会政策文本难免与实际情况有所偏离,这种偏离既可能与政策制定者有关,也可能与政策执行、社会服务的实施和接受过程有关。因此,根据实际情况,修订和完善社会政策是必要的。社会工作行政人员在这方面扮演着重要的角色。实际上,任何社会政策的合理调整都是在社会工作行政的基础上进行的。①

四、社会工作行政的原则

原则是处理事务的准绳,是对行为主体行动的要求。社会服务机构在管理中要遵循哪些原则?特雷克曾经提出了18项原则:社会工作价值原则、社区与案主需求原则、机构目的原则、文化环境原则、目的关系原则、机构整体原则、专业责任原则、参与原则、沟通原则、领导原则、计划原则、组织原则、授权原则、协调原则、资源利用原则、改变原则、评价原则、成长原则。张曙把社会工作行政的原则概括为6项:社会工作价值原则、整体性原则、专业责任原则、法制原则、协调原则、行政管理与群众管理相结合原则。② 这些原则的提出反映了研究者对社会工作行政的思考。这些原则对于社会服务机构具有参考价值,因为它们关注了目的、文化、组织、资源等要素对机构运行的影响。本书认为,社会服务机构在管理和运用资源、处理政策事务方面要特别注意如下原则。

(一) 社会工作价值原则

专业价值是促进服务和满足需求的基础,也是社会服务机构使命的根源。社会服务机构践行社会工作价值原则,既体现在对员工的态度上,也体现在对服务对象的行动上,即管理者要把平等、尊重、接纳、非批判等价值观落实到行动上。这应该是社会服务机构在管理中区别于政府部门和其他社会组织的

---

① 于晶利:《社会工作概论》,山东人民出版社2012年版,第225页。
② 张曙:《社会工作行政》,社会科学文献出版社2002年版,第6页。

地方。

（二）机构目标原则

社会服务机构的各级管理者要非常清楚机构的使命、定位、专长，清楚机构目标和服务目标并注意两者之间的匹配；在实施政策的过程中，要注重目标导向，要经常检视目标的实现程度与实现过程。

（三）环境协调原则

这里的环境是指对社会工作行政的过程、方法、效率、效果等产生影响的各种条件因素的总和，可分为外部环境和内部环境。外部环境既涉及宏观层面的政治、经济、文化、社会等方面，如国家行政管理体制、社会福利制度、社会治理模式等，又涉及机构与当地政府、社区、其他社会组织的关系等。内部环境包括机构的治理结构、组织氛围、团队建设等。这一原则要求机构管理者关注内外部环境，协调好机构与环境之间的关系，争取更多有利的环境条件。

（四）整体性原则

社会工作行政是一个多方面、多层次、多环节，且各方面、层次、环节相互依赖与相互作用的有机整体。社会服务机构各部门及其工作人员必须在合理分工的基础上进行有效的合作，形成一个相互促进的网络结构，协调一致地朝着机构目标行进。

（五）专业责任原则

这一原则的核心要求是服务的专业性与品质保证。社会服务机构的管理者要谨记机构使命，通过有效的行政工作助力服务供给，最大限度地满足服务对象的需求，为机构赢得认可与尊重。

第三节　学习社会工作行政的意义与方法

一、学习社会工作行政的意义

（一）加深对社会工作方法体系的认识

经过一百多年的发展，社会工作逐渐形成了自己的方法体系。关于社会工作方法，有“三种说”（个案、小组、社区），“四种说”（在“三种说”基础上增加了社会工作行政），“五种说”（在“四种说”基础上增加了社会工作研究），“六种说”(在“五种说”基础上增加了社会工作督导)。可见,对于把社会工作行政作为社会工作的专业方法,学界是没有异议的。但是,在实践中,人们对社会工作行政的认识却不太全面。例如,香港仁爱堂社会服务总监区伟祥说,他在8年的督导工作中,不断听到这样的声音:“社会工作行政不是专业。”“行政工作都是繁杂的工作,我宁愿留在前线做服务,发展自己的专业。”“行政管理都是非人性化的工作,与社会工作专业不匹配。”①一些社会工作者认为,个案工作、小组工作和社区工作才是社会工作实务方法,它们能体现社会工作的专业性,如果社会工作行政缺乏专业性,那么将是什么人都可以做的事情。

造成这种情况的原因主要有两方面。第一,国内教育界对社会工作行政的教学与训练不充分。虽然社会工作行政是教育部高等学校社会学类专业教学指导委员会和中国社会工作教育协会早就确定的社会工作专业主干课程,教育部高等教育司在2004年还提出了关于社会工作行政教学内容的指导性要求②,但是由于专业师资缺乏,不少高校并未及时开课,或者即使开课了,也偏向于行政管理学、公共行政学。加之,学生的见习与实习机会少,他们较少接触机构管理实务,因此,他们对社会工作行政的理解难免肤浅或存在偏差。第二,社会服务机构的治理水平参差不齐。在我国,社会工作机构在2012年以后才逐渐增多。据中国社会工作联合会统计,截至2018年年底,全国各地共成立社会工作机构9 793家,行业协会867个。对一个人口超过14亿人的国家来说,这些机构的数量显然不多,质量上也是参差不齐。不少机构没有完善的治理结构,管理方式粗放,服务水平不高,工作人员不重视甚至误解社会工作行政。

所以,对社会工作专业的学生而言,学习社会工作行政就显得非常重要。通过学习和实训,学生可建构对社会工作行政的科学认知,了解社会工作行政作为专业方法的价值所在,知道社会工作方法体系不仅有个案、小组、社区,还有行政、研究等。在过去的几十年里,西方在认可社会工作行政的专业地位的同时,通过不断提升社会服务的管理水平,增进了服务对象的总体福祉,实现了服务供给与专业管理的相互助益。国内的百强社会工作机构、5A社会工作机构等作为业界代表,在品牌建设、风险管理、社会交代等方面也都付出了很

① 区伟祥:《社会工作行政浅谈(上)》,载《中国社会工作》2018年第13期。

② 教育部高等教育司:《社会工作专业主干课程教学基本要求》,高等教育出版社2004年版,第92—98页。

多努力，提升了社会工作行政的水平，得到了服务对象的积极评价。可见，学习社会工作行政有助于深化学生和社会工作者对社会工作学科及其方法体系的认识。

（二）为社会工作职业发展奠定基础

从社会工作学历教育情况看，截至 2018 年年底，全国有 82 所高职院校开设了社会工作专科专业，348 所高校开设了社会工作本科专业。截至 2019 年年底，全国社会工作专业硕士学位授权点达到 156 家。据粗略估计，全国每年培养的社会工作本科生和硕士生约有 3 万余人。这些毕业生中会有一定比例的人进入社会工作职业领域。从社会工作非学历教育情况看，每年全国各地开展的社会工作专业培训很多，仅 2018 年就有 135.2 万人参加了各类社会工作专业培训。“十三五”期间，全国社会工作专业人才总量已达 157.3 万人，其中，持证社会工作者有 66 万人。这些社会工作从业者分布在各个实务领域，有的从事一线服务，有的从事项目策划和管理，有的从事服务督导和机构运营。我们很难说服务与管理之间存在什么明显的分界线，即便是长期从事一线服务的社会工作者，其工作内容也不可能完全与行政无关。而那些作为项目主管、督导人员、干事的管理者则有大量的管理工作要完成。

因此，学习社会工作行政是社会工作职业发展的必然要求。通过学习，在校学生可以掌握机构管理的基础知识，了解决策、规划、领导、控制等管理活动的程序和技巧，并在实习和见习中加以观察和思考。未来，他们在社会工作职业领域，总会或多或少地接触行政事务。通过学习，在职者可以将社会工作行政的知识和自身的管理工作结合起来，以提高管理的绩效。彼得 · M. 克特纳(Peter M. Kettner)在《追求卓越：人群服务组织的管理》一书中曾指出，当今外界对人群服务组织寄予厚望，组织的效能高度仰赖良好的管理。所以，对社会工作从业者而言，特别是各级管理者，社会工作行政已不是“要不要做”的问题，而是“必须做”和“如何做得好”的问题。①

二、把握社会工作行政的学科基础

社会工作行政是一门综合性、交叉性学科，它同管理学、公共行政学、社会学等若干学科都有密切的关系。因此，社会工作行政的学习者应主动涉猎相

① 黄源协：《社会工作管理》，华东理工大学出版社 2018 年版，第 49 页。

关学科的基础知识，以便理解社会工作行政的知识脉络，把握社会工作行政的知识架构。

（一）管理学

管理学，简单地说就是研究管理活动的基本规律、基本原理和一般方法的科学。虽然管理活动千差万别，既有政府管理、企业管理、社会组织管理，也有人力资源管理、物流管理、物业管理等，但各类管理工作有着共同的基础，即都需要通过决策、组织、领导、控制等管理职能来实现组织的目标。在行使这些管理职能时，虽然具体内容会有所差别，但要遵循的基本原理和原则是一样的，这是管理的共性，也是管理学要研究的内容。管理科学发展到今天，已经构建了一个庞大的谱系，几乎每一个专门领域都已形成了专门的管理学。管理学与这些专门的管理学之间是一般与特殊、共性与个性的关系。管理学阐释的是在各专门管理学中都适用、都存在的一般性原理和原则，各专门管理学则是在管理学原理的基础上，结合本领域的特殊情况，阐述适用于本领域的管理原理。①

管理是什么？管理是指一定组织中的管理者，通过实施计划、组织、领导、控制、创新等职能，协调人、财、物、信息、时间、空间等资源，以有效实现既定目标的过程。② 管理的职能是管理过程中的基本要素或步骤。通过管理职能的划分，我们可以将管理的各种原则、理念、方法、理论等归结到各项管理职能当中，从而建立起管理的理论体系。人们对管理的职能有着许多不同的划分。概括起来，管理的职能主要包括计划、组织、决策、领导、人员配备、激励、控制、协调、创新等。管理学是在实践中发展壮大起来的，时至今日，管理学的知识已十分丰富。许多管理学者基于前人的经验和理论，结合自己本专业的知识，从不同的角度对管理学进行了阐述，形成了诸多理论流派，其中主要的代表学派有管理过程学派、管理科学学派、社会协作系统学派、决策理论学派、系统管理理论学派、经验管理学派、权变理论学派和管理文化学派等，形成了哈罗德·孔茨（Harold Koontz）所说的“管理理论丛林”。学习社会工作行政，应当对管理的概念、职能、思潮、理论等有所涉猎。

（二）公共行政学

行政作为一种组织职能，广泛存在于政府、企业、社会组织中。当然，在不

① 焦强、罗哲：《管理学》（第五版），四川大学出版社 2018 年版，第 8—9 页。
② 刘友金、张卫东：《管理学》（第三版），中国矿业大学出版社 2018 年版，第 7 页。

同领域，行政的内容既有共性，也有特性。公共行政，顾名思义，是与公共事务有关的行政活动。由于“公”与“私”是相对的，因此公共行政涉及的是社会生活中的公共领域，如公共安全、交通、教育、卫生等，其目的在于使全体国民获得各种公共服务。公共行政涉及公权力的运作，其所提供的也是公共产品，因而它的实施主体主要是政府，即“公共行政就是国家行政机构依法管理社会公共事务的有效活动”。[①] 政府是公共利益的代表，一般经选举产生。维护公共秩序、提供公共服务是政府的基本职能。因为公共事务的处理涉及全体国民的共同利益，不是一般的社会组织能够胜任的，所以这一职能要靠政府来执行。

公共行政面向的是全体国民，回应的是普遍性的公共需求，所以，它并没有特别关注弱势群体。也就是说，公共行政的目的是为公民提供服务，实现和保障公共利益。例如，交通管理机关对交通秩序的维持是为了公众的安全；工商机关对市场秩序的维持是为了保障交易安全。而社会工作行政通常以弱势群体为重点服务对象，它更加关注弱势群体的利益、需求和福祉。从这一点看，社会工作行政可被视为公共行政的一个特殊领域。虽然公共行政与社会工作行政都是非营利的，但后者有更明显的福利性。因为社会工作行政更关注弱势群体，认为国家有扶贫济困的责任，且服务对象获得这种扶助通常基于权利，并不一定要承担相应的义务。此外，企业、社会组织、公民个人都可以基于社会责任感和慈善情怀，为弱势群体提供支持并不求回报。可见，公共行政更关注“秩序”问题，更强调和谐与稳定，而社会工作行政更关注“价值”问题，更强调人道与福利。

欧文·E. 休斯(Owen E. Hughes)从历史发展的角度将西方公共行政分为 3 个阶段——前传统阶段、公共行政传统阶段和公共管理改革阶段，他认为每个阶段背后都有其自己的管理模式和理论基础。例如，公共行政传统阶段的关键词是官僚制、政治与行政二分法、职业化，公共管理改革阶段强调结果、管理者责任、市场检验等。[②] 毛寿龙提出可将公共行政理论分为 4 类：官僚制行政理论、新公共行政理论、新公共管理理论、民主制行政理论。[③] 公共行政学一般研究行政组织、行政领导、行政决策、行政心理、行政沟通、行政监督、行政

---

① 竺乾威：《公共行政学》，复旦大学出版社 2006 年版，第 17—18 页。
② 欧文·E. 休斯：《新公共管理的现状》，载《中国人民大学学报》2002 年第 6 期。
③ 毛寿龙：《西方公共行政学名著提要》，江西人民出版社 2006 年版，第 13 页。

文化、行政立法、人事行政、财务行政等内容。公共行政学的知识可以作为社会工作行政的基础,毕竟两者之间有很多共性。另外,公共行政是影响社会工作行政的环境条件之一,所以公共行政的发展动向是我们理解社会工作行政的一把钥匙。

(三)社会学

社会工作行政与社会学的关系也十分紧密。社会学是对社会进行综合性研究的学科,它是社会科学的重要组成部分。社会学以社会和社会问题为研究对象,探讨社会良性运行的规律。相对于实践性更强的社会工作,社会学偏向于测量和解释社会现象。社会学发展至今已经形成了十分庞大的学科知识体系,它包括既相互区别又密切联系的三个部分。第一,理论社会学,即从纯理论的角度来研究社会现象,探析社会现象的产生原因及其相互关系。第二,应用社会学,即把社会学的理论知识应用于社会生活、社会现象和社会问题的研究中。第三,经验社会学,即采用科学的手段收集资料,用定性和定量的方法描述社会现象,揭示社会规律。近年来,社会学的研究领域不断拓展,其形成的分支学科和交叉学科至少有上百种,如工业社会学、农村社会学、医学社会学、教育社会学。①

我国社会学学科自 1979 年恢复重建以来,发展较为迅速。理论社会学向建立社会主义社会学理论体系的方向发展,对中国社会转型、社会变迁、社会分层等议题进行了全面研究,取得了很多成果。应用社会学向社会工作、社会建设、社区发展等方向延伸,为人们理解和解决社会问题提供了指引。经验社会学涉及的研究议题更是包罗万象,深化了人们对社会现象的科学认知。社会学综合地研究社会生活,其所建构的理论为社会工作的开展提供了知识基础。例如,社会学会研究人与社会的关系,揭示社会行动的机制,而社会工作依据社会学的研究发现去解决人与社会的失调问题,强化人的社会支持。社会学关于社会组织、社区发展、社会治理等问题的研究为社会工作行政提供了指引。反过来,社会工作行政也有助于验证社会学的理论、原则和方法的科学性与适用性。所以,学习社会工作行政也要掌握社会学的主要理论与研究方法。

此外,社会工作行政还与社会政策学关系密切,因为社会政策是社会工作

---

① 尹保华:《社会学概论》,知识产权出版社 2018 年版,第 5 页。

行政的依据。社会政策学是研究如何选择、制定和实施社会政策，以更好地满足社会成员的基本需要，提高人民生活质量和增进人民福祉的学科。可以说，社会政策学“研究的是人类福祉所必需的社会关系，以及能够增进福祉的体制”①。社会工作行政的主体必须准确理解社会政策的意图和要求，既要积极执行社会政策，同时也努力促进其朝着有效增进人民福祉的方向发展。社会工作行政与政治学也有着密切的关系。政治学是研究国家政治结构、政治机制的学科。运用政治学的基本理论研究社会工作行政规律，可以说是政治学的一个分支。社会工作行政也与法学、心理学等学科关系密切。总之，社会工作行政具有学科交叉性，学习者应努力开阔自己的知识视野。

三、学习社会工作行政的方法

从一般意义上说，学习社会工作行政的方法无外乎以下几种。第一，向书本学，即通览社会工作行政教材、实务案例、研究著作，以及相关学科的经典教材与著作等。第二，向老师学，即在课堂上认真听讲，在课后主动请教，以真正理解和掌握课堂所学的知识。此外，积极参加课程教学中穿插进行的实训和模拟等活动，以促进对所学知识的运用。从社会工作专业的特性出发，学习社会工作行政的方法还应当包括向实践学，即实地参观社会服务机构或参与社会服务机构的管理工作，如调查了解社会服务机构的管理状况，学习研究社会服务机构的管理制度，现场观察管理者的实际工作，以及辅助管理者创设服务流程、配置服务资源、支持一线服务等。向实践学可以通过志愿服务、课程见习、专业实习等方式开展。在实践中，学习者一方面要尝试运用知识，另一方面要注意反思知识，不能生搬硬套、僵化死板。

复习思考题

1. 简述社会工作行政的含义与构成。
2. 了解社会工作行政的发展轨迹，思考其内容与原则。
3. 分析社会工作行政的特征与功能。
4. 讨论学习社会工作行政的意义与方法。

---

① ［英］哈特利·迪安：《社会政策十讲》，岳经纶、温卓毅、庄文嘉译，上海格致出版社 2009 年版，第 1 页。

推荐阅读

1. 陈为雷：《社会工作行政》(第二版)，中国社会出版社 2015 年版。
2. 黄源协：《社会工作管理》，华东理工大学出版社 2018 年版。
3. [美] 雷克斯·A. 斯基德莫尔：《社会工作行政：动态管理与人际关系》(第三版)，张曙等译，中国人民大学出版社 2005 年版。
4. 区伟祥：《社会工作行政浅谈(上)》，载《中国社会工作》2018 年第 13 期。
5. 区伟祥：《社会工作行政浅谈(下)》，载《中国社会工作》2018 年第 16 期。
6. 史柏年：《社会工作行政涵义辨析》，载《社会工作》2013 年第 2 期。
7. 时立荣：《社会工作行政》，中国人民大学出版社 2015 年版。
8. 吴照云等：《管理学》(第六版)，中国社会科学出版社 2011 年版。

第二章

社会服务机构

社会服务机构是非营利组织，是社会服务的输送系统，其治理结构与管理能力均影响政策执行的效率与效果。本章首先界定了社会服务与社会服务机构的内涵，梳理了社会服务机构的发展和特征；其次讨论了当前政府关于社会服务机构的管理制度；最后阐述了社会服务机构的治理结构与组织文化。掌握本章的内容，有助于学习者认识社会工作行政的主体，了解社会工作行政的运行环境。

第一节　社会服务机构概述

一、社会服务与社会服务机构

（一）社会服务

社会服务作为一个术语，最初是由英国社会政策学家蒂特马斯在 1951 年提出的。他将社会服务定义为“通过将创造国民收入的一部分人的收入分配给值得同情和救济的另一部分人而进行的对普遍的福利有贡献的一系列集体的干预行动”。可见，他强调社会服务的再分配功能和社会服务对增进总体社会福祉的意义。后来，世界卫生组织、国际劳工组织、经济合作与发展组织等都提出过社会服务的定义。例如，国际劳工组织认为社会服务是指能够防止造成损失和伤残的服务；能够保护那些安全或幸福受到威胁的人（如老年人、残疾人、被遗弃或受虐待的妻子和无依无靠的孤儿）的服务；能够帮助那些已经不能过正常生活的人（如酗酒者、吸毒者、精神病患者、刑满释放者、移民等）

恢复生活能力的服务;能够帮助部分人和社区(如丧失劳动能力的人、智力障碍者、因债务或其他难题陷于困境的人,以及需要发动公民参与和专业人员帮助的社区)发挥其潜力的服务。①

尽管各种定义的角度有些不同,但内涵大体相同。这些定义都强调社会服务的对象主要是那些社会处境不利、遭受痛苦或脆弱的人群,都强调社会服务的目的是改善这些人的生存状况,实现社会融合,维护社会公正。社会服务具有社会福利的性质,服务的手段是提供支持性服务和项目。②

社会服务是衡量一个国家发展水平和文明程度的重要标志。在西方,组织化、专业化的社会服务源于慈善组织协会对服务投递的整合与协调,以及以汤恩比馆和赫尔馆为代表的社区睦邻运动。在我国,1988 年召开的第九次全国民政会议首次提出,把提供社会服务纳入民政部门的职能之中。2012 年,"社会服务"正式出现在我国政府文件中。同年,国务院发布《国家基本公共服务体系"十二五"规划的通知》,提出将基本社会服务作为公共服务的一个重要组成部分。

2017 年,国务院印发的《"十三五"推进基本公共服务均等化规划》中指出:"国家建立完善基本社会服务制度,为城乡居民提供相应的物质和服务等兜底帮扶,重点保障特定人群和困难群体的基本生存权与平等参与社会发展的权利。"该规划将基本社会服务项目确定为 13 项:最低生活保障、特困人员救助供养、医疗救助、临时救助、受灾人员救助、法律援助、老年人福利补贴、困境儿童保障、农村留守儿童关爱保护、基本殡葬、优待抚恤、退役军人安置、重点优抚对象集中供养。

2019 年 12 月 6 日,国家发展和改革委员会、教育部、民政部等七部门联合印发《关于促进"互联网+社会服务"发展的意见》,要求以数字化转型扩大社会服务资源供给,以网络化融合实现社会服务的均衡普惠,以智能化创新提高社会服务的供给质量,以多元化供给激发社会服务的市场活力,以协同化举措优化社会服务的发展环境。该意见指出:"社会服务是指在教育、医疗健康、养老、托育、家政、文化和旅游、体育等社会领域,为满足人民群众多层次多样化需求,依靠多元化主体提供服务的活动,事关广大人民群众最关心最直接最现实的利益问题。"

总之,近年来,我国各级政府在解决社会问题的过程中开始重视社会服务

---

① 林闽钢:《现代社会服务》,山东人民出版社 2014 年版,第 2 页。
② 李兵、张恺悌、何珊珊:《社会服务》,知识产权出版社 2011 年版,第 2 页。

的作用。社会工作行政是执行社会政策的活动，因此，社会服务机构的管理与服务工作常常涉及各种社会救助项目、弱势群体社会关爱、满足人们多样化需求等内容。

（二）社会服务机构

2016年3月16日，第十二届全国人民代表大会第四次会议通过了《中华人民共和国慈善法》。其将慈善组织界定为基金会、社会团体、社会服务机构。同年5月，民政部就《民办非企业单位登记管理暂行条例（修订草案征求意见稿）》向社会征求意见。为适应民办非企业单位的发展实际，民政部经过深入调研和反复论证，决定对原有的《民办非企业单位登记管理暂行条例》进行修订。为了更准确地反映社会服务机构的定位和属性，并与《中华人民共和国慈善法》的表述相衔接，此次修订将“民办非企业单位”改为“社会服务机构”，将《民办非企业单位登记管理暂行条例》改名为《社会服务机构登记管理条例》①。《社会服务机构登记管理条例》的第二条是这样界定社会服务机构的：“本条例所称社会服务机构，是指自然人、法人或者其他组织为了提供社会服务，主要利用非国有资产设立的非营利性法人。”

这个概念有4个要点。第一，社会服务机构的发起人是自然人、法人、其他组织，即公民个人、依法独立享有民事权利和承担民事义务的组织、合法成立的无法人资格的其他组织均可依法申请成立社会服务机构。第二，社会服务机构的资产来源为非国有资产，即社会服务机构的财产和财产权不属于国家。这里采用“主要利用非国有资产”的说法，是考虑到这类机构在设立的过程中可能会利用包括国有土地在内的部分国有资产。第三，社会服务机构的性质是非营利性法人，即社会服务机构是具有法人资格的社会组织，其为公益目的或者其他非营利的目的而成立，所得利润不得在出资人、设立人或会员之间进行分配。第四，社会服务机构的目标是提供社会服务。这体现了社会服务机构的存在价值和基本职责。

二、社会服务机构与社会组织

（一）社会组织的定义

社会服务机构属于社会组织。我国当下所说的“社会组织”，最初称为“民

① 下文所称《社会服务机构登记管理条例》即《民办非企业单位登记管理暂行条例（修订草案征求意见稿）》。

间组织”，其实就是西方语境中的非营利组织或非政府组织。在西方，人们常常将政府和市场之外的社会空间称为“第三域”或“第三部门”，也称“志愿部门”“公民社会组织”“免税组织”等。第三部门不以营利为目的，具有非政府性、志愿性、组织性、公益性等特质，活跃在反贫困、文化教育、环境保护等领域。20 世纪 90 年代，由美国学者萨拉蒙（Salamon）领衔的跨国研究引发了人们对非营利组织的关注，也激发了学术界对国家与社会关系的热烈讨论。我国当下使用的“社会组织”概念，是指那些处于国家（政府）和市场（企业）体系之间，不以营利为目的，自愿而独立地从事互助或公益事业的民间组织。[①] 目前，我国在法律框架下的社会组织主要包括 3 类：社会团体、基金会和社会服务机构（民办非企业单位）。

改革开放以来，我国在计划经济时期形成的政社不分、政企不分的状况快速得到改善，政府（第一部门）、市场（第二部门）和社会（第三部门）的界限逐渐明晰，我国开始涌现大量的社会组织。20 世纪 80 年代，我国的社会组织经历了一个放任发展的阶段，在数量上呈现爆炸式增长。1988 年，民政部社团管理司成立，成为社会组织的统一登记审批机关。随后，《基金会管理办法》（2004 年废止）、《外国商会管理暂行规定》、《社会团体登记管理条例》的发布，初步确立了由“业务主管部门”和“登记管理机关”共同负责的双重管理体制。

20 世纪 90 年代，我国对社会组织进行了两次大规模的清理整顿，整治了社会组织发展过程中出现的多头管理、胡乱摊派、从事营利活动等问题。1998 年，“民政部社团管理司”改为“民政部民间组织管理局”。随着《社会团体登记管理条例》（1998 年）、《民办非企业单位登记管理暂行条例》（1998 年）、《基金会管理条例》（2004 年）的先后发布，我国建立了民间组织管理的基础性制度。近年来，我国社会组织呈现出稳步增长、良性发展的总体态势，已成为完善国家治理体系、提升国家治理能力的重要主体之一。据民政部统计，截至 2020 年年底，全国共有社会组织 89.4 万个，其中，社会团体 37.5 万个、基金会 8 432 家、民办非企业单位 51.1 万个。

（二）社会服务机构的定义

在《中华人民共和国慈善法》颁布之前，社会服务机构被称为民办非企业单位，是由民政部门负责登记和管理的一种社会组织。民政部在统计社会服

① 王傅、刘忠：《社会组织基本知识》，广东人民出版社 2017 年版，第 3 页。

务机构时一般按照涉足领域将其划分为科技服务类、生态环境类、教育类、卫生类、社会服务类、文化类、体育类、法律类、工商业服务类、宗教类等。本书所界定的社会服务机构在范围上比民办非企业单位要小，主要是指那些为特定人群和困难人群提供社会服务的民办非营利机构，如民办社会工作机构、民办智力障碍人士服务机构等。另外，结合社会工作行政的实际情况，本书所界定的社会服务机构还包括性质为事业单位的服务机构，如社会福利院、救助管理站等，以及一部分以社会服务、公益慈善为主要职能的社会团体和基金会。

综上，根据现行法律政策对社会服务机构的界定，结合社会工作行政的实际，本书将社会服务机构定义为由自然人、法人或者其他组织兴办，以社会使命为导向，通过社会服务从业人员（包括专业社会工作者、其他专业的服务人员、辅助人员等），为特定的、有需要的服务对象提供专业服务的非营利性社会组织，其运营目的是增强服务对象的社会功能，协助其面对问题、解决问题，并促进其发展。社会服务机构的服务对象主要包括儿童、青少年、妇女、老年人、残障人士等社会弱势群体和因各种问题陷入困境的人群。

三、社会服务机构的特征与性质

（一）社会服务机构的一般特征

由于本书所称的社会服务机构大多归属于社会组织，因此它具有社会组织的一般特征，即正规性、实体性、非营利性、民间性、志愿性（公益性）等。

1. 正规性

正规性也称组织性，它强调社会服务机构是在国家法律、法规的框架下，履行必要的登记程序，具有合法的、正式的组织身份。

2. 实体性

这是社会服务机构运营所依赖的各种软硬件条件。社会服务机构面向社会开展服务，且活动是连续的、经常的，其组织结构具有实体性。

3. 非营利性

社会服务机构不以营利为目的，不是商业性的，其理事、管理人员和成员不从机构利润中分配红利。社会服务机构虽然可以根据其提供的社会服务收取合理的费用，但这些费用是服务的成本价格，即使有盈余，也必须投资于机构的发展和公益事业中。机构清算后的剩余财产也只能用于社会公益事业，不得在成员中进行分配。

4. 民间性

社会服务机构主要利用非国有资产设立，虽然允许有国有资产的成分，但国有资产不占主导和支配地位，非国有资产份额不得低于总资产的三分之二。民办社会服务机构独立于政府之外，不隶属于国家的政治和行政体系，在人事上与政府脱离关系。民主自治是社会服务机构的组织原则。

5. 志愿性

社会服务机构强调社会使命和社会责任，一般都有明确的使命、宗旨、目标、服务重点、服务承诺和服务策略。总之，它服务于公共利益。其成立基于志愿，成员参加机构基于志愿，服务的提供也基于志愿。社会责任感和奉献精神是维系机构运营的重要源泉。

（二）理解社会服务机构的性质

1. 非营利组织

社会服务机构具有社会使命，服务于公共利益，因而与获取个人利益不相容。社会服务机构的经费主要来源于政府拨款、社会捐助或国际援助，其宗旨是为服务对象谋取福利和促进社会进步，强调施与，不寻求经济回报。大型的社会服务机构可能有非常可观的资产，但其运营的目的是实现机构的宗旨，而不是使机构所有者与工作人员积累个人财富。

2. 社会服务输送系统

如果从系统论的角度来理解社会服务机构的性质，可以把社会服务机构看成是一个运作中的服务输送系统，其输入的元素包括服务对象、社会工作者、机构行政者及社会资源（如经费、活动空间）。这些元素在社会服务机构内通过专业服务的提供，如个案工作、小组工作、社区工作等，产生转化。经转化后输出的成果则是在计划介入下达到的对服务对象、群体、社区或组织的某种改变。①

3. 从业人员以社会工作者为主

社会服务机构的主要功能是提供社会服务，从业人员以社会工作者为主，也包括其他专业工作者，如临床心理学家、医护人员、物理治疗师、职业培训师等，其强调运用专业知识、技术提供优质服务。②

① 王思斌：《社会行政》（第二版），高等教育出版社 2013 年版，第 65 页。
② 陈为雷：《社会工作行政》（第二版），中国社会出版社 2015 年版，第 80 页。

4. 管理面临多种特殊情形

例如，社会服务机构的目标表述往往是较模糊的，因为机构的服务对象是人，人们在价值观念、行为模式等方面难以绝对地达成共识。因此，社会服务机构的任务环境、服务目标很难精确表达，有时需要抽象、模糊些。又如，社会服务机构所拥有的技术是不确定的，一方面是因为人群服务的技术很难标准化，另一方面是因为社会工作者常常具有个人的实务风格。此外，社会服务机构的服务效果不易测量。社会服务机构以促使服务对象的改变为目的，但人的认知、行为的改变是难以准确测量的。

四、社会服务机构的发展

由于本书所称社会服务机构不限于民办非企业单位，且主要是指民办非企业单位中以社会使命为导向的人群服务组织，因此，为了表述上的方便，这里主要将社会工作机构作为社会服务机构的代表，梳理其发展历程及原因。社会工作机构是吸纳社会工作人才的重要载体，是有效整合社会工作服务资源的重要渠道，是开展社会工作专业服务的重要阵地，也是社会工作行政的主体。

（一）社会（工作）服务机构的发展历程

1. 探索起步阶段（1999—2006 年）

在我国，上海是最早探索专业社会工作发展的地区。早在 1993 年，上海市就成立了社会工作者协会。1999 年 12 月，上海市浦东新区社会工作者协会成立后，上海市的社会工作发展逐渐加快。2000 年，上海浦东新区建立潍坊社区社工站、沪东社区社工站，作为浦东新区社会工作者协会的派出机构开展社会工作专业服务。同年，上海市东方医院开始提供医务社会工作专业服务；上海市社会工作培训中心成立，这是第一家由政府主办的，专门开展社会工作岗位培训，并以“社会工作”命名的省级专业培训机构。2003 年 1 月，《上海市政府工作报告》提出“探索建立社会职业工作者制度”，这是第一次在政府文件中正式提出社会工作职业化的问题；3 月，上海市人事局、民政局颁布了《上海市社会工作者职业资格认证考试暂行办法》；11 月，上海首次社会工作者职业资格认证考试举行。

上海市将社会工作发展纳入政府工作，为专业社会工作的发展提供了强大的推动力。2003—2004 年，上海市成立了 4 家社会工作专业机构。2003 年

2月，第一家专业社会工作服务机构——乐群社会工作服务社成立。这是一家非营利的综合性社会服务机构，在儿童青少年、老年人、社区服务和社区发展等多个领域开展工作，其工作者主要分布于社区生活服务中心、日间照顾中心及社区工作站等。2003年12月，上海市自强社会服务总社注册成立并开始承接政府购买服务项目，为上海市社区药物滥用人员提供综合性的社会服务。2004年2月，上海市阳光社区青少年事务中心、上海市新航社区服务总站经市民政局批准注册成立。为了推动和规范专业社会工作的发展，2004年6月，上海市政府批准民政局增设"社会工作处"，这标志着上海市有了主管社会工作的政府职能部门。2005年，上海市组织了"优秀社会工作者""十佳社会工作者""优秀社工站"等奖项的评选，开始探索建构推动社会工作发展的激励机制。

2. 探索深化阶段(2006—2011年)

2006年，我国社会工作发展迎来重要机遇。中共十六届六中全会做出了"建设宏大的社会工作人才队伍"的战略部署。此后，我国社会工作发展进入制度化建设时期，实务探索也迈入新阶段。继上海之后，深圳、广州、北京等地开始加快发展社会工作，专业社会工作的发展呈现出从一极走向多极的态势。2007年，深圳市推出社会工作发展一揽子政策，即"1+7"文件。其中，"1"是指《中共深圳市委深圳市人民政府关于加强社会工作人才队伍建设推进社会工作发展的意见》，"7"是指《深圳市社会工作者职业水平评价实施方案(试行)》《深圳市社会工作人才教育培训方案(试行)》《深圳市社会工作专业岗位设置方案(试行)》《深圳市社会工作人才专业技术职位设置及薪酬待遇方案(试行)》《深圳市发挥民间组织在社会工作中作用的实施方案(试行)》《深圳市财政支持社会工作发展的实施方案(试行)》《深圳市"社工、义工"联动工作实施方案(试行)》。这组文件对深圳社会工作发展进行了全面的政策设计，被称作深圳社会工作发展的"基本法"。此后，深圳市社会工作机构的数量快速增加，截至2011年年底，深圳市社会工作机构的数量达58家，开展服务项目160多个，专业人才达到1 800余人。

广州紧随深圳，也进入社会工作发展的快车道。2008年，广州开始探索政府购买社会工作服务，如海珠区购买了"青年地带"青少年社会工作服务项目，荔湾区购买了8个社会工作试点项目。自2009年开始，广州将社会工作经费纳入公共财政预算范围，当年开展了33个社会工作试点项目，涉及养老服务、青少年服务、社会救助、残障康复等领域。2009 年，广州市民政局增设“社会工作处”，指导、协调社会工作的发展。2010 年，广州市出台《关于加快推进社会工作及其人才队伍发展的意见》，并制定了一系列配套政策。2011 年，广州市决定全面推进街道家庭综合服务中心建设，构建“综合＋专项”（家庭综合服务中心＋社会工作专项服务项目）的社会工作专业服务平台。截至 2011 年，广州市有民办社会工作机构 71 家。

3. 加快发展阶段（2012 年至今）

2012 年 11 月，中共十八大召开，会议提出“加快形成政社分开、权责明确、依法自治的现代社会组织体制”。此后，随着一系列政策文件的出台和落地，我国民办社会工作机构进入快速发展时期。2012 年，《民政部 财政部关于政府购买社会工作服务的指导意见》中指出，建立健全政府购买社会工作服务制度“是加强社会工作专业人才队伍建设、促进民办社会工作服务机构发展的内在要求”。2014 年，《民政部关于进一步加快推进民办社会工作服务机构发展的意见》中提出了完善民办社会工作服务机构管理制度、加强民办社会工作服务机构能力建设、切实发挥社会工作行业组织功能等重要内容。同年，全国范围内开始采取科技类、公益慈善类等 4 类社会组织直接登记的做法。2016 年，中共中央办公厅、国务院办公厅印发《关于改革社会组织管理制度促进社会组织健康有序发展的意见》，为“走出一条具有中国特色的社会组织发展之路”指明了方向。2018 年，中共十九届三中全会对社会组织提出了克服行政化、加强党建、强化自律等要求。

总之，中共十八大以来，我国加快了社会组织管理体制改革，在政策引导和资金扶持下，在“放管服”综合治理下，民办社会工作机构迎来了重要的发展机遇。《广东省社会工作十年发展报告》显示，截至 2016 年，广东省共有社会工作服务机构 1 163 家，是 2010 年的 10 倍。截至 2018 年年底，全国各地共成立社会工作服务机构 9 793 家、社会工作服务站 5.1 万个，开发设置社会工作专业岗位 38.3 万个，成立社会工作行业协会 867 个。《2018 年度中国社会工作发展报告》显示，2018 年各地社会工作资金投入为 61.12 亿元，其中，上海、广东资金投入超过 14 亿元，北京资金投入超过 5 亿元，天津、江苏、浙江、河南、重庆超过 2 亿元。2012—2020 年，中央财政投入近 20 亿元资金支持社会组织参与社会服务。社会工作机构在承接项目的过程中不断提升服务水平、完善内部治理，发展质量得到提升。

(二) 社会(工作)服务机构快速发展的原因

1. 政策护航

通过制定和实施政策,鼓励、引导社会工作机构良性发展,是创新社会治理体制、完善社会服务体系面临的一项重要任务。近年来,《民政部关于促进民办社会工作服务机构发展的通知》(已废止)、《民政部关于进一步加快推进民办社会工作服务机构发展的意见》等文件相继发布,从培育扶持、监督管理、自身建设、信息披露等方面为民办社会工作服务机构的发展提出了思路与举措。一些地方也根据本地社会工作人才队伍建设的总体部署,研究和制定了专门的社会工作机构发展政策,如《上海市民政局关于在本市培育发展专业社会工作机构的通知》(2009 年)、《广州市民办社会工作服务机构公共财政基本支持实施办法(试行)》(2012 年)、《北京市民政局关于进一步加快推进民办社会工作服务机构发展的实施意见》(2015 年)等。这些政策措施的出台,为社会工作机构登记成立和健康发展创造了有利条件,也为机构加强能力建设和社会工作行业组织加快发展提供了重要指导。

2. 资金保障

在中央政府层面,《民政部 财政部关于政府购买社会工作服务的指导意见》《国务院办公厅关于政府向社会力量购买服务的指导意见》《政府购买服务管理办法》等文件相继出台,回答了政府购买服务的意义、原则、方式、监管等问题。从 2012 年起,中央财政每年投入一定资金购买社会服务,为各地做了示范。在地方政府层面,越来越多的省、市将政府购买社会工作服务纳入财政预算,不断加大购买力度。"十二五"规划期间,广州市建立了常态化政府购买社会工作服务机制,市、区两级财政投入政府购买社会工作服务财政资金达到 14 亿元。广州市还制定了《广州市民办社会工作服务机构公共财政基本支持实施办法(试行)》《广州市街道社区综合服务中心实施政府购买服务流程规范(试行)》《广州市政府购买社会服务评估人员名单数据库管理办法(试行)》等文件,落实资金保障、规范购买行为。

3. 孵化助力

建立孵化基地是培育和推进社会工作服务机构发展的重要创新举措。2014 年,《民政部关于进一步加快推进民办社会工作服务机构发展的意见》提出,实施民办社会工作服务机构孵化基地建设工程,通过整合现有资源或新建等方式助力机构孵化。近年来，全国各地利用和新建社会组织孵化平台，为社会工作服务机构提供场地设备、信息咨询、财务托管、运营咨询、能力建设、资源拓展、成长评估、专业督导等孵化培训服务。例如，河南省民政厅专门制定了社会工作服务机构孵化文件——《河南省民政厅关于推动全省民办社会工作服务机构孵化基地建设的指导意见》。该意见阐明了社会工作服务机构孵化的意义、原则、任务、方式等，提出了清晰的入孵流程：制定孵化基地入驻申请标准、协议书及孵化基地管理办法等各项管理措施—发布申请通知—审核申请单位—签订入驻协议—机构入驻—开展各项孵化措施、培训等—孵化成熟的机构退出—接纳新的入驻机构。这些举措将临时性公益项目转化为长久性服务实体，有力地促进和加速了当地民办社会工作服务机构的发展。

第二节　社会服务机构的管理体制

一、我国社会组织管理体制的沿革

改革开放以来，我国社会组织管理体制的发展大致可以分为 4 个阶段①。

（一）“多头管理”时期（1978—1988 年）

1978 年我国组建民政部②，但其社团管理职能并未随之恢复，这种情况一直持续到 1988 年社会团体管理司成立。这一时期，社会团体的成立审批权限分散在各个党政部门和群团组织中，在“谁审批、谁管理”的原则下，形成了“多头管理”的局面。20 世纪 80 年代初，少数境外非政府组织开始向我国的扶贫、助教等领域捐赠资金，政府部门尝试设立基金会，并制定了《基金会管理办法》。总的来看，这一时期我国社会组织处于原始生长的状态，缺乏统一的管理和规制。

（二）“双重管理”体制的确立时期（1989—2004 年）

“双重管理”体制的确立可追溯到 1989 年《社会团体登记管理条例》的颁

① 周俊：《走向“合规性监管”——改革开放 40 年来社会组织管理体制发展回顾与展望》，载《行政论坛》2019 年第 4 期。

② 民政部的前身是中华人民共和国成立之初建立的“中央人民政府内务部”（1949 年 11 月），其内设干部司、民政司、社会司等 6 个单位。其中，社会司主管社会福利、游民改造、社团和宗教团体登记、社会救济等事务。1969 年，“中央人民政府内务部”被撤销。

布，其规定社会团体的成立和运行必须接受业务主管单位和登记管理机关的双重管理。20 世纪 90 年代，我国对社会组织进行了两次清理整顿，初步厘清了社会团体的结构体系，并在第二次清理整顿中修订形成了《社会团体登记管理条例》。同时，鉴于民办非企业单位发展迅速，但一直没有合法身份、缺乏规范管理的情况，国务院于 1998 年发布了《民办非企业单位登记管理暂行条例》。进入 21 世纪，随着公益性基金会的快速发展，国务院修订了基金会监管政策，于 2004 年 3 月发布了《基金会管理条例》。社会组织“三大条例”是社会组织管理的最高层级政策规定，它们共同确立了社会组织的“双重管理”体制。

（三）“双重管理”体制的局部调整时期（2004—2011 年）

“双重管理”体制所确立的分级管理、双重负责、限制竞争等原则，为社会组织的成立设置了较高的门槛，加之实践中暴露出的“严进宽管”的问题，非常不利于社会组织的健康发展，因此，这一体制确立之后，人们对它的怀疑和批评不断，这也促使民政部门探索社会组织管理体制改革。2004 年 6 月，民政部允许深圳市先行试点，成立行业协会服务署，作为所有行业协会的业务主管单位。2006 年，深圳市行业协会由民政部门直接登记管理。2007 年中共十七大召开后，对社会组织管理体制的改革进入全面试点阶段，民政部在上海、广东、云南等地设立社会组织建设和管理改革创新观察点，推动了部分社会组织直接登记，为中央层面的改革奠定了坚实的基础。2011 年，《国民经济和社会发展第十二个五年规划纲要》提出“建立依法监管的社会组织管理体制”，首次对社会组织管理体制的改革方向进行了阐释，这反映了社会组织管理理念的新变化。

（四）“后双重管理”体制时期（2012 年至今）

中共十八大召开后，社会组织监管体制改革开始提速。在登记管理方面，从 2014 年 4 月起，行业协会商会类、科技类、公益慈善类和城乡社区服务类 4 类社会组织的“直接登记”制度在全国范围内开始实施。同一时期，行业协会商会的“一业多会”制度正式确立，关于信息公开、行政执法、第三方评估、投诉举报等多个具体政策陆续出台，如《民间非营利组织会计制度》《全国性行业协会商会负责人任职管理办法（试行）》《行业协会商会综合监管办法》等。2016 年8 月，中共中央办公厅、国务院办公厅印发的《关于改革社会组织管理制度促进社会组织健康有序发展的意见》，对社会组织监管体制改革做出全面部署。2016 年 8 月底,民间组织管理局正式更名为社会组织管理局(社会组织执法监察局)。2017 年以来,《社会组织抽查暂行办法》(2017 年)、《民政部关于进一步加强和改进社会服务机构登记管理工作的实施意见》(2018 年)、《社会组织信用信息管理办法》(2018 年)等文件相继发布。目前,信息公开、信用监管已经成为社会组织监管的重要方式。

二、社会服务机构的成立与登记

(一) 成立条件

"三大条例"都对社会组织的成立提出了明确的条件,包括有规范的名称、必要的组织机构、与其业务活动相适应的从业人员、合法财产、必要的工作场所等;成立社团要满足会员数量方面的要求,成立基金会要明确是否具有公募资格等。《社会服务机构登记管理条例》规定成立社会服务机构需要具备如下条件:(1) 不以营利为目的;(2) 有明确的社会服务范围;(3) 有规范的名称、章程;(4) 有与开展服务相适应的合法财产;(5) 有与其业务活动相适应的组织机构、场所、工作人员;(6) 有独立承担民事责任的能力;(7) 法律、行政法规规定的其他条件。社会服务机构注册资金不得低于 3 万元人民币。在省级以下地方人民政府民政部门申请登记的社会服务机构,注册资金具体标准由省级人民政府制定。

申请设立社会服务机构时,申请人应当向登记管理机关提交下列材料:(1) 申请书;(2) 章程草案;(3) 捐赠财产承诺书、验资证明;(4) 场所使用权证明;(5) 申请人、理事、监事、拟任负责人的基本情况及身份证明。登记前须经业务主管单位审查同意的社会服务机构,申请人还应当提交业务主管单位的批准文件。其中,机构章程必须载明下列事项:名称和住所,宗旨和业务范围,注册资金数额与来源,组织机构的组成、产生程序、职权、议事规则,理事、监事、负责人的资格、职责、产生、任期和罢免程序,财产的管理、使用制度,组织的终止条件、程序和终止后财产的处理,章程的修改程序,应当由章程规定的其他事项。《社会服务机构登记管理条例》要求申请人对登记申请材料的真实性与完整性负责,机构名称应当与其登记地域、业务范围、组织类型相适应,且能准确反映其特征。在县级人民政府民政部门登记的社会服务机构,可以在其住所地所在县级行政区域范围内设立分支机构,分支机构不具备法人资格。

（二）登记要求

1. 由谁登记

国务院民政部门和县级以上地方各级人民政府民政部门是本级人民政府的社会服务机构登记管理机关。

2. 如何登记

登记管理机关在收到全部有效申请材料之日起 30 日内做出准予或者不予登记的决定。准予登记的社会服务机构，核准章程，发给“社会服务机构法人登记证书”。“社会服务机构法人登记证书”载明的登记事项包括名称、住所、宗旨和业务范围、法定代表人和负责人、注册资金。社会服务机构凭登记证书申请刻制印章、开立银行账户，并将印章式样、银行账号报登记管理机关备案。具体登记程序如图 2－1 所示。

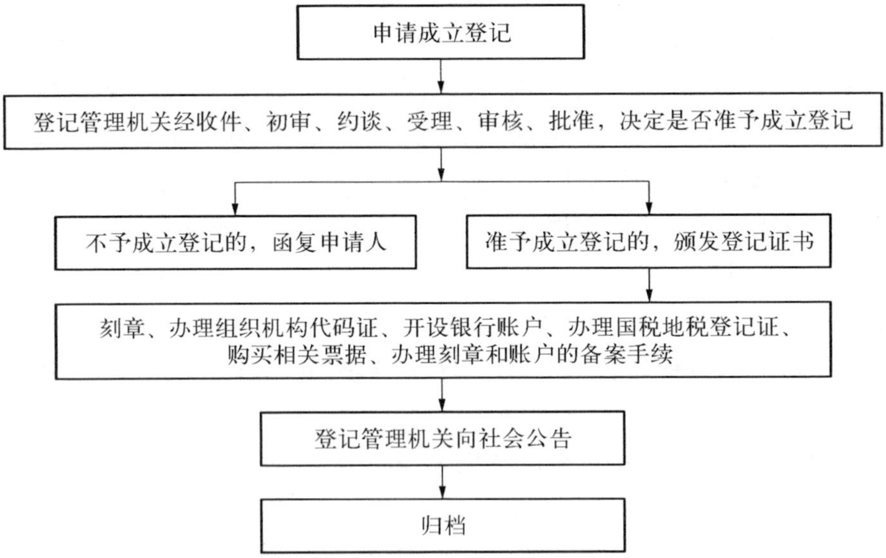

图 2－1　社会服务机构的登记程序[①]

需要说明的是，近几年，为了落实“放管服”的要求，鼓励民办社会工作机构的健康发展，我国已允许其直接登记。直接登记意味着申请人在发起成立社会工作机构时无须再为机构找业务主管单位。作为社会服务机构的一种，民办社会工作机构的成立与登记应符合上述相关规定。此外，在实践中，各地

① 王傅、刘忠：《社会组织基本知识》，广东人民出版社 2017 年版，第 61 页。

对社会服务机构的注册条件有不同的要求，有的地方可能要求发起人拥有社会工作师或助理社会工作师职业资格，要求专职工作人员具有社会工作专业背景或职业资格。所以，申请人在发起成立社会服务机构时应详细咨询当地的民政部门。社会服务机构依法履行登记手续，一方面可使机构拥有合法的身份，并依法获得国家保护与政策优惠；另一方面有利于机构获得政府购买服务的支持，以及向基金会申请项目，因为出资方会审核竞标机构的资质和等级。

三、社会服务机构的管理制度

（一）双重管理

双重管理是指社会服务机构由业务主管单位和登记管理机关共同管理。也就是说，除了目前政策规定可以直接登记的社会服务机构之外，其他社会服务机构仍实行双重负责制。

其中，业务主管单位的管理职责如下：(1) 负责社会服务机构的成立、变更、注销登记前的审查；(2) 监督、指导社会服务机构遵守宪法、法律、法规和国家政策，依据章程开展活动；(3) 负责社会服务机构年度检查(以下简称“年检”)的初审；(4) 协助登记管理机关和其他有关部门查处社会服务机构的违法行为；(5) 会同有关部门指导社会服务机构的清算事宜。

登记管理机关的管理职责如下：(1) 负责社会服务机构的成立、变更、注销登记；(2) 对社会服务机构进行年检；(3) 对社会服务机构执行《社会服务机构登记管理条例》情况进行监督检查，对违法违规问题予以行政处罚。

（二）分级管理

分级管理是指依据社会服务机构开展活动的地区，实行分级登记、按地区管理的管理方式。即全国性的社会服务机构由民政部登记和国务院有关机关管理；地方性社会服务机构由相应的地方民政部门登记，并由相应的地方政府业务主管单位管理。

（三）信息公开

社会服务机构登记注册后，管理机关往往通过一年一度的正式检查了解机构的发展情况，这一管理手段称为“社会组织年检”。其具体流程如下：首先，社会组织须在每年的 3 月 31 日前向业务主管单位报送上一年度的工作报告，说明自身遵守法律、法规和国家政策的情况，按照章程开展活动的情况，人员和机构变动的情况，财务管理的情况，等等；其次，业务主管单位进行初步审查，若合格，则于 5 月 31 日前报送登记管理机关进行年检；最后，民政部门对社会组织提交的年检报告进行最终审查，做出评定结论，并向社会发布。

《社会服务机构登记管理条例》对年检制度做了调整。一是要求登记管理机关向社会公开当地社会服务机构的信息，包括：(1) 社会服务机构登记、许可事项；(2) 对社会服务机构的税收优惠、资助补贴等优惠措施；(3) 登记或者认定为慈善组织的社会服务机构名单；(4) 对社会服务机构开展检查、抽查、评估的结果；(5) 对社会服务机构的表彰、处罚结果；(6) 法律、法规规定应当公开的其他信息。

二是要求社会服务机构向公众披露如下信息：(1) 机构登记事项；(2) 机构章程；(3) 负责人、理事和监事名单；(4) 服务内容和收费标准；(5) 接受捐赠和捐赠使用情况；(6) 税收优惠、资助补贴、政府购买服务情况；(7) 与利益关联方发生交易的情况；(8) 受到行政处罚的情况；(9) 设立分支机构情况；(10) 其他依法应当公开的信息。

除了按照规定公开信息外，《社会服务机构登记管理条例》还要求社会服务机构于每年 1 月 1 日至 6 月 30 日，通过登记管理机关统一的信息平台向登记管理机关报送上一年度的工作报告。社会服务机构年度工作报告内容包括：(1) 机构的基本信息；(2) 业务活动情况；(3) 组织机构情况；(4) 接受有关部门监督管理的情况；(5) 监事意见；(6) 履行信息公开义务的情况；(7) 财务会计报告；(8)登记管理机关要求的其他信息。其中，前 6 项信息必须向社会公开，后 2 项信息由社会服务机构选择是否向社会公开。被认定为慈善组织的社会服务机构，年度工作报告及公开的内容还应当包括注册会计师审计报告。需要特别说明的是，捐赠人不同意公开的信息，不得公开。

四、社会服务机构发展的政策保障

中共十八大以来，我国加快了社会组织管理体制改革的步伐。改革一方面试图解决原“三大条例”中不适应社会发展的问题，发挥社会组织作为社会治理主体的重要作用；另一方面力图建构现代化的社会组织管理制度，促进社会组织健康、有序发展。为此，政府主管部门既强调规范管理社会组织，同时也提出要支持社会组织的发展，以激发社会组织的活力。从《国务院办公厅关于政府向社会力量购买服务的指导意见》《民政部关于进一步加快推进民办社会工作服务机构发展的意见》《关于改革社会组织管理制度促进社会组织健康有序发展的意见》等文件内容来看，当前政府承诺给予社会服务机构的政策保障主要有以下方面。

（一）优先获得政府购买社会服务项目

政府向社会力量购买社会服务是创新服务提供方式、加快社会服务发展、引导有效需求的重要途径。上述文件都强调要逐步加大政府向社会力量购买服务的力度，将适合社会力量承担的基本社会服务，通过委托、承包、采购等方式交给社会力量来承担。政府购买的社会服务要突出公共性和公益性，对于涉及民生保障、社会治理、行业管理等的服务项目，要优先向社会组织购买。文件要求规范政府购买社会服务的程序，原则上均应通过竞争性购买，使社会服务机构有同等的竞标机会。

（二）获得财政税收支持

《关于改革社会组织管理制度促进社会组织健康有序发展的意见》指出，中央财政继续安排的专项资金购买服务，有条件的地方可参照中央政府安排的专项资金，支持社会组织参与社会服务，加强社会组织能力建设，有计划、有重点地扶持一批品牌性社会组织；落实国家关于社会组织各项税收的优惠政策；财政、税务部门要研究完善社会组织税收政策体系和票据管理制度，改进和落实公益慈善事业捐赠税收优惠制度；鼓励银行业金融机构加大对社会组织的金融支持力度。《民政部关于进一步加快推进民办社会工作服务机构发展的意见》鼓励有条件的地方设立扶持民办社会工作服务机构发展专项资金，通过公益创投、补贴奖励、提供场所、减免费用等多种方式，支持民办社会工作服务机构的启动成立和初期运行。

（三）助力机构储备人才

《关于改革社会组织管理制度促进社会组织健康有序发展的意见》提出，把社会组织人才工作纳入国家人才工作体系，对社会组织的专业技术人员执行与相关行业相同的职业资格、注册考核、职称评定政策，对符合条件的社会组织专门人才给予相关补贴，将社会组织人才纳入国家专业技术人才知识更新工程；建立社会组织负责人培训制度，并积极向国际组织推荐具备国际视野的社会组织人才；民政部、人力资源和社会保障部要会同有关部门研究制定加强社会组织人才工作的意见。《民政部关于进一步加快推进民办社会工作服务机构发展的意见》还特别要求各地民政部门要会同有关部门研究制定民办社会工作服务机构有关人员引进落户、薪酬保障、职业发展、表彰奖励等方面的激励措施。

(四) 营造良好的社会氛围

《民政部关于进一步加快推进民办社会工作服务机构发展的意见》提出，要加强各类社会工作宣传载体建设，围绕民办社会工作服务机构发展的政策制度、优秀典型、先进事迹，开展深入持续的社会宣传，着力突出民办社会工作服务机构在保障改善民生、创新社会治理中的重要作用、专业功能和服务成效；要积极开展民办社会工作服务机构发展的研究、交流与合作，及时总结推广经验做法，研究解决困难问题，促进理论与实践发展；要严格按照国家规定，对优秀的民办社会工作服务机构及有关专业人才进行多种形式的表彰与奖励，大力营造关心、理解、支持民办社会工作服务机构发展的良好社会氛围。近几年，我国加大了社会工作宣传力度，社会工作机构利用官网、微博、微信等媒体平台宣传自身、推介项目已常态化。每年的世界社会工作日，各地民政部门都会组织形式多样的主题宣传活动，旨在提高社会工作的知晓度和影响力。

第三节　社会服务机构的内部治理

一、社会服务机构的治理结构

(一) 理事会

1. 理事会的产生

按照社会组织管理政策，社会服务机构应设立理事会，理事人数一般为3～25人。理事会是社会服务机构的最高决策机构，是非营利组织的权力中枢，负责规划组织愿景、阐明组织使命，并制定有效的策略以实现组织使命。新机构的第一届理事可以由申请人与捐赠人提名、协商确定。继任理事由理事会提名并经大会选举产生。在社会服务机构中，理事会的成员构成因组织而异，通常包括社会知名人士、资助方代表、受益方代表、专家学者等。理事任期由机构的章程规定，一般每届任期不得超过5年。理事任期届满，可以连选连任。理事会设理事长1人，可以根据实际需要设立若干副理事长。

2. 理事会的功能

理事会的功能如下：(1) 决策功能。理事会要把控全局，因而要通过决策推动机构的持续发展。(2) 支持功能。理事会是社会服务机构事业发展的支持者，负有提供组织运作资源的责任。(3) 使命倡导功能。理事会成员要认同并积极传播机构的服务理念，不断强调机构的宗旨和使命，努力塑造、维护和优化机构的社会形象。(4) 监督控制功能。理事会可以通过制度建设、财务审核、活动审议等，对机构的运作加以影响，发挥监督和控制功能。

3. 理事会的职责

理事会的职责如下：(1) 修改机构章程；(2) 决定机构的分立、合并或者终止；(3) 决定理事长、副理事长、理事任免事项；(4) 确定法定代表人人选，任免执行机构负责人；(5) 制定内部管理制度；(6) 审议年度工作计划、财务预算、决算报告；(7) 审议重大业务活动、大额财产处置及重要涉外活动；(8) 审议年度工作报告和财务会计报告；(9) 机构章程规定的其他职责。

4. 理事会的运作

理事会通过召开理事会会议，民主决策各项决议来行使其职能，其中理事会承担集体责任，不同理事各司其职，承担相应责任。理事会应当针对所议事项的决定制作会议记录、会议决议，出席会议的理事应当在会议记录、会议决议上签名。理事会会议由理事长召集和主持；理事长不履行职务的，由半数以上的理事共同推举1名副理事长或理事召集和主持。

5. 理事会的治理形态

理事会的治理形态主要有5种：(1) 理事长主导的理事会。理事长个人具有强大的影响力，理事们讨论各项方案计划或发展战略时多以理事长的意见为准，少有分歧。(2) 权力共享的理事会。理事们注重在民主平等的原则下分享决策权，在会议中充分参与讨论，能接纳不同的意见，最后达成集体共识。(3) 权力分散的理事会。理事会成员想法各异，甚至代表不同团体的利益，如案主、捐赠者等，因此理事会会议经常充满“火药味”，各派都试图强化自身的话语权和影响力。(4) 总干事主导的理事会。理事会是名义上的决策单位，只扮演“橡皮图章”的角色。总干事是机构事务的实质决策者。(5) 无权的理事会。没有目标、充满不确定性是此类理事会的特征。理事会成员无强烈的领导欲望，机构事务的完成依赖于理事会依循先例，或是理事会中有人愿意全程负责。

（二）总干事

由于社会服务机构的理事多是兼职，受时间和精力的影响，难以全身心、全时段投入机构管理事务，所以，《社会服务机构登记管理条例》规定：“社会服务机构可以设立执行机构。执行机构在执行机构负责人领导下开展工作，负责组织实施理事会决议和章程规定的其他职权。”在社会服务机构中，这一执行机构的负责人常常被称作总干事。总干事是理事会决策的执行者，有时甚至是理事会的主导者，所以总干事的管理能力直接影响机构的运营。总干事广泛参与机构内外的各种活动，是机构的核心人物。一般来说，总干事的职责包括：（1）对内负责人事管理，资源分配，业务与方案的执行和管理，维系与理事会的良好互动，实践组织的宗旨和核心目标等；（2）对外帮助机构募集资源，建立良好的公共关系，处理外部危机或消除负面影响。

请阅读一则总干事招聘公告，讨论社会服务机构对总干事的素质要求。

1. 报名条件

（1）社会工作本科及以上学历；

（2）拥有中级社会工作师职业资格证书，至少有四年实务工作经验，曾担任社会工作机构总干事职位者优先考虑。

2. 岗位要求

（1）社会工作理论扎实，有较强的分析问题和解决问题的能力；

（2）有创新意识、思维活跃、逻辑性强、组织管理能力突出；

（3）有优秀的沟通协调能力，有较强的责任心和抗压能力；

（4）具备良好的团队合作意识，能较好地协调项目各方的关系；

（5）具备良好的领导能力和学习能力；

（6）熟练使用办公软件，具备一定的网络知识，具备较强的活动策划、文案写作和平台运营能力。

（三）监事会

1. 监事会的产生

监事会是由全体监事组成的，对机构业务活动和会计事务等进行监督的内部机构。监事会与理事会并列设置，目的是防止理事会、理事长、总干事等滥用职权，损害机构利益。监事会由 3 人以上的成员组成，监事由主要捐赠人、业务主管单位、登记管理机关选派。监事任期与理事任期相同，可以连任，但不得超过 2 届。理事、负责人、财会人员及这些人员的近亲属不得兼任监事。监事会要推选 1 名召集人。人数较少的社会服务机构可不设监事会，但必须设 1 名或 2 名监事。

2. 监事的职责

监事的职责如下：(1) 依法监督社会服务机构按照章程开展活动；(2) 列席理事会会议，有权向理事会提出疑问和建议；(3) 监督法定代表人的工作，检查机构财务和会计资料；(4) 有权向业务主管单位、登记管理机关，以及税务、会计主管部门反映情况；(5) 履行章程赋予的其他职权。

请阅读下列材料，了解社会服务机构设立监事会的相关要求。

第二十一条　本单位设立监事会，其成员为____人。

监事任期与理事任期相同，任期届满，可以连选连任。(监事会成员不得少于 3 人，并推选 1 名召集人。人数较少的民办非企业单位可不设监事会，但必须设 1～2 名监事)

第二十二条　监事在举办者(包括出资者)、本单位从业人员或有关单位推荐的人员中产生或更换。监事会中的从业人员代表由单位从业人员民主选举产生。

本单位理事、总干事(或主任等)及财务负责人，不得兼任监事。

第二十三条　监事会或监事行使下列职权：

(一) 检查本单位财务；

(二) 对本单位理事或总干事(主任等)违反法律、法规或章程的行为进行监督；

(三) 当本单位理事或总干事(或主任等)的行为损害本单位的利益时，要求其予以纠正；

…………

监事列席理事会会议。

——佛山市民政局：《民办社会工作服务机构(法人)章程示范文本》(节选)

二、社会服务机构的使命

(一) 何谓使命

使命(mission)是任务和职责,回答的是社会服务机构“为什么存在”的问题。也就是说,使命表明了社会服务机构希望为社会做出什么样的贡献。社会工作是带有自觉性的社会实践活动,即它是有使命感的,如帮助处于困境中的人们摆脱困苦、帮助人们提升能力、促进社会公平与正义等。社会服务机构作为具体供给服务的载体,是社会工作使命的践行者,它要根据自身的定位、职能、特色等确定使命。管理大师德鲁克(Drucker)曾经指出,非营利组织不能像企业那样追逐利润,而应当以使命为重,以改善环境与服务社会为己任。社会服务机构有明确的使命是非常重要的,使命决定了机构未来的发展方向、机构的长期目标、机构的发展战略等。

(二) 使命对社会服务机构的重要性

1. 帮助机构明确发展方向

使命解决的是机构的发展方向问题,有了这个方向,机构才清楚要朝哪里去和要制定怎样的发展战略。没有使命的机构,就像迷失了方向的航船,其愿景必然是不清晰的,行动必然是犹疑的。机构只有有了明确的使命,才能明确自身的发展方向和重点策略。使命不清楚的机构是不可能有长远目标的,这也就决定了机构不可能走得太远。

2. 帮助机构明确定位和服务对象

使命可以让机构更准确地界定自己的定位和服务对象,明确应该做什么,不应该做什么,应该为谁服务。例如,美国女童子军的使命是“帮助女孩发挥潜能,使其成长为有责任感的世界公民”。该非营利组织的服务对象是女孩,其组织定位是想方设法助力女孩发展潜能、增强责任感、开阔眼界与胸怀。

3. 帮助机构制定目标与策略

在使命的指引下,机构能够更清楚地制定长远目标与阶段性目标,并保证这些目标彼此配合,共同呼应使命。在可达成的目标之下,是清晰的行动方案与路线图。如果某机构的使命是“知识扶贫,助人发展”,那么,该机构制定的服务目标中就必然会有就业率方面的评价指标,并且一定会将教育培训、能力建设等体现在行动方案中。

（三）社会服务机构如何阐明使命

使命是机构的灵魂，对机构发展影响深远。那么，机构应该如何阐明使命，并使之得到内部和外界的认可呢？我国香港学者梁伟康认为，要厘清社会服务机构的使命，应当关注如下问题：机构为何存在？机构为谁而存在？机构的身份是什么？机构在做什么？机构能满足哪些需求？机构为什么要做这些事情？机构负责人可以组织员工讨论上述问题，并根据讨论的结果提炼出机构的使命。一般来说，好的使命表述通常具有如下特点。

1. 文字简洁，易于理解

德鲁克曾经说过，使命的表述应当简短，"短到可以印在T恤衫上"，这样有助于人们记忆和传播。徐本亮建议机构使命表述一般不要超过15个字，可以采取"服务对象+结果"的方式表达机构的使命。① 例如，"助自闭儿走向自立""培养青少年成为有责任感的公民"等。

2. 文字具有感染力

使命是外界认知社会服务机构的一种渠道，也是凝聚人心的文化宝器。社会服务机构是非营利组织，具有公益性或志愿性特征，因此，在表达使命时要凸显公益情怀与奉献精神，以引起人们的情感共鸣，如匡老扶幼、关社睦邻等。

3. 能够阐明机构对社会的承诺

使命应具有实质性内容，即让人一看就知道机构在做什么，要达成怎样的结果。这是使命表达的关键。没有这个核心内容，使命就是虚无的、难以捉摸的、不能发挥引领作用的。徐本亮提出，有效的机构使命应该是"I must"（我必须做）、"I can"（我能够做）和"I will"（我情愿做）的结合②，即阐明与机构的价值、能力相匹配的服务承诺。

4. 与时俱进

社会服务机构的使命也不是固定不变的，因为机构所处的社会环境、政策环境以及所拥有的资源条件会发生变化，服务对象及其需求也不会一成不变，所以，机构的使命应做到与时俱进，根据环境变化适时做出调整。

---

① 徐本亮：《社会组织管理精要十五讲》，上海社会科学院出版社2018年版，第24页。

② 同上书，第23页。

三、社会服务机构的价值观

（一）价值观对机构的重要性

价值观是人们衡量自己行为时所采用的参照标准，体现了人们对是非、善恶、美丑的看法。个人有价值观，组织也有价值观。社会服务机构的价值观是指机构在解决外部适应和内部统合问题的过程中逐渐形成的，为机构成员所共享的观念系统。价值观是组织文化中非常重要的一部分，是组织及其员工采取行动的指导性原则。价值观具有指导、规范、判断和整合的功能。社会服务机构的价值观表明了机构希望所有员工秉承什么样的观念，以及采取什么样的行为。价值观与使命相辅相成，一方面机构要想达成某种使命就必须具有与之相符的价值观，另一方面价值观一经形成就会持续地影响使命的实现。

（二）机构如何凝练价值观

凝练出为员工认可的价值观，提出与价值观相符的行为规范，是社会工作行政的重要内容。有研究者认为，机构管理层在确定机构价值观时要尝试回答如下问题：机构对服务对象、员工、服务、管理等所持的基本态度是什么？机构深信什么？机构有哪些需要特别强调和坚持的行动原则？例如，机构可能会强调充分尊重、平等对待服务对象，要求员工勤勉奉献、追求卓越，把规范、高效、关怀作为管理的关键词。深圳正阳社会工作服务中心的机构价值观表述如下：对内——奉献、诚实正直、勇气、团队精神、公开、公平、公正；对外——尊重包容、自主参与、发挥潜能、社会公正和社会责任、公民社会、共同合作。

社会服务机构的价值观可分为两种：自我强化型和自我超越型。前者表现为热衷于追求社会地位、权力、声望，常常依据世俗的标准和竞争的结果评价机构，如规模更大、能力更强、影响范围更广等。后者表现为对普遍福祉和公益慈善的追求，如社会公正、社会和谐、友爱互助、诚实善良等。研究发现，被自我强化型价值观主导的社会服务机构，其内部成员之间、机构与外部同行之间，都容易因资源争夺而引发冲突，继而导致机构内外消极型生态关系的产生。而受自我超越型价值观主导的社会服务机构则相反。① 这也提醒我们：

---

① 卢玮静、赵小平：《两种价值观下社会组织的生命轨迹比较——基于 M 市草根组织的多案例分析》，载《清华大学学报（哲学社会科学版）》，2016 年第 5 期。

社会服务机构的使命不是让自己变得更大、更强，而是助力服务对象摆脱困扰、提升能力、增进福祉；机构的价值观应是自我超越型的，指向如何助益服务对象成长，以及表明机构对社会、对专业的责任。例如，上海市自强社会服务总社将机构价值观表述为关爱、乐助、自强。

四、社会服务机构的愿景

（一）愿景的内涵与作用

愿景的英文为 vision，来源于拉丁文 videre，本义为“看见”。在管理科学中，愿景通常与组织目标、战略规划联系在一起。从字面上看，愿景有两层意思：一是愿望，二是蓝图。社会服务机构的愿景，即机构希望在未来能够达成的目标或取得的成就。一般来说，机构的愿景应该是建立在使命和价值观基础上的共同愿望。一个经过精心构思、恰当表达的愿景对社会服务机构具有如下作用：第一，提升机构的存在价值。愿景是机构价值和使命的体现。第二，帮助管理者做决策。愿景是机构发展的指南针，可以使管理者对机构的长远发展方向和未来业务结构有一个清晰的认识，从而避免盲目决策带来的风险。第三，提高机构的凝聚力。机构可以通过建立员工为之共同奋斗的目标，将分散的个人力量聚集起来。

（二）社会服务机构如何描述愿景

社会服务机构的愿景一般包括两个构成要素（见图 2－2）：一个要体现机构的核心价值观与核心目标，另一个要体现机构在特定情形下的改革目标与理想状态，兼顾机构的“变”与“不变”。一个好的愿景应该具备 3 个特点：第

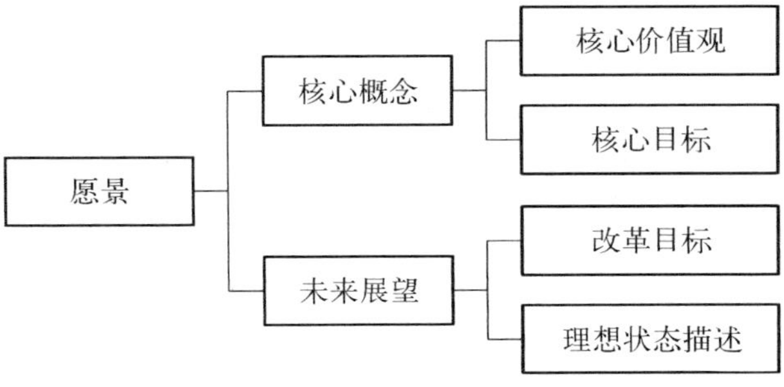

图 2－2　社会服务机构愿景的构成要素[1]

① 王钊：《企业战略管理》，中国农业出版社 2007 年版，第 27 页。

一，能够聚焦机构的服务领域；第二，能够描述机构在未来 5～10 年的发展状况；第三，使员工产生一体感，并对机构的蓝图有共识。

从策略上说，机构管理层在描述愿景时首先要思考和回答如下问题：愿景是否意味着明天更美好？愿景是否清楚、可理解？愿景是否具有激励作用？然后使用简洁清晰、未来指向、鼓舞人心的文字加以描述。例如，深圳正阳社会工作服务中心的愿景表达是“拥有高素质的社工专业团队，提供卓越的品牌服务，成为国内的业界典范”。事实上，对任何一个社会服务机构来说，使命与愿景陈述是在阐明机构“存在的理由”，即机构对社会做出的贡献，这直接回到了“我是谁”和“为何追寻”的问题。愿景和使命是机构成员在思考、决策和共同行动时的根本依据。

总之，社会服务机构的使命、价值观和愿景是机构的组织文化，是管理中最抽象也是最重要的层次系统，它们会影响机构的发展与员工的言行，对机构的良性治理、形象塑造、服务质量提升有着十分重要的作用。

请阅读下列材料，讨论这些社会服务机构对使命与愿景的陈述，说说你喜欢或不喜欢的理由。

1. 福州市信任社会工作服务中心的使命：致力于美好社区建设，营造信任互助的邻里关系。愿景：无论我们生活在城市或是乡村，每个社区都温暖如家；邻里亲朋，守望相助，没有冷漠，没有孤单，没有无助；人人携手幸福，家家洋溢爱和包容。

2. 广东省社会工作师联合会的使命：联合社工，发展专业，服务广东，创新前行。

3. 合肥瑶海区百米爱社会工作服务中心的使命：服务青少年健康成长。愿景：聚合一百颗爱心，守护一百米孩童。

4. 成都幸福家社会工作服务中心的使命：共创智慧、科技的公益生活。

5. 广西厚生社会工作服务中心的使命：以专精化服务、社会化资源推动人的发展、公益机构的发展和公民社会的发展。愿景：建设人人怀有希望，家家生活幸福，社会健康和谐的理想国。

6. 深圳市龙岗区至诚社会工作服务中心的使命：秉持社会工作专业价值和理念，运用专业技巧和方法，不断开拓创新，为社区居民、新公民等有需要的群体提供多元化社会服务，以改善服务对象处境，提高其生活品质。愿景：至诚关爱、和谐共融。

复习思考题

1. 简述社会服务与社会服务机构的含义。
2. 分析社会服务机构的特征与性质。
3. 阐述社会服务机构快速发展的原因。
4. 了解我国社会组织及其管理制度的发展历程。
5. 试析当前我国社会服务机构的管理制度。
6. 简述社会服务机构发展的政策保障。
7. 描述社会服务机构的治理结构。
8. 分析使命、价值观和愿景对社会服务机构建设的意义。

推荐阅读

1. [美] 彼得·德鲁克：《非营利组织的管理》(珍藏版)，吴振阳等译，机械工业出版社 2009 年版。
2. 李兵、张恺悌、何珊珊：《社会服务》，知识产权出版社 2011 年版。
3. 林闽钢：《现代社会服务》，山东人民出版社 2014 年版。
4. 徐本亮：《社会组织管理精要十五讲》，上海社会科学院出版社 2018 年版。
5. 王名：《社会组织论纲》，社会科学文献出版社 2013 年版。
6. 王名：《中国社会组织(1978—2018)》，社会科学文献出版社 2018 年版。

第三章

社会服务机构的领导者

领导者是社会分工的产物，领导者的管理活动古已有之。在现代社会，领导活动面临的情境日趋复杂，这对领导者的综合素质提出了较高的要求。在社会工作行政中，将各种政策转化为有效的专业服务，离不开机构领导者的活动，离不开机构管理层对相关工作的指挥与控制。本章首先分析了社会服务机构领导者的主要职责和素质要求；其次描述了领导方式及其类型；最后讨论了领导创新的相关问题。

第一节　领导与领导者

一、领导的内涵与构成

（一）何谓领导

在英文语境中，lead 一词的含义为带领、引导，是指一种管理行为。在中文语境中，“领导”一词常常有 3 种用法。第一种是指管理活动（lead），即管理者依法行使权力，推动组织成员实现组织目标的活动过程。第二种是指某种身份特征——领导者（leader），即通过合法途径产生的，掌握一定权力和资源且肩负管理责任的个人或集体。第三种是指管理的艺术或技巧（leadership），即在领导的方式方法上表现出来的创造性和有效性。在我国，人们常常用“领导”一词指代上述 3 种情况，至于指向什么，则需要根据具体的语境加以判断。

（二）领导活动的构成

如果将领导视为一个动态的管理过程，那么这个过程就是由领导者、被领导者、领导行为和环境条件 4 个要素相互作用、共同构成的。领导活动的效果既取决于领导者的综合素质，又依靠被领导者的全力投入，且受制于领导行为和环境条件（见图 3－1）。

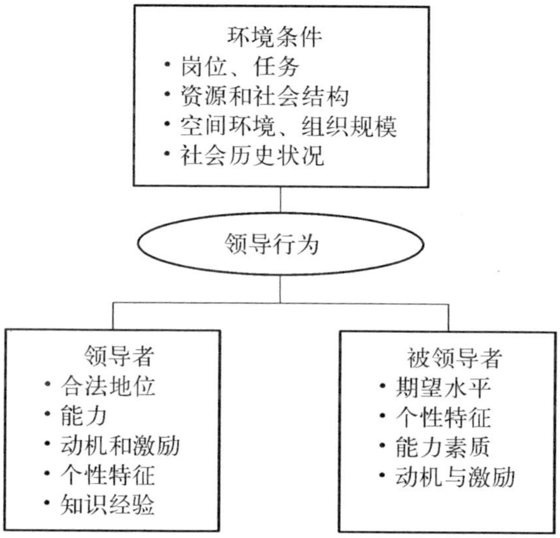

图 3－1　领导发挥作用的基本条件①

1. 领导者

领导者是领导活动的主导者，其形态可能是个体，也可能是集体。优秀的领导者对组织而言非常重要。非营利机构往往认同公益、平等、正义等价值观，强调通过使命与愿景凝聚人心。在社会服务机构中，领导者如果具有强烈的社会责任感、能力突出、工作勤勉、待人真诚，无疑能够形成一种向心力，这种向心力可以带领机构成员克服困难，从而推动机构不断前进。

2. 被领导者

领导科学认为，领导活动具有特殊性。其表现为领导者主要通过决策、指挥、控制等方式影响被领导者，由被领导者去实现组织目标。领导者不必亲力亲为，即便有时也参与执行活动，但决策目标的实现主要依靠的还是被领导者。换言之，社会服务机构目标的实现既取决于领导者的学识、能力、作风、经

① 王思斌：《社会行政》（第二版），高等教育出版社 2013 年版，第 103 页。

验等,也取决于被领导者的积极实践。

3. 领导行为

领导行为包括指挥、控制、协调、监督、检查等管理活动,这些活动贯穿于领导活动的各个层次和各个方面。

4. 环境条件

领导活动不是在真空状态中进行的,不能超越环境的限制。社会服务机构的环境条件大体可分为内部环境条件与外部环境条件。内部环境条件包括机构的空间环境、人财物资源、制度文化等。外部环境条件包括社会氛围、政策制度、与利益相关者的关系等。有人说:"任何领导活动都必须在适应和有效改造环境的前提下,才能获得绩效。"权变理论认为,"一个优秀的领导者会把领导方式与环境力量的相关性置于重要地位"。如果领导者高估了自己驾驭环境的能力,就容易造成领导活动与环境的冲突;如果过分受制于环境条件,就不可能开拓创新。所以,社会服务机构的领导者要在合理配置和管理内部资源的同时,积极争取各种外部资源,并有效地加以利用。

二、社会服务机构领导者的主要职责

社会服务机构与政府之间是代理—合作的关系。在职能上,社会服务机构直接与服务对象接触并向社会服务主管部门反馈服务对象的需求,以形成新的服务项目,继而推动社会服务立法或社会政策的变革。社会服务机构的领导者有义务带领和引导机构健康发展,实现机构应有的社会价值。

(一) 做决策,实现机构的使命

在社会服务机构中,理事会成员、秘书长、总干事、项目主管等都具有决策职能。机构领导者应准确把握相关法律、法规和社会政策,并从本地区、本机构的实际出发,制订服务计划,对机构事务进行决策。决策是机构为履行职能所做的行为设计与抉择过程,是领导者不可推卸的责任。领导者的决策水平直接关系社会工作行政的效果。同时,领导者还要重视推进各项措施的落实,运用指挥、沟通、控制等管理手段,解决落实过程中出现的各种问题,注重工作方式方法的改进,以实现机构的使命和愿景。

(二) 开发并维护各类资源

这里的资源包括人力、物力、财力 3 个方面。这些资源是社会服务机构得以生存和发展的依托与保障。领导活动的一项重要功能就是维护和开发组织中的这些资源。例如，保管与维护机构的物质设备，防止人为损坏、滥用和流失。又如，建立和完善机构的财务制度，促进机构资金的良性运作。对领导者来说，尤为重要的是保护和发掘组织的人力资源。“人是行政之本”，没有人，组织的目标就不可能达成。但是，对社会服务机构来说，其往往不像政府部门那样容易招募到各种人才。在这种情况下，机构的领导者就要想方设法宣扬机构的价值观，使之能够吸引人、凝聚人。在机构内部，领导者应当注意创造和谐、宽松、进取的氛围；应当注意激励机制的运用，使优秀的人才能够脱颖而出；应当以身作则，关心员工，使员工能够凝聚到一起，团结在机构的目标之下。

（三）开展组织建设

对领导者而言，组织建设通常包括两个方面：一是机构设置。组织内部有上下层级和横向分工，这便于业务的处理和机构的管理。机构设置的核心是科学分工。二是制度设置。要想使机构的工作能够有序进行，领导者还必须制定、执行、维护机构的规章制度。可以说，管理靠的是制度和规则，管理的过程从某种意义上说就是制定规则、执行规则、维护规则的过程。只要机构确定并执行了机构的规范，机构管理就能够获得好的绩效。

（四）确保管理与服务的品质

管理是社会工作实务不可或缺的一环，管理的水平影响服务输送的效力。例如，中层管理者对督导人员的管理方式会影响督导人员的工作满意度，督导人员的工作满意度会影响一线社会工作者的服务态度，进而影响直接服务的品质。又如，如果高层管理者的决策富有弹性，那么社会工作者对服务对象的容忍度也会较高。[①] 可见，管理与服务是相互影响的。在社会工作行政中，服务对象、政府、社会服务机构之间往往具有一种制衡机制，即政府会根据服务对象的反馈去规范社会服务机构的服务供给，社会服务机构在获得政府支持的同时也有责任促使职业社会工作者提供高品质的社会服务。

（五）保持机构对环境的良好适应

社会服务机构是社会性的且处在特定的环境中。按照系统论的观点，组织不是封闭的机构形式，而是不断地与外界环境发生交互作用。20 世纪下半叶，西方管理学界兴起了一种非常有影响力的学说——权变理论。所谓权变，

① 黄源协：《社会工作管理》，华东理工大学出版社 2018 年版，第 57 页。

就是权宜、机变，就是因时、因地、因人随机应变、不拘一格。在管理情境复杂多变的当今，这一理论被越来越多的人认同和接受。社会工作行政作为一种宏观的社会工作方法，产生于社会现实的需要。因此，社会服务机构只有谋求对环境的良好适应，才可能被社会所认可。而保持机构对环境的良好适应与领导活动是分不开的，是领导者决策的一个方面。

三、社会服务机构领导者的素质要求

在社会服务趋于扩大化、多元化和专业化的当今，面对竞争与责信压力的日益加剧，社会服务机构的领导者被期待集情怀、视野、智慧、能力于一身，既要是业务上的专才，又要是管理上的通才。那么，社会服务机构的优秀领导者应该具备怎样的素质呢？

（一）端正的职业态度

斯基德莫尔曾专门讨论过这个问题，他认为领导者的态度及行为取向对员工和服务对象有重要影响。他认为领导者必须具备以下专业态度：第一，尊重每个独立的员工个体；第二，认识到没有十全十美的人，并以此为前提对待员工和自己；第三，能够为员工的发展营造有利的物理环境和情感环境；第四，知道价值观的重要性，并促进员工认同机构的价值观；第五，对新事物和新观念有开放的胸襟；第六，始终把机构的发展放在首要位置。① 本书认为，社会服务机构领导者端正的职业态度除了要满足上述要求外，还要有如下表现：对机构宗旨和使命有正确的认知；对作为领导者的权力和责任有正确的认知；对推动机构发展进步具有强烈的责任感。

（二）优良的工作作风

社会服务机构的领导者应当具备优良的工作作风，其表现如下：第一，对事认真务实、勤奋努力、追求卓越。第二，对人尊重、接纳、关爱、赞赏、信赖。尊重，即尊重员工的人格、劳动、隐私，尊重并保障法律赋予员工的各项权利，尊重服务对象与机构的合作者，等等。接纳，即能够客观地认识员工、服务对象和合作者，以包容、开放的心态待人，不苛求。关爱，即关心员工的工作与家庭，让员工对机构有归属感。领导者要致力于营造一种良好的工作氛围。在这

---

① ［美］雷克斯·A. 斯基德莫尔：《社会工作行政：动态管理与人际关系》（第三版），张曙等译，中国人民大学出版社 2005 年版，第 36—37 页。

种氛围中,既有对规则的遵守,又有思想的自由,让员工感到工作压力来自任务的数量和质量要求,而不是来自机构内部的沉闷气氛。赞赏,即能够对员工的付出和成绩做出及时的反馈,这样有助于激励员工实现自我价值,同时也有助于提升士气。信赖,即信任和依靠共事者,为他们发挥能力提供机会与舞台。

（三）丰富的知识储备

社会工作行政领导活动是一种复杂的劳动,也是一种充满了科学性和艺术性的活动。从科学性的角度看,领导活动需要综合运用管理学、社会学、心理学、法学等多学科的知识。例如,领导者要通晓组织理论,知道运用这些理论去运作组织,知道每种方法的优点和局限性,知道在不同的情境下采用不同的领导策略。此外,领导者还应当熟知有关人类行为的知识,这是领导者正确认识自我、员工和服务对象的基础。当然,社会服务机构的领导者还必须了解机构使用的社会工作方法。领导者可以不是实务方面的专家,但必须认同社会工作的价值观,对社会工作的基本方法、原则等应当有全面的了解。

（四）突出的工作能力

这是对领导者"才"的要求。领导者具有丰富的知识,但是无管理能力,同样也不是合格的领导者。因为引领组织向前发展,还要求担任领导职务的人具备较强的工作能力。社会服务机构的领导者至少应具备以下能力：第一,认识能力,即机构领导者要善于发现问题、分析问题,善于抓住事物的本质,善于预测。第二,组织能力,即机构领导者要有能力去赢得不同专业背景的人才,并使他们能够在一起有效地工作;要能够从实际出发,合理配置好机构的资源,使之服务于机构的目标。第三,决策能力。这是衡量领导者素质的重要指标之一,是领导者知识储备、认知能力和创新能力的综合体现。第四,营销能力,即领导者能够有效地传播与机构有关的积极信息。第五,应变能力,即领导者要根据机构所处的具体情境,不断调整机构的行为,保持机构对环境的良好适应,把握工作上的主动权。第六,创新能力,包括管理方式方法的创新、制度设置方面的创新。

（五）健康的体魄

身体健康是从业的基本条件之一。推动社会服务机构的健康发展,需要领导者投入大量的时间与精力,去寻找各种资源、处理内部事务、维护外部关系。领导者如果健康状况不佳,自然不可能高效地处理行政事务,甚至会影响机构工作的正常开展。

四、社会服务机构领导者的影响力

（一）领导者影响力的分类

领导的过程就是领导者行使权力和发挥影响力的过程。领导者的影响力就是领导者在与他人交往的过程中，影响和改变对方心理与行为的能力。从领导者的角度看，影响力是权力与能力的综合体现。现代领导科学一般将领导者的影响力分为权力性影响力和非权力性影响力。

1. 权力性影响力

权力性影响力又称强制性影响力、职位影响力，这是由职位本身所带来的影响力。个体在社会组织中担任领导者的职务，就会拥有与职务相应的法定权力。这种职位权力由上级组织赋予并由法律和制度所保证，与特定的个体没有必然联系。它随职位的变动而变动，在职有权、离职无权，位高权重、位低权轻。职务赋予了领导者奖励的权力、惩罚的权力，因而会对被领导者产生重要影响。而这种影响正是领导者实施管理行为的基本条件，没有这一条件，领导者就难以持续、有效地对被领导者产生影响。

2. 非权力性影响力

非权力性影响力也称凝聚性影响力、自然影响力，它不是外界赋予领导者的，而是由领导者的个人威望所决定的。个人威望是由领导者的品行、能力、才学、情感等因素形成的，不会随领导者职位的变动而变动。例如，具有高尚的品德、丰富的工作经验、良好的人际关系以及让人感到可亲可敬的领导者，不仅能带领下属完成组织目标，而且能创造一个激励性的、富有凝聚力的工作环境。可见，非权力性影响力是在组织成员对领导者崇敬和信服的基础上产生的。从表面上看，这种影响力可能不像权力性影响力那样具有明显的约束力，但其在实际中常常能发挥权力性影响力所不能发挥的作用。两种影响力的比较如表 3－1 所示。

（二）社会服务机构的领导者如何发挥影响力

影响力的大小对领导者履行领导职能、做好管理工作有着十分重要的影响。从理论上说，领导者发挥影响力应做到双管齐下。一方面，领导者要依靠职位，发挥权力性影响力。这里的关键是合法用权、灵活用权，即在法定的职权范围内使用权力，在使用权力的过程中注重民主参与、弹性授权、职权相称等。另一方面，领导者要努力提高个人的综合素质，通过个人威望赢得机构

表 3-1　两种领导者影响力的比较[1]

比较的维度	权力性影响力	非权力性影响力
来源	法定职位	个人威望
范围	有时空限制	无时空限制
方式	行政命令	人格感召
基础	必须服从	自愿接受
效果	慑服	信服
性质	强制性影响力	凝聚性影响力

成员的认可与拥戴。正如有研究者所说，非权力性影响力的大小直接决定着领导效能的高低。[2] 因此，提高领导者的影响力，关键在于提高其非权力性影响力。对社会服务机构的领导者来说，尤其如此。

相较于政府与企业，社会服务机构具有独特性。例如，社会服务机构具有社会责任导向，不以经济利润为目标；员工多是受过专业训练的社会工作者或其他专业人士，他们往往因认同机构的使命和价值观而加入机构，期待机构氛围是团结、民主和友爱的；机构的组织结构相对简单，官僚化和功利性色彩相对较淡。基于上述特点，社会服务机构的领导者不能仅仅依靠权力性影响力影响共事者，还应较多地运用指导、说明、激励、示范等方式来推动各项工作，注重与员工平等交流、充分沟通，通过努力工作、服务他人、奉献社会，影响和带领员工共同前行。此外，社会服务机构的领导者还要注重机构的文化建设，锚定、解释、推广机构的使命、价值观与愿景，将这些信念注入机构，从而影响员工。

请阅读下列材料，思考社会服务机构的领导者如何发挥影响力。

南希和杰尔于 6 月份获得了社会工作硕士学位，并接受了一个福利部门的工作，这个部门距市区 50 英里[3]。2 个月后，她们共进午餐，谈起她们的经

① 刘文江：《非权力领导艺术》，时代经济出版社 2002 年版，第 15 页。
② 金延平：《领导学》，东北财经大学出版社 2018 年版，第 192 页。
③ 1 英里≈1.609 千米。

历和对未来的打算。南希说，她的领导是一个权威型的、僵化的、严格要求别人的人，对她这样的人或者其他员工很少给予尊重，她早已开始寻求另外的工作。杰尔说，她的领导在各方面正好与之相反，领导对她和每一个下属都很关心，尽力做每一件事来促进她的社会工作实务能力。当她注意到这一点时，她概括指出了她的感受："他是真的关心我们，这能产生很大的效果。"

——斯基德莫尔：《社会工作行政：动态管理与人际关系》（第三版），第 32 页

第二节　社会服务机构的领导方式

一、领导方式的含义

领导方式是指领导者与被领导者之间发生影响和作用的方式，是领导者从事领导活动时所表现出来的比较稳定的领导风格。

领导方式和领导方法是两个不同的概念。领导方法是指领导者为了达到一定的领导目标，按照领导活动的规律采取的领导手段，它是领导活动艺术性的体现。领导方式与领导方法的区别如下：领导方法灵活多变，领导方式相对稳定；领导方法面对的是事，领导方式面对的是人。由于领导活动不能脱离一定的社会历史条件，因此采用什么样的领导方式不仅取决于领导者的个人愿望，还取决于组织性质、社会环境、领导体制、被领导者素质等多种因素。[①]

二、领导方式的类型

（一）从布置工作的风格看

从这一点看，领导方式可分为强制式、说明式、激励式和示范式。（1）强制式，即领导者以法定职权为基础，通过明确的命令、指示、要求来布置任务和指挥工作。（2）说明式，即领导者通过讲解、启发、商量等方式部署工作任务，使员工接受自己的指令。这种领导方式注重沟通、协商，有助于使员工认清工作的意义、目标、方法，从而更自觉地适应工作需要。同时，这种领导方式也便于领导者了解员工的想法和困难，从而能够适时修改计划或调整资源。

---

① 杨荣明：《管理学实用教程》，安徽大学出版社 2018 年版，第 193 页。

(3) 激励式，即领导者虽指出行动方向和计划，但强调任务完成以后的报偿，以此激发员工的工作热情。(4) 示范式，即领导者用自己的行动树立榜样、典型，供员工学习和模仿。

（二）从领导目标的侧重点看

从这一点看，领导方式可分为重事式、重人式、人事并重式。(1) 重事式，即领导者非常强调工作完成情况，对任务本身的关注重于一切；注重工作进度、效率与结果，并据此评价员工的工作。(2) 重人式。这种领导方式表现为尊重员工的人格，重视员工的感情和需要，强调信任、协作，注重引导员工的工作情绪；注重分权，不过多干预员工的工作，关心员工的实际困难，注重工作过程。(3) 人事并重式。这种领导方式是前面两种领导方式的结合，既重视完成工作任务，又重视在工作过程中满足员工的合理需要，促进员工的成长。这种领导方式旨在克服以事为中心和以人为中心的领导方式的缺陷，因为前者会挫伤员工的感情，减弱他们的成就动机，而后者容易导致纪律规范的松懈和工作效率的低下。

（三）从对员工管理的宽严程度看

从这一点看，领导方式可分为专制型(独断型)、放任型、民主型(参与型)。(1) 专制型(独断型)，即领导者以法定权力为基础、以自身为中心、以任务为导向、以控制为手段，独揽决策，与员工保持距离。(2) 放任型。这种领导方式以“无为而治”为管理哲学，领导者较少将精力投入决策和管理，既不注重运用权力，也不愿承担责任。(3) 民主型(参与型)，即领导者在管理中注意分权，注意员工的参与，关注员工的工作热情。这种领导方式相对于前两种而言，可以集思广益，工作节奏和内容富有弹性，可以使员工的积极性和主动性得到充分发挥。

应当指出的是，上述关于领导方式的分类通常是为了研究的需要，因为便于比较。在实践中，领导者并不会僵化地套用某种固定不变的领导方式，即便是一向作风专断的领导者，在某些情形下也可能会采取协商、激励等方式安排工作。也就是说，领导者常常要根据实际情况选择某种领导方式，或组合运用多种领导方式。现代领导科学认为，没有普遍有效的、最优的领导方式，领导方式只有与管理情境相匹配才有可能产生较好的效果。社会服务机构的领导者在实施管理时，要综合考虑机构特质、任务要求、员工特点等因素，选择合适的领导方式。

三、领导理论与领导方式选择

自20世纪中叶以来，西方学术界以领导方式为研究课题，提出了诸多领导理论。例如，早期的研究较多关注领导者的特质，认为领导工作的有效性与领导者自身的素质、品质、个性特征密切相关。有些学者甚至认为一个人的领导能力是与生俱来的，而不是通过后天培养得到的。后来，一些研究者发现，领导特质理论的解释力有限，于是他们将研究焦点转向领导行为，试图通过研究不同领导行为的效果差别，找到提高领导效能的办法。但领导行为理论也没有很好地解决实际问题，因为所谓“最佳”的领导行为模式并不是普遍适用的，于是，领导理论进入权变论阶段。有研究者指出，没有万能的领导方式，有效的领导方式是因环境的变化而变化的。可以说，每种领导理论都从特定视角阐释了领导方式或领导行为，因而对社会服务机构的领导者而言，都具有一定的启发性。根据社会服务机构的特性，本书主要介绍以下几种领导理论，并据此讨论领导方式的选择问题。

（一）领导生命周期理论

1. 主要观点

领导生命周期理论(life cycle theory of leadership)也称情景领导理论，由美国心理学家科曼(Korman)首先提出，后由保罗·赫西(Paul Hersey)和肯尼思·布兰查德(Kenneth blanchard)予以发展。该理论是“领导行为四分图”与“不成熟—成熟理论”的结合体，是一个具有权变风格的领导理论(见图3-2)。它在关心工作任务、关心员工发展的维度上，增加了“员工成熟度”这一维度，意指“个体对自己的行为负责任的能力和意愿，包括工作成熟度与心理成熟度”。该理论将员工的成熟度分为不成熟、初步成熟、比较成熟、很成熟4种。其主要观点是有效的领导行为应当将对工作任务的关注、对员工的关心和员工的成熟度结合起来进行综合考量。面对不同成熟度的员工，领导者要适时地调整领导方式与领导方法。

2. 领导方式的选择

根据领导生命周期理论，选择领导方式应注意以下4点：第一，当员工在心理上和工作上都处于低成熟度时，如能力不足、有畏难情绪、害怕担当，说明他们既不能很好地胜任工作任务，同时又不能被充分信任。在这种情形下，领导者宜采取“低关系、高工作”的命令式领导方式，即明确告知员工某项工作的

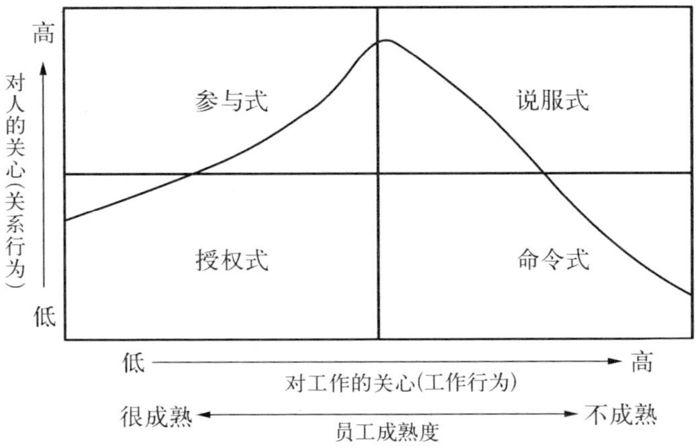

图 3－2　领导生命周期理论[①]

目标、任务、时间、标准等。第二，当员工处于初步成熟阶段时，如工作上有积极性且愿意主动尝试，但能力不足，领导者可采取"高关系、高工作"的说服式领导方式，即一方面指导员工做好工作，另一方面关心员工并促进其取得更快的成长。第三，当员工处于比较成熟阶段时，如既有较好的工作能力，又有较成熟的心智，领导者可采取"高关系、低工作"的参与式领导方式，让员工有机会参与决策，或者获得弹性授权。第四，当员工很成熟时，领导者可采取"低关系、低工作"的授权式领导方式，让员工有发挥能力的机会和舞台。

可以说，任何人进入职业领域都要经历一个社会化的过程。绝大部分人都能从职场新人成长为成熟的员工，当然时间长短可能不尽相同。对领导者来说，完成工作任务固然十分重要，但培养、储备和使用人才也需要充分重视。领导者应当既着眼于任务完成情况，也着眼于员工发展，在选择领导方式时要考虑员工的具体情况。按照领导生命周期理论，随着员工的心智与技能由不成熟走向成熟，领导方式应该相应地实现由命令式到授权式的转换。简单来说，就是对于能力较强、心智成熟的员工，可更多地授权，以发挥他们的积极性、主动性和创造性；而对于那些能力较弱、心理承受力与责任感不强的员工，则应该给予更多约束与要求，告诉他们该做什么、不该做什么，在开展工作时给予更多的指导。例如，对于新进员工、实习生，社会服务机构的领导者就可采取以任务为导向的领导方式，因为他们需要的是指示和历练；对于能独当一

① 迟到：《管理学》(第二版)，中国金融出版社 2017 年版，第 209 页。

面的员工，领导者则可鼓励他们参与决策与管理工作，让他们作为团队或项目的负责人。

（二）权变领导理论

1. 主要观点

权变即“权宜应变”“随机应变”，也就是在不同条件下适当地区别对待某种事物的意思。权变领导理论是美国心理学教授弗雷德·E. 菲德勒（Fred E. Fiedler）于 1962 年提出来的。菲德勒在大量研究的基础上提出了一个权变模型。该模型的基本假设是要求管理者改变使他们自己获得成功的管理风格是非常困难的。既然领导风格相对不那么灵活，没有一种在任何情形下都适用的领导风格，那么，良好的群体绩效只能通过如下两种途径取得：要么使管理者与管理环境相匹配，要么使工作环境与管理者相匹配。菲德勒提出：领导是否有效，既不是仅由领导者的人格特质所决定，也不只是由领导情境所决定，领导绩效取决于领导者个人特质与领导情境的适当匹配。[①] 菲德勒的权变模型是将确定领导者风格的评估与情境分类联系在一起，并将领导效果作为两者的函数进行预测。

2. 领导风格与情境

为了弄清楚领导者风格，菲德勒设计了最难共事者问卷（least preferred coworker questionnaire，LPC）。该问卷的主要内容是询问领导者对最难共事者的评价。如果该领导者在评价这位最难共事者时较多使用含有敌意的词句（在 LPC 上打“低分”），那么说明该领导者没有将同事的工作表现与人品好坏区分开来。因此，做出“低 LPC 分”型评价的领导者趋向选择任务导向型的领导方式。反过来，如果在评价最难共事者时较多使用善意的词句（在 LPC 上打“高分”），那么该领导者趋向选择关系导向型领导方式，因为该领导者心中已清楚认识到工作表现差的同事并不见得人品就不好。

关于领导情境，菲德勒列出了 3 类。第一，领导者与员工的关系。领导者与员工的关系是指领导者对员工信赖和尊重的程度。如果领导者与员工之间能够相互尊重、相互支持、相互信任、密切合作，那么他们之间的关系是良好的。这种关系对领导者的权力和工作有效性的影响最大，领导者可以通过非正式的方式来影响员工。相反，不被员工喜欢或信任的领导者，只能依靠命令

---

① 丁煌：《西方行政学说史》，武汉大学出版社 2017 年版，第 287 页。

才能完成群体任务。第二，任务结构。任务结构是指任务的明确程度和员工对这些任务的负责程度。如果这些任务越明确，且员工的责任心越强，领导情境就越好；反之，当任务是非结构性任务时，群体的角色越模糊，领导情境就越差。第三，职位权力。职位权力是指领导者所拥有的权力变量的影响程度。领导者的职位权力越大，员工遵从指导的程度越高，领导的环境也就越好；反之，则越差。

3. 领导方式的选择

第一，根据领导者与员工间的关系情况采取不同的领导方式。如果领导者与员工之间关系良好，感情融洽，并且领导者依靠自身素质赢得了员工的尊重和支持，那么领导者可以采取说服、民主、以人为中心的领导方式。反之，领导者则需要依靠组织所赋予的权力，采取强制、独裁、以事为中心的领导方式。

第二，根据机构目标和工作任务情况采取不同的领导方式。社会服务机构内所要完成的工作目标，以及为完成这一目标而设计的工作任务可能是多样化的。就目标来看，机构有整体的、长期的工作目标，如致力于解决贫困问题、失业问题、困境家庭的问题；也有中、短期的工作目标，如年、季、月的程序设计，个案工作的新方式，社区发展计划的推行等。同样，为了目标的实现，机构要制订相应的计划。这种任务分配可能是设计严密的，也可能是较为笼统的。前者是指完成工作任务的步骤与指令都十分清楚，并有详细记录。员工明白组织对自己的期望和要求，领导者也可以依据既定程序对员工发号施令。后者是指工作任务的安排只有大体框架，员工可以根据自己的理解开展工作。在这种情况下，领导者的权威相应减弱，甚至员工可向领导者挑战或采取其他自己认为合理的做法。相应地，若工作任务设计严密，领导者则可以采取说服、民主、以人为中心的领导方式；若工作任务设计松散，领导者则可采取强制、独裁、以事为中心的领导方式。

第三，根据领导者在组织中所处的权力位置采取不同的领导方式。在组织中，权力位置越高者拥有的权力越大，即所谓权力位置呈强势。在这种情形下，领导者在战略制定、资源调动、计划推行、突发事件的应急处理及每一工作环节的评估和检查等方面就可能对员工进行直接指挥和控制，因此，可以采取强制、独断、以事为中心的领导方式。相反，权力位置若呈弱势，领导者对员工的控制则会面临重重困难。在这种情形下，领导者适宜采用说服、民主、以人为中心的领导方式。

第四，根据以上3种因素的综合情况采取不同的领导方式。依据菲德勒的研究，在不同的情形下，灵活变换领导方式往往能够取得让人满意的效果。他把上述3种因素进行了综合，得出了自己的结论。如果我们把领导者与员工的关系作为因素一，把与实现目标紧密相关的工作结构作为因素二，把领导者在组织中所处的权力位置作为因素三，那么这3种因素可组合出8种不同的情形(见表3-2)。每一种具体的情形相对应地有一种适宜的领导方式。

表3-2　3种因素组合成的8种情形

与实现目标紧密相关的工作结构	领导者与员工的关系			
	和　谐		恶　劣	
	强势位置	弱势位置	强势位置	弱势位置
紧密型	1	2	5	6
松散型	3	4	7	8

情形1：和谐的领导与员工关系、紧密的工作结构与强势的权力位置，这是3种因素的最佳搭配。在这种情形下，领导者可以和所有员工同心协力，高效率地实现目标，以事为中心的领导方式在这种情形下可以取得较好的效果。

情形2：和谐的领导者与员工关系、紧密的工作结构与弱势的权力位置。在这种情形下，领导者处于弱势的权力位置，因此最好是按机构的规章制度、程序指令来推动工作任务的完成，但切忌官僚主义、形式主义。以事为中心的领导方式在这种情形下也能得到比较好的效果。

情形3：和谐的领导者与员工关系、松散的工作结构与强势的权力位置。在这种情形下，机构工作任务的结构较松散，领导者可利用咨询、协商等方法来补救，从而使员工对机构的工作目标、计划实施方案及评估等形成更多的共识。同时，由于领导者仍处强势的权力位置，因此，在这种情形下，以事为中心的领导方式仍可取得较好的效果。

情形4：和谐的领导者与员工关系、松散的工作结构与弱势的权力位置。在这种情形下，领导者处于相当不利的位置，只有依靠与员工的密切关系来赢得员工的理解和支持，从而实现组织目标。在这种情形下，以人为中心的领导方式能取得较好的效果。

情形 5：恶劣的领导者与员工关系、紧密的工作结构与强势的权力位置。在这种情形下，领导者要改善与员工的关系，但需要时间，因此，迅速、有效的方法应是设立合理的激励制度，以调动员工的工作积极性。在这种情形下，领导者应采取以人为中心的领导方式。

情形 6：恶劣的领导者与员工关系、紧密的工作结构与弱势的权力位置。在这种情形下，领导者要加强个人的影响力，通过系统的个别交谈等各种方法去改善与员工的关系。因此，以人为中心的领导方式在这种情形下是最佳的选择。

情形 7：恶劣的领导者与员工关系、松散的工作结构与强势的权力位置。在这种情形下，领导者应增加督导的次数和内容，使员工了解实现目标的步骤及计划，明白自己应该扮演的角色。以人为中心的领导方式在这种情形下仍是占主要地位的领导方式。

情形 8：恶劣的领导者与员工关系、松散的工作结构与弱势的权力位置。这是领导者面临的困难情形之一，领导者一方面要就事论事、英明决断、赏罚分明，另一方面要用各种正规和非正规的方法去改善与员工的关系，以达到预期目标。人事并重的领导方式在这种情形下是最佳的选择。

（三）仆从式领导理论

1. 主要观点

仆从式领导（servant leadership）是美国学者罗伯特 · K. 格林利夫（Robert K. Greenleaf）于 1970 年提出的。1970 年，格林利夫的《仆从式领导》一书出版，该书全面阐述了他关于领导的思想。仆从式领导理论从 20 世纪 70 年代提出以后，在 20 多年间并未引起人们足够的重视，其理论价值在 20 世纪 90 年代被人们发现，并被视为治愈西方世界的“道德黏合剂”和“人类精神的组织原则和心灵 DNA”[①]。美国管理理论界许多学者，如肯 · 布兰查德（Ken Blanchard）、彼得 · M. 森奇（Peter M. Senge）都给予它高度评价。如今，在欧美国家，已有越来越多的营利组织、非营利组织将仆从式领导理论奉为管理理念。例如，美国西南航空公司、Service Master 公司等美国知名企业都将仆从式领导理论作为其管理哲学。目前，格林利夫仆从式领导中心已在英国、澳大利亚、加拿大、新加坡等国家设立了分部，仆从式领导理论研究与实践已形成

① 万君宝、秦施洁：《仆从领导》，上海财经大学出版社 2016 年版，第 7 页。

以美国为中心、向全球扩展的趋势。

格林利夫认为传统的领导观充满了悖论。因为,一方面,它以严规苛法去约束和控制人,以所谓的技巧去操纵人,使人们埋首于工作,甚至沦为组织的奴仆;另一方面,它又奢望员工拥有取之不尽的能量,心甘情愿地为企业竭诚奉献,以便能从员工身上榨取更多的价值。他认为要建设一个充满公益和关怀、强者与弱者相互服务的社会,就需要变革领导理念,让那些具有公仆精神和奉献精神的人担任领导者。所谓仆从式领导,即领导者以仆从的方式实施领导,通过自身忠实于组织的愿景,尊重并服务身边的人,引导员工甘于奉献,让组织回归"仆从"这一服务本性,从而实现组织的目标。

2. 仆从式领导者的特质

格林利夫认为,仆从式领导者应由那些具有仆从气质的人来担任。他将仆从气质概括为倾听、说服、无为、接纳、自我认识和助人等 6 项。后来,格林利夫仆从领导中心的负责人拉瑞 · C. 史庇尔斯(Larry C. Spears)通过对格林利夫原著的研究,归纳出了仆从式领导者应具备的 10 种特质:(1) 倾听,即努力寻求团队的意愿,并使这些意愿变得清晰;(2) 同理心,即力求理解他人并且体会他人的感受;(3) 治疗,即善于治疗自己和他人,帮助自己和周围的人成为身心健康的人;(4) 敏锐,即善于发现问题、预见趋势;(5) 说服,即采取协商、劝导、合作的方式推动工作,而不是一味地依赖职位权威;(6) 概念化,即善于构建组织的发展愿景与蓝图;(7) 远见,即善于总结经验、把握当前,能够预见当前的决策对未来的影响;(8) 管家,即要像管家一样,把服务他人的需要作为首要的承诺;(9) 致力于员工的成长,即能够为员工的学习和成长提供机会,能够鼓励和肯定员工并能以身作则,成为员工效仿的榜样;(10) 注重社群建设,即能够与他人建立牢固的关系,并能与他人协调合作,尊重不同的观点与意见。

3. 仆从式领导的实施技巧

在众多的领导理论中,仆从式领导理论可谓独树一帜。有些研究者认为,仆从式领导对非营利组织尤为适用,理由如下:第一,仆从式领导所倡导的服务精神与非营利组织的慈善与服务本性相吻合;第二,非营利组织大多没有很清晰的层级结构,这种相对弹性化的组织更强调领导服务功能的发挥;第三,尽管非营利组织领导者负有很大的责任,但他们常常没有与责任相匹配的强大而明确的职位权力,在这种无权有责或责大权小的情况下,领导者就更需要通过仆从式领导发挥超出职权的影响力。所以，仆从式领导非常值得社会服务机构参考。

在实践中，社会服务机构的领导者若要依照仆从式领导的理念和原则去行事，需要注意下列技巧：(1) 拥有权威，但不以权力逼迫共事者；(2) 具有良好的自我认知能力，既能辨识环境需求，又能了解其限度；(3) 与出资人、员工、服务对象等保持良好的关系；(4) 倾听共事者的意见，赢得他人的合作；(5) 尊重所有人，甚至以无私的爱照顾并对他人负责；(6) 学会接受不完美，能为对方着想；(7) 助人解决困难，使人更有能力、更健全、更自主；(8) 要像公仆，但不是百依百顺的奴隶，以对方的真实需要为出发点；(9) 考虑所有共事者的合理需要，但并不是共事者要什么就给什么；(10) 有所为，有所不为，能够区分事情的轻重缓急。

第三节　社会服务机构的领导创新

一、创新与领导创新

(一) 创新的含义

创新(innovation)是各行各业都在使用的高频词。创新主要是指以提出有别于常规或常人思路的见解为导向，利用现有的知识和物质，在特定的环境中，本着理想化需要或为满足社会需求而改进或创造新的事物、方法、思维、元素、路径、环境，并能获得一定有益效果的行为，同时也是以新思维、新发明和新描述为特征的一种概念化过程。[①] 理解“创新”一词要抓住 3 个关键点：第一，目标，即创新一定要有成果，具有目标导向；第二，价值，即这个目标要有价值，对服务对象有益，对组织发展有益；第三，这种有价值的目标是以新的、更好的方式达到的。[②]

请讨论下列观点，并谈谈你对“创新”的理解。

著名管理大师彼得·德鲁克 1985 年专门撰写了《创新和企业家精神》这

① 王凯伟：《领导学新论》(增订本)，湘潭大学出版社 2015 年版，第 331 页。
② 徐本亮：《社会组织管理精要十五讲》，上海社会科学院出版社 2018 年版，第 160 页。

本经典著作。德鲁克没有专门给创新下过一个定义,他对创新有不同的表述。"创新活动赋予资源一种新的能力,使它能创造财富。""创新就是改变产品服务,为客户提供价值和满意度。""创新是企业家的特殊工具,他们凭借创新将变化当作开创另一番事业或服务的大好机会。""创新不是发明,它是一个经济学或者社会学的术语,而非技术术语。""创新就是有计划地放弃。"

——徐本亮:《社会组织管理精要十五讲》,第 159—160 页

(二) 领导创新的含义与特征

1. 领导创新的含义

领导创新是指领导者在对新形势、新机遇、新环境积极把握的基础上,运用科学的认识论和方法论进行创造性思维,从而突破现行领导观念、领导思想、领导制度、领导方式和领导艺术等方面的制约,并在新的管理实践中取得领导绩效的过程。

领导创新的内容一般包括思维创新、管理创新与战略创新。与领导创新相对应的是群众创新。群众创新往往关注生产与服务一线的实际需求,更侧重于技术与流程的再造或优化。群众创新常常能为领导创新提供素材与灵感。

2. 领导创新的特征

(1) 前瞻性。领导创新是领导者在正确认识事物发展规律和趋势的基础上开展的有预见性的工作。前瞻就是在正确分析问题的基础上,合理借鉴原有经验,创造性地开展管理工作。

(2) 科学性。领导创新要把握事物发展的本质规律,不跟风、不盲从,具有批判性思维,并从组织的实际情况出发。

(3) 目标性。领导创新的根本目标是推动组织朝着好的方向发展,使组织的制度建设和管理模式更健全、更有效。创新是手段和过程,不是目标。

(4) 持续性。创新不是一蹴而就的,它往往是摸着石头过河。创新不是一成不变的,今日的创新之举,以后可能就是管理工作的常规做法。所以,创新没有尽头。

(5) 多样性。领导创新的方式是多种多样的,不局限于某一种,只要有新的、更好的方式能达到有价值的目标,都属于创新。

二、社会服务机构领导创新的意义

领导创新对任何组织来说都非常重要，因为它常常引领组织跨越障碍、突破困境，取得新成果、步入新阶段。德鲁克指出，社会的每一个部门，包括政府、企业和社会组织，都需要创新，因为“只有创新才能保持高度的灵活性和自我更新的能力”①。德鲁克认为，所有机构的管理者都要把创新与企业家精神作为组织和自己工作中的一种正常的、不间断的日常行为和实践。创新不应局限于企业创新与技术创新，有时社会创新比科技发明更重要，产生的影响更深远。从管理的角度看，社会服务机构的领导创新具有如下重要意义。

（一）可以更好地满足服务对象的需求

社会服务机构是社会福利资源的输送系统，有特定的服务对象，如老年人、残疾人、困境儿童等。社会服务机构的使命就是满足服务对象的合理需求，改善服务对象的不利处境，增进其福祉。领导创新意味着社会服务机构能够精准把握服务对象的需求，并根据组织所处的内外部条件创新工作方式与方法。

香港银杏馆是一家由社会工作者发起成立，以社会企业方式运营的西餐厅。除了主厨和传菜员外，餐厅经理、服务员等皆为老年人，他们训练有素、彬彬有礼。每逢周二、周日，还有老年人乐队现场演奏。该餐厅曾获得汇丰银行钻石奖、创业创意奖、环保卓越奖等重要奖项，被誉为香港社会服务的“良心品牌”。银杏馆把餐饮服务与老年人就业结合起来，具有突出的社会效益。这种创新满足了低龄健康老年人的就业需求，实现了乐天集团为老年人提供优质服务的使命。

（二）有利于拓宽机构的资金来源渠道

社会服务机构的资金主要来源于政府购买、社会捐赠和服务收入。一般来说，不管是资助方还是购买方，之所以愿意为社会服务机构提供资金支持，是因为机构有好的项目，有实施服务项目的资质与经验。而机构要想拥有较为稳定的资金来源，就必须根据社会政策的导向或者资助方的要求，研发新项目、打造品牌项目。如果机构有很强的创新能力，就能不断开发新项目，并运营好每一个项目。

---

① 徐本亮：《社会组织管理精要十五讲》，上海社会科学院出版社 2018 年版，第 161 页。

上海市慈善教育培训中心是一家非营利组织，成立于1995年。1998年，该中心首次获得汇丰银行慈善基金提供的60万元项目资助。在此后的18年里，其获得汇丰银行的资助共计超过2 800万元人民币。该中心能够与汇丰银行合作这么久，一个很重要的原因就是它一直在培训项目上进行创新，先后研发和实施了10多个公益项目，引起了积极的社会反响，进而赢得了资助方持续的信任与支持。

（三）有助于机构保持活力和持续发展

组织生命周期理论认为，组织像人一样，具有生命周期，有它的童年、青年、壮年和老年时期。在组织的不同时期，领导者面临不同的管理情境和核心任务。领导者要能够根据组织发展的阶段性特点和需求，采取适当的管理方式，带领组织向更高级的管理阶段过渡。而在组织前行的过程中，领导创新无疑是重要的保障性条件。德鲁克曾经指出，不进行创新是现有组织衰弱的最大原因。当前，社会服务已步入责信时代，随着社会组织不断发展壮大，各社会服务机构之间必然会围绕福利资源与服务对象展开竞争。因此，社会服务机构必须通过不断的创新有效地提供社会服务，从而取得社会效益、赢得社会认可。

从某种程度上说，创新是不以人的意志为转移的客观过程，因为外部环境的改变、组织自身成长的需要，以及组织内部服务、技术、管理条件的变化等，都会推动组织变革。所以，领导者要善于抓住时机，发现组织变革的征兆，对组织结构、服务流程等进行创新性设计与调整。可以说，唯有创新，社会服务机构才能够保持活力、获得成长，才能从起步初创阶段走向规范运营和精细管理的新阶段。

三、社会服务机构领导创新的来源

（一）发现未被满足的服务需求

发现未被满足的服务需求，即发现一些未得到足够重视的社会问题，这是社会服务机构领导创新的一个很重要的动力。也就是说，社会问题常常是社会服务机构创新的来源。这里说的社会问题有两类：一类是机构管理人员自身遭遇的问题。例如，我国不少孤独症患者服务机构的发起人都是孤独症儿童的家长。他们因为自己的孩子患有孤独症，产生了如何养育这类特殊儿童的问题。为了解决自己遇到的问题，同时也为了帮助有类似困扰的家长，他们发起成立专业机构，设计社会服务项目。另一类是发现他人未被满足的需求。例如，在城市化的进程中，很多农村老年人因土地被征收而成为市民，但他们并不习惯城市生活，不能很好地融入城市。于是，一些机构就针对这一群体开发服务项目，协助农村老年人顺利完成角色转换。在社会的快速发展中，我国有大量社会问题亟待解决，这些社会问题可以成为社会服务机构领导创新的来源。

（二）从意外事件中获得启示

意外意味着未曾预料。在实践中，意外事件可能是取得了未曾料想的成功，或者是出现了某种意料之外的结果。这种意外事件让人们看到了解决问题的新路径。格莱珉银行（乡村银行）的创办就是一个例子。20 世纪 70 年代初，孟加拉国经济学教授穆罕默德·尤努斯（Muhammad Yunus）在社会调查中发现，由于缺乏本金，贫穷的农妇们不得不忍受高利贷者的盘剥。于是，他自掏腰包，将 27 美元以无利息的方式借给了 42 位农妇，支持农妇们购买原料，加工出售手工艺品，以增加家庭收入。结果，贫穷的农妇们不仅获得了相对较多的利润，而且如期归还了本金。

此事使尤努斯教授很有感触，他试图游说银行贷款给穷人，但未获得银行的支持。后来，尤努斯教授以自己的名义从银行借出钱，然后再把钱借给穷人。结果，穷人用这些为数不多的借款，精打细算、细心经营，普遍增加了收入，而且还按照要求如期归还了借款。于是，一套专门针对穷人贷款的方法和创办“乡村银行”的设想便在尤努斯教授的实践中逐渐成形。1983 年，尤努斯教授创办的专门为穷人提供贷款的“乡村银行”——格莱珉银行终于得到政府的批准。此后，乡村银行快速拓展至孟加拉国的数万个乡村，帮助大量贫困农民改善了生活。格莱珉银行的创办颠覆了银行业传统的运营模式，创造了一种国际上公认的、成功的信贷扶贫模式。

（三）机构发展遭遇挑战

这种创新的推动力来自机构内部。正如组织生命周期理论所揭示的，任何组织都不可能一直高奏凯歌。社会服务机构在发展的过程中会遇到各种各样的挑战，只有从挑战中发现机遇、实现创新，机构才有可能继续前行。当然，这种挑战可能是已经出现的问题，也可能是某种潜藏的风险。在我国社会工作教育界，青翼社会工作网（以下简称“青翼社工网”）曾是高校社会工作专业师生经常浏览的网站，他们在这里搜索教学素材、讨论专业发展。青翼社工网创办于2003年，十几年前，它在社会工作教育界几乎无人不晓。在社会工作教育快速发展的时期，青翼社工网抓住发展机遇，与全国100多家高校建立联系，发起成立高校联盟，开展实务工作坊、社会工作培训等服务，在业界产生了很大的影响。

2006年，中共中央作出“构建宏大的社会工作人才队伍”的战略决策之后，我国社会工作进入发展的快车道，民办社会工作机构纷纷出现，青翼社工网的影响力开始下降。此外，资金不足、人手紧张，也使其面临很多困难。这种情况促使创办人不得不重新思考青翼社工网的未来发展。后来，青翼社工网在厘清自身的优势与不足、机遇与风险的情况下，调整发展思路，将服务延伸到线下，成立了实体机构，并创设了青翼公益领袖训练营、青翼展翅实习训练营等品牌项目。经过战略调整，青翼社工网从初创期走向成熟期，不仅度过了危机，而且获得了成长。

（四）机构面临外部环境的变化

外部环境的变化也常常会促使机构做出创新之举。变化既意味着挑战，也意味着机遇。其大体包含4个方面的内容：一是社会的发展变迁；二是思想认识的变化；三是社会政策的变革；四是技术的革新。社会的发展变迁涉及面广，也常常会产生各种社会问题，并引发相应的社会需求。例如，社会流动背景下的流动人口的社会融入问题、流动儿童的教育公平问题、流动女性的生殖健康问题、留守老人的长期照护问题等。这些问题的解决需要社会力量的参与，因此也是社会服务机构领导创新的一个来源。思想认识的变化反映了人们对事物看法的变化，这也可能成为机构领导创新的有利条件。例如，政府对购买服务的重视、企业对社会责任的追求、公民对非主流文化的包容等，都蕴含着创新的空间。如果社会服务机构能够主动跟政府、企业加强联系和合作，就有可能得到更多的资源和支持。社会政策的变革也是领导创新的源泉和机会。社会服务机构具有执行社会政策的职能，因此要关心国家大事和政策方针，把握社会政策带来的创新机会。近几年，很多社会服务机构都根据政府关于社会治理的相关政策，设计并实施了社区营造、“三社联动”项目。技术的革新反映在社会服务领域中，最突出的就是互联网的普及，为机构开展筹资、宣传、营销、信息披露等活动提供了新的渠道。同时，新媒体也为机构开展线上服务提供了可能。2020年春节期间，为了回应新型冠状病毒肺炎疫情产生的相关社会需求，广大社会工作者和志愿者尝试在线共享信息、链接资源，创新了服务投递的模式。

四、社会服务机构领导创新的形式与要求

（一）社会服务机构领导创新的形式

1. 开发新产品或改造原有产品

对社会服务机构而言，这里的“产品”通常指的是服务项目，因为社会服务机构是通过提供服务来回应社会需求的。由于服务对象是不断变化的，其需求也不断变化，因此领导者必须做到项目创新、服务创新。以青翼社工网为例，其宗旨是“服务社工，发展专业”，可见其服务对象很广泛。为了实现机构宗旨，青翼社工网需要调研不同服务对象的需求，并开发有特色的服务项目，或者对原有项目进行优化升级。

2. 开拓新的服务领域

这是市场创新，是社会服务机构需要关注的。随着机构的发展壮大，一方面，机构领导者要支持员工继续深耕原有领域，把服务做成品牌；另一方面，机构领导者也要着眼于未来发展，基于机构的优势，开拓新的服务领域，为机构赢得更大的发展空间。以上海市慈善教育培训中心为例，该机构最初瞄准的是下岗失业人员，后来拓展至为农民工、“外来媳妇”、高校贫困大学生等群体提供服务。虽然他们是不同的群体，但接受创业培训是他们的共性需求。

3. 采取新的服务生产方式

在实践层面，社会服务机构供给社会服务可以有多种操作策略。例如，既可以靠机构自身的力量，也可以与其他机构合作；既可以是社会工作者与志愿者联动，也可以是“三社联动”“五社联动”；既可以线下组织，也可以采取线上与线下相结合的方式。也就是说，服务的生产方式可以是多样的，只要符合机构的实际情况，有利于控制成本、提升服务品质即可。

4. 导入新的资源

资源包含人、财、物、时间、信息等，社会服务机构可以用新的方法获取资源。例如，实施志愿者招募计划，增加机构的人力资源；与其他组织签署合作协议，共建或共享设施、信息等服务资源；创新用人思路，柔性引进相关专业人士；利用互联网公益平台发起众筹，创新机构筹资方式；等等。

5. 创新组织形式

社会服务机构应根据实践需要，灵活调整组织结构，如实施项目化运营、

信息化管理等。

（二）社会服务机构领导创新的要求

1. 有自信

自信是创新者的第一要素，因为创新是做一些他人没做过的事情，所以可能会遭到他人的怀疑、误解、反对，如果领导者缺乏自信，就很难坚持下去。有自信，意味着领导者清楚地知道行动目标，对自己的能力有恰当的认识，并做好了攻坚克难的心理准备。

2. 有灵活的思维

拥有灵活的思维也是领导创新的重要表征。灵活的思维是指领导者在追求目标的过程中不受思维角度的影响。研究发现，影响创新的因素有迷信权威、成见束缚、思维定式、习俗障碍、历史局限等。思维定式会严重限制人的思路，影响创新的实现。

3. 有强烈的创新意识

这一点常常是和思维灵活相联系的。有强烈的创新意识是指领导者的思想中浸润着的思新求变的意向与冲动，因此其愿意主动学习、寻找机会、积极探索。

4. 有顽强、坚韧的意志

这是对领导者意志品质的要求。创新意味着行动过程不可能完全处于预设之中，不会一蹴而就，这就要求领导者有顽强的意志，愿意为目标的实现努力克服各种困难。坚韧是指领导者在追求目标创新的过程中，始终保持对目标实现的高度期待和耐心。

5. 有实干精神

创新是艰苦的，要付出艰辛的劳动。领导者在坚信方向正确的同时，也要脚踏实地地工作，带领员工在项目设计、服务供给方面不断尝试和努力创新，绝不搞形式主义和“花架子”。

复习思考题

1. 简述领导的内涵与构成要素。
2. 分析社会服务机构领导者的主要职责与素质要求。
3. 讨论社会服务机构的领导者如何发挥影响力。
4. 了解领导方式的含义与类型。

5. 试述领导生命周期理论、权变领导理论、仆从式领导理论的主要观点。

6. 何谓领导创新？其对于社会服务机构的发展有何意义？

7. 阐述领导创新的来源与形式。

四 推荐阅读

1. 万君宝、秦施洁：《仆从领导》，上海财经大学出版社 2016 年版。

2. 王凯伟：《领导学新论》（增订本），湘潭大学出版社 2015 年版。

3. [美] 詹姆斯·M. 库泽斯、巴里·Z. 波斯纳：《领导力：如何在组织中成就卓越》（第 6 版），徐中、沈小滨译，电子工业出版社 2019 年版。

事　务　编

社会工作行政的客体就是社会服务机构要处理的相关事务、要管理的相关资源。本编设置了三章内容：首先，讨论了社会服务机构的战略决策，重点阐述了战略规划的方法与服务计划的制订；其次，结合实际，阐述了社会服务项目与项目管理的相关知识，特别是项目管理的过程控制；最后，围绕社会服务机构公信力问题，分析了公信力的形成与流失机制，讨论了公信力建设的意义与路径以及声誉危机的处置问题。

第四章

社会服务机构的战略决策

制定战略决策是社会服务机构事务管理的重要内容。社会服务机构要明确自身的战略定位，预测机构面临的机遇和挑战，形成决策方案，解决机构在发展中遇到的各种问题。这一过程对社会服务机构的运营发展和社会工作实务有着直接而长远的影响。本章首先阐述了社会服务机构战略规划的相关知识，然后着眼于社会服务决策和社会服务计划，并侧重于从实务的角度介绍社会服务决策的类型与过程、社会服务计划的意义与编制步骤等。

第一节　社会服务机构的战略规划

一、战略规划的含义与层次

（一）战略规划的含义

战略规划是“对组织及其内外环境进行系统的战略思考，从而确定组织的宗旨和目标，制定切实可行的规划，积极而有步骤地推动其实施，并及时加以调整的一整套系统的方法和过程”[①]。战略规划有如下特征：由机构最高管理层制定；涉及大量资源的分配，如资金、人力或物力；有长期效应（通常为 3～5 年甚至更长时间）；关注机构与外部环境的相互作用。[②] 社会服务机构的战

① 王名：《非营利组织管理概论》，中国人民大学出版社 2002 年版，第 58 页。

② 全国社会工作者职业水平考试教材编委会：《社会工作综合能力（中级）》，中国社会出版社 2020 年版，第 252—253 页。

略规划是社会服务机构为实现机构的使命和长远目标而做出的重要的战略性计划,它是一种对未来的分析和选择程序。

(二)社会服务机构战略规划的层次

1. 使命与愿景

这由机构决策者和高层管理者在机构建立之初拟定,主要内容包含机构运营奉行的理念、价值观,以及机构致力于构建的、美好的社会蓝图。它具有宏观、长远的特点,无具体实现期限。

2. 策略性计划

这由机构高层和中层管理者结合机构使命、愿景及未来发展拟订。它是具有指引性的工作方针,它的实现期限一般是未来的 3～5 年。

3. 实施性计划

这由机构中层和基层管理者依据现阶段或服务周期内要实现的短期目标拟订,如年度计划、项目计划等。它是机构具体、细化的执行计划,它的实现期限一般是一个自然年度或一个项目周期。

以广东省社会工作“双百计划”的“53111”模式为例:“5”是社会工作者与政府、群众讨论确定的项目的 5 年愿景,“3”是根据 5 年愿景细化出的 3 年工作目标和规划,3 个“1”分别对应年度计划、月度计划和每周计划。“53111”模式反映了该项目战略规划的层次性。

二、社会服务机构制定战略规划的意义

(一)形成机构的行动纲领

机构通过制定战略规划明确使命和愿景,使全体成员深刻理解并达成共识,使之成为机构开展行动的纲领。制定战略规划的首要步骤是陈述机构的使命和愿景,使机构全体成员对机构长远发展的方向和使命产生深刻的认同感,并以此作为机构所有计划和行动的最高指导原则。

(二)明确机构的任务目标

在战略规划框架内制定的机构战略,明确了机构将来要优先实现什么目标,如何实现,以及各个部门及其成员的职能与任务等,从而使机构找到实现目标的方向。同时,战略规划可使机构将有限的资源集中用于那些优先发展、最为紧迫的目标上。可见,战略规划能够减少机构行动的不确定性。

（三）唤醒机构的组织活力

战略规划是机构管理层与员工形成的深度共识，能够激发员工的奉献精神，并充分调动其参与活动的积极性，从而使整个机构充满活力。[①] 周密的战略规划能增强机构的凝聚力。

（四）把握机构的发展机遇

决策者制定战略规划的过程也是对机构所处的内外部环境情况进行系统分析的过程。决策者要分析机构在发展过程中存在的内部管理问题与体制机制问题，或是密切留意外部环境的变化，预测发展趋势，把握好机构的发展机遇。

三、社会服务机构制定战略规划的过程

社会服务机构制定战略规划的过程一般由机构使命与愿景陈述，内外部环境分析，重新评估机构使命与愿景，战略制定（确立战略、实施战略、评估结果、修正战略）4 个过程组成，如图 4－1 所示。

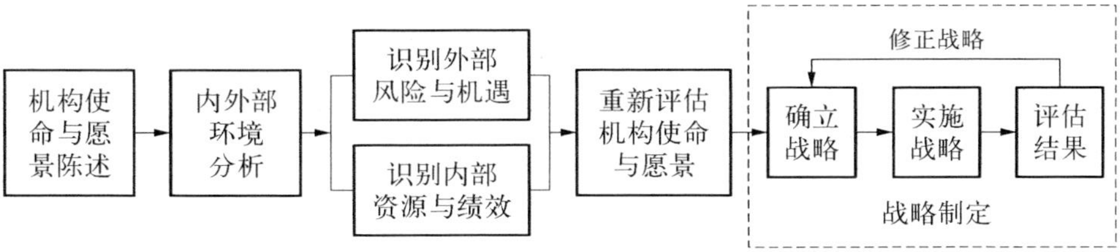

图 4－1 制定战略规划的过程[②]

（一）机构使命与愿景陈述

此阶段由机构创始人或负责人向机构相关人员介绍创立机构的动机。使命与愿景是机构价值观的具体体现，是向管理者、员工和利益相关者传达信息的重要载体，有利于在机构内不同层级间形成共同的期望，并得到社会公众的认同。对社会服务机构来说，使命与愿景陈述是在回答“机构将要实现什么目

① 陈为雷：《社会工作行政》（第二版），中国社会出版社 2015 年版，第 132 页。

② ［美］斯蒂芬·P. 罗宾斯：《管理学》（第四版），黄卫伟、孙建敏、闻洁等译，中国人民大学出版社 1997 年版，第 171 页。本书编者对原图做了如下修改：（1）结合当下社会工作实务语言和实际操作流程，对前三个步骤的命名和内容进行调整；（2）依据社会服务机构的实际经验，在“战略制定”过程中增加了“修正战略”过程。编者认为，将“确定战略”“实施战略”“评估结果”“修正战略”框定为“战略制定”过程更容易让读者理解。

标”的问题，使命与愿景是机构成员在思考、决策和共同行动时的根本依据。

（二）外部环境分析

外部环境分析是对机构所处的综合性环境进行全面、动态的研判，这是制定机构战略规划的重要环节。外部环境直接制约着机构的运行和发展，影响机构内部的管理方式与水平。机构应主动识别和适应外部环境，以获取更多的机会与资源。外部环境分析包括宏观环境分析和利益相关者（又称持份者）分析。

1. 宏观环境分析

宏观环境是指影响机构发展的总体性宏观环境。它一般包括政治与法律环境、经济环境、社会与文化环境、技术环境 4 个方面。社会服务机构的宏观环境分析可以从这 4 个方面进行，如图 4－2 所示。

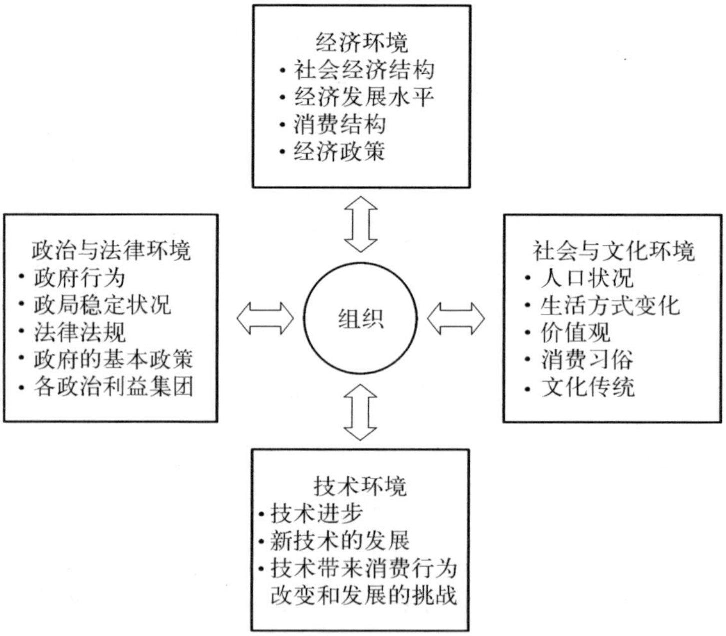

图 4－2　宏观环境分析[①]

（1）政治与法律环境。它是指国家政治体制、国家法律与法规、政府政策等。这些是社会服务机构合法存在和开展业务活动的基础，直接影响机构的

① 谢佩洪：《战略管理》，复旦大学出版社 2014 年版，第 103 页。本书编者将原图中的“企业”改成了“组织”，因为“组织”的外延更大。

管理政策和管理方法。例如，2020 年 3 月出台的《政府购买服务管理办法》，对政府购买服务（含社会服务）的主体、购买内容、承接主体的性质与条件等做出了规定，这直接影响了社会服务机构的运营。

（2）经济环境。它是指社会服务机构所处时代的社会经济条件和发展水平，如政府财政收支情况、税收政策、GDP 增长率、国内外经济形势等。社会服务机构是非营利组织，大部分资金来源依赖政府的财政拨款、社会募捐等，因而经济环境直接影响着机构资金来源的稳定性。例如，在北京、上海、广州等经济发展水平较高的地区更容易获得资金资助。又如，2020 年，新型冠状病毒肺炎疫情影响国家经济发展，财政拨款适度减少，这必然导致社会服务机构的财务压力加大。

（3）社会与文化环境。它是指社会服务机构所在区域和服务区域的社会生活特征、文化传统、风俗习惯、宗教信仰、居民公共参与意识、社区自组织发展情况等。社会与文化环境是社会服务机构确定针对性专业服务领域、群体及技术的直接影响因素，直接决定着社区与居民对专业服务的参与度和支持度。例如，广东省实施社会工作“双百计划”时，要求每个服务站配备 3～8 个熟悉当地人文风俗的社会工作者，因为本土人力资源的加入会更有利于服务活动的开展。

（4）技术环境。它反映的是社会服务机构所处时代的技术水平，涵盖各类信息传播技术、生产技术、管理技术、公共卫生医疗与人文科学技术等。这些技术直接或间接地影响社会服务机构的管理与服务工作。例如，5G 信息技术、VR 技术可以为社会服务提供便捷、迅速的传播形式及创新超越现实的服务体验；智能化多媒体管理技术可以为机构人事、档案、绩效等一体化管理提供支撑。

2. 利益相关者分析

社会服务机构是非营利社会组织，其生存和发展状况会受到诸多实际和潜在利益相关者的影响。机构制定战略规划必须关注利益相关者，力求得到利益相关者的认可与支持。社会服务机构的主要利益相关者如图 4－3 所示。

（1）资助方。资助方是社会服务机构得以生存和发展的重要利益相关者。资助方可以通过资金资助的形式，如政府财政资金、官方或民间慈善基金会、企业及个人捐赠，或者通过技术指导等方式，为机构提供支持。因此，机构制定战略规划时需要明确资助方的期待与要求，做好资金使用的翔实计划、监测、公示与反馈。

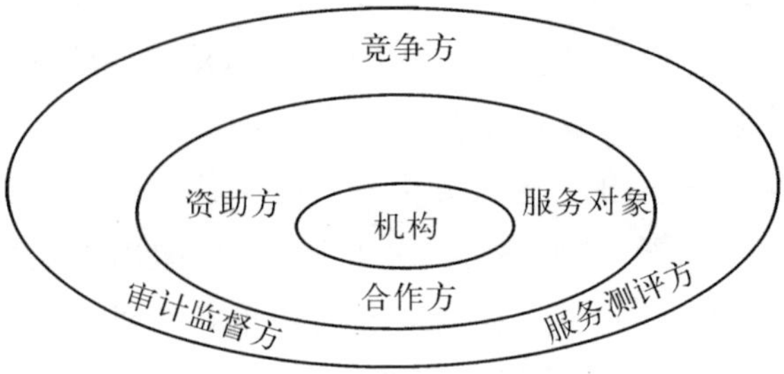

图 4－3　社会服务机构的利益相关者

（2）合作方。合作方是与社会服务机构存在合作机制、有共同目标的利益相关者，其能为机构运行和服务提供支持或共享资源。“互助共享、合作共赢”呈现的是当前社会独立主体间的合作机制。合作方的范围是随着机构的发展而扩展的，其可以是提供专业技术支持的社会团体、为某项服务提供场地的商户、参与公益服务的志愿者，也可以是共同实现某个目标的政府职能部门、社区等。机构在制定战略规划的过程中，要尽可能地分析、识别潜在的合作方，争取更多的共享资源和支持，以支撑机构运行与服务的开展，实现彼此间的互利共赢。

（3）服务对象。服务对象是直接接受社会服务机构服务的利益相关者。服务对象不局限于居民或某个群体，如青少年、老年人或社区矫正人员，其也可以是某种机制，如党组织联合共建机制、社区居民议事机制，还可以是某种数据，如信访工作满意度调查数据。机构在制定战略规划时，要客观、有效地分析服务对象的主体状况与真实需要，制订的服务实施计划要有针对性地反映并满足服务对象的真实需要。

（4）竞争方。竞争方是在同行业中处于资源竞争状态的利益相关者。机构在制定战略规划时，要谨慎、理性地对待竞争方。机构要更多地了解竞争方的战略定位与自身的异同，探寻双方合作的可能性，实现彼此互补与互助，将竞争方转变为合作方。机构可以结合自身与竞争方的实际情况，修正战略规划和服务定位，成就自身的核心竞争力，以更好地适应行业竞争。

（5）审计监督方。审计监督方是在政府购买服务增多后逐步成为机构的利益相关者的。机构在制定战略规划时，要认真学习有关财务审计的法律、法规，并严格按照相关规章完善机构的财务制度。机构财务审计合格与否直接决定或影响机构是否可以进入“承接政府购买社会服务主体清单”。社会服务实践证明，审计监督方开展机构年度财务审计或项目经费审计工作时，是非常严格、细致的。若机构财务审计不合格，则需要进行整改；若连续几年不合格，则将面临被取缔、注销的风险。

(6) 服务测评方。服务测评方又称评估方，是评价机构服务成效的利益相关者。服务测评结果直接影响服务项目的成效评价与继续承接情况。服务测评一般包括第三方专业评估和资助方内部评估等。机构在制定战略规划时，要了解和关注资助方(购买方)经常采用的服务测评方式、流程和评定指标等。机构可因应服务测评方的要求，做好服务成效的指标呈现，避免出现项目中断的情况，确保机构项目的连续性与稳定性。

(三) 内部环境分析

内部环境分析一般包括以下 3 点：第一，对机构投入资源情况的分析，如机构的物质技术条件、人员配备、财务和信息资讯等；第二，对战略实施过程的分析，如战略方案是否符合当前实践环境、服务方案是否达到预期成效；第三，对机构绩效的分析，如机构达成战略目标的成本与效能。内部环境分析常用的方法有内部因素评价矩阵(internal factor evaluation matrix，IFE)和行业标准比较法(industry norms comparison, INC)。

1. 内部因素评价矩阵

内部因素评价矩阵一般分为 6 个步骤：(1) 罗列关键因素，即将影响机构的关键因素罗列至矩阵中；(2) 权重赋值，即赋予每个因素权重值，数值范围为 0～1，0 表示不重要，1 表示非常重要，数值越大表示该因素越重要；(3) 优劣势赋值，即根据机构的内部情况，客观分析机构的优势与劣势并赋值，共 4 个分值，4 分代表重要优势，3 分代表次要优势，2 分代表次要劣势，1 分代表重要劣势；(4) 核算因素加权分值，即将每个因素的优劣势赋值分数乘以对应的权重分值，得出每个因素的加权分值；(5) 核算机构加权分值，即将每个因素的加权分值相加求和，所得分值便是机构总的加权分值，分值越大表示机构内部环境越好；(6) 比较机构加权满分值，即将核算得出的机构加权分值与加权满分值进行比较，获得机构内部因素的最终评价结果。表 4－1 运用内部因素评价矩阵法，呈现了某社会服务机构的组织建设情况。从表中可知，该机构在组织建设方面评价加权分值为 10.7，与加权满分值 15.6 相比，差距为 4.9。两项数据对比可知，该机构内部环境处于中等略微偏上的水平。

表 4-1　某社会服务机构内部因素评价情况分析

序号	关键因素	步骤			机构加权满分值（因素权重赋值×4）求和
		权重赋值（0—1）	优劣势赋值（4—3—2—1）	因素加权分值（权重分值×优劣势赋值）	
1	组织机构建设	1	1	1	15.6
2	组织制度建设	0.7	2	1.4	
3	组织队伍建设	0.9	4	3.6	
4	组织物质技术条件建设	0.8	4	3.2	
5	组织信息化建设	0.5	3	1.5	
机构加权分值（因素加权分求和）				10.7	

2. 行业标准比较法

行业标准比较法是指行业主管部门或行业协会使用同样的指标体系，对社会服务机构的服务成效、机构等级等进行评定。这种在行业内的横向比较可以让机构清楚自身在行业中的整体实力，在某一专项领域的表现情况，以及与其他同类型机构之间的差距。

（1）社会服务机构等级评价。其一般由行业主管部门制定评价指标，包括法人治理、规范运作、财务管理、发挥作用与党建工作等模块，其中占比较高的分指标包括机构党建工作、管理与制度建设、社会责任与影响、业务成效与综合评价（利益相关者的评价）等，如《广州市 2019 年社会工作类社会服务机构等级评估指标体系》。评分达到相应标准的机构，可以获得主管部门颁发的“5A”“4A”“3A”机构证书。

（2）行业协会排名比较。其一般由各地区行业协会发起并制定评价指标，包括机构使命与实践、内部治理、管理与能力建设、社会工作专业服务、机构对外关系与可持续发展等。这些指标构成了对机构综合实力的评价维度，行业协会会依据评价得分形成协会内的实力排名，如由中国社会工作联合会、公益时报联合举办的“全国百强社会工作服务机构”评比活动。行业协会内的实力排名可使机构清楚自身的优势与不足，了解行业发展的整体状况，从而在制定战略规划时加以参考。

（四）重新评估机构使命与愿景

机构在制定战略规划时，可能会重新评估自身的使命与愿景。随着国家政策、社会经济、机构的发展等内外部环境的变化，以及对机构的内外部环境进行全面分析后，机构原有的使命与愿景可能不再适用，机构须重新评估或修订机构的使命与愿景。

（五）战略制定

这是战略规划全过程中的核心部分。战略制定可借助战略分析工具来实现，常用的战略分析工具有 SWOT 分析法和 BCG 分析法。

1. SWOT 分析法

SWOT 分析法是把机构的优势（strengths）和劣势（weaknesses）、机会（opportunities）和威胁（threats）结合在一起分析的方法，以便发现机构重要的战略机遇。[①] SWOT 分析法综合考虑机构内外部环境变量，并以此来选择机构的战略。该方法强调战略规划应是一个机构"能够做的"（机构自身的强项和弱项）和"可能做的"（外部环境中的机会与威胁）的有机组合。[②] SWOT 分析法的具体操作如下：在机构内外部环境分析的基础上，识别机构内部环境的优势和劣势、外部环境的机会与威胁，然后将这 4 个方面进行交叉匹配分析，从而找出适合机构发展的战略决策（见图 4－4）。

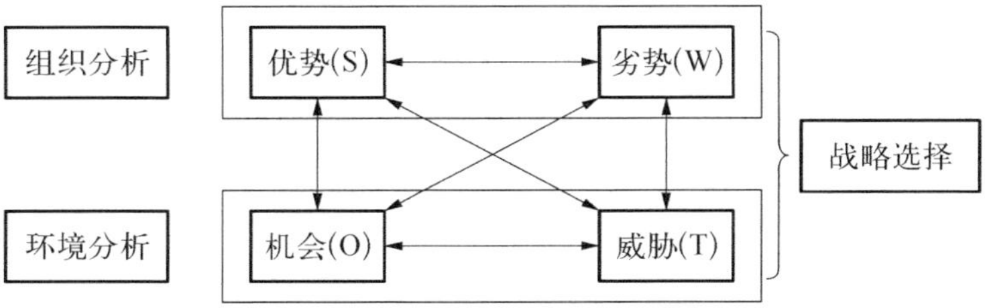

图 4－4　SWOT 分析法操作方式[③]

图 4－5 说明了基于 SWOT 分析法的战略方向。以机构优势（S）—劣势（W）为横坐标轴、机会（O）—威胁（T）为纵坐标轴，可以构建出 4 个象限。4 个象限分别代表机构发展的不同战略模式。

① 秦沅建：《企业战略管理》，清华大学出版社 2013 年版，第 127 页。
② 时立荣：《社会工作行政》，中国人民大学出版社 2015 年版，第 60 页。
③ 李维安：《非营利组织管理学》，高等教育出版社 2005 年版，第 57 页。

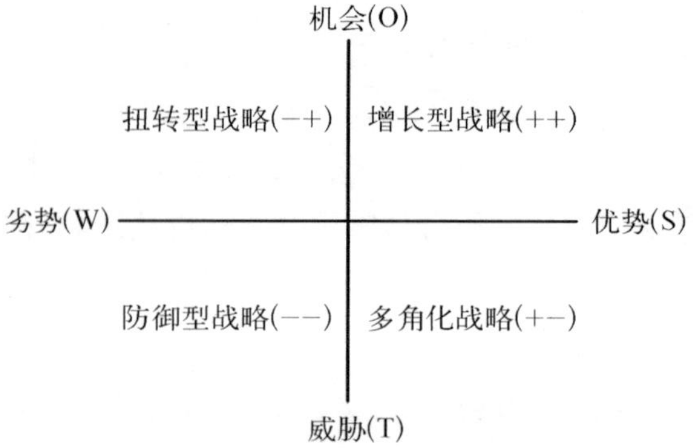

图 4－5　SWOT 矩阵图①

(1) 优势—机会组合模式。处于第一象限的优势—机会组合模式，既能发挥机构内部优势，又能把握外部环境中的发展机会，是一种理想状态下的战略模式。在这种有利的内外环境中，机构应当选择增长型战略，即主动发挥机构内部优势，充分撬动外部资源，把握发展机会，使优势与机会充分结合，从而获得最大的发展动力。

(2) 劣势—机会组合模式。这种模式意味着机构在外部环境中拥有发展的机会，但自身内部存在劣势。此时的外部机会与内部资源是不匹配的，机构难以有效捕捉并利用资源。因而，机构应当选择扭转型战略，即暂且选择“忽略”外部机会，集中资源与力量，采取措施解决内部问题，改变自身劣势，改善机构自身的资源状况和提升自身的能力，以便更有效地利用外部机会。

(3) 劣势—威胁组合模式。这种模式表明机构此时处于内部劣势、外部威胁的内忧外患的双重困境中，甚至面临着生存危机。此时，机构应当明智地选择防御型战略，即减少自身劣势和缺点，规避外部环境的威胁，紧抓现有的业务和工作，提高效能，尽可能地改变劣势的状态。

(4) 优势—威胁组合模式。这种模式表示机构自身存在优势，但受外部环境的威胁。此时，机构可选择多角化战略，即充分利用自身的优势，在原有的业务领域与发展基础上继续寻找新的发展机会，规避或弱化外部威胁带来的消极影响。内部优势是一个机构的核心竞争力，面对外部环境的挑战，如其他机构的竞争，可利用机构积累的制度、人力与社会影响力等优势开发新项

① 李水金：《中国非营利组织管理》，首都师范大学出版社 2015 年版，第 225 页。

目，从而降低机构间竞争带来的威胁。

SWOT 分析法的优点在于简单、直观，即使没有精确的数据支持，也可以得出有价值的结论，因此它被当作重要的战略制定工具，广泛运用于机构的战略研究中。然而，SWOT 分析法的运用基于对机构内外部环境的分析，如果分析者的主观判断有误，就会导致结论有偏差，因而其在精准度方面是有缺陷的。这也提醒我们，在运用 SWOT 分析法时，要尽可能地建立在客观事实之上，对机构内外部环境所做的分析要尽可能地全面、具体、客观和精确。

2. BCG 分析法

这是由波士顿咨询集团首创的一种协助企业分析产品与业务的组合方法，全称为波士顿咨询集团矩阵（Boston Consulting Group Matrix）。该矩阵旨在帮助企业更合理地分配资源。后来，保罗 · C. 纳特（Paul C. Nutt）和罗伯特 · W. 巴可夫（Robert W. Backoff）对 BCG 矩阵进行了改进，用非营利组织中的“利益相关者支持程度”和“可控性”分别替代企业中的“市场份额”和“产业增长速度”。其中，利益相关者支持程度是指利益相关者对于非营利组织所开展的业务能够提供的资源有多少，可控性是非营利组织开展业务活动时风险的高低。改进后的 BCG 矩阵可用于社会服务机构的战略规划。依据 BCG 矩阵模型，社会服务机构业务状况可分为 4 种类型（见图 4 - 6）。①

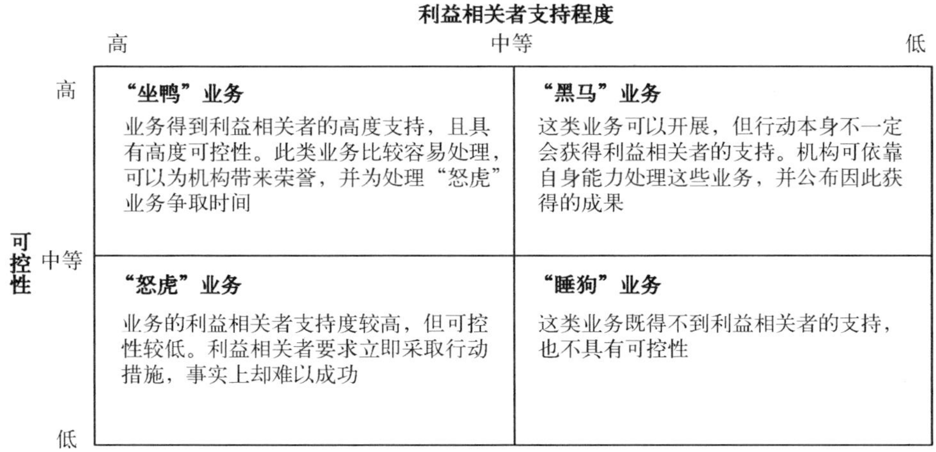

图 4 - 6　改进后的 BCG 矩阵模型②

① 时立荣：《社会工作行政》，中国人民大学出版社 2015 年版，第 63 页。
② 李水金：《中国非营利组织管理》，首都师范大学出版社 2015 年版，第 240 页（有改动）。

(1)“坐鸭”业务。此类业务的利益相关者支持度高且可控性高，是具有极好发展前景的业务类型。因此，机构需要优先给予此类业务资源支持，以促进它们的广泛开展。

(2)“黑马”业务。此类业务具有较高的可控性，但利益相关者支持度较低，即业务开展风险低，但利益相关者不看好或不急需此类业务。若机构依靠自身的能力开展好此类业务活动，并将相关活动成果及时公布展示，则有可能使利益相关者的态度发生转变。

(3)“怒虎”业务。此类业务的利益相关者支持度高，但可控性低，即利益相关者极力支持或急需此类业务，但机构缺乏开展此类业务的经验、资源或能力。对于此类业务，机构要慎重考虑，若为了迎合利益相关者而勉强开展，则一般难以成功。

(4)“睡狗”业务。此类业务的可控性低，利益相关者也不支持。社会服务机构当前还不具备开展此类业务的条件，因此可不予考虑。

社会服务机构以战略分析工具呈现的结果为依据，从自身优势、资源和利益相关者支持等方面出发，最终确定未来的业务发展战略。

2. 实施战略

实施战略是指将机构所确定的战略转化为行动方案。这一环节要求机构确定年度工作目标、制定相关制度和配置所需资源，以确保战略能够得到有效的执行。

(1) 确定年度目标。年度目标是战略实施的必要条件，制定年度目标需要机构所有成员直接或间接参与。它不仅需要将战略逐一分解至各个部门、各个时段，还需要在日常执行过程中融入战略所要求的其他任务。

(2) 制定相关制度。制定以战略为核心的绩效发展和管理制度，可以指导、规范和支持实现既定目标的各项工作。这些制度可以明确机构管理者和员工具体需要做什么和如何执行。例如，各部门间的沟通协调机制和常见问题的处理机制需要配备差异化的激励制度，明确员工的升迁、奖金及发展机会，以反映每个员工对战略实施的贡献。

(3) 配置所需资源。这是指根据一定的规则，把人力资源、财力资源、物力资源和技术资源分配到合适的用途上。其中，社会服务机构的资金资源配置尤为关键，配置时要尽可能地具体、详细，要通盘考虑各项目标并安排专人负责，以发挥资金的使用效率，确保资金使用的规范性。此外，机构还要将具有专业知识、经验、技能和责任心的管理者、员工安排在合适的岗位上，使其充分发挥潜能和优势。

3. 评估结果

一般而言，战略的实施将对社会服务机构内外部环境产生强烈和持久的影响。通过开展战略实施结果评估，机构可以及时了解内部、外部条件变化对战略方案产生的具体影响，进而根据实际情况，对战略方案做出适当的调整和修正，这样能够大大降低战略失败的风险。

4. 修正战略

修正战略是指将评估结果运用于实践，对机构的战略规划进行调整。这是评估结果阶段的一种延续。至此，机构的战略制定就形成了一个完整的闭环。当然，评估可以贯穿于实施的整个过程中，边做边改，更有利于实现机构的战略目标。

第二节　社会服务决策

一、社会服务决策的内涵

（一）决策的定义

对决策问题进行开创性研究的是美国学者赫伯特·A. 西蒙（Herbert A. Simon）和詹姆斯·G. 马奇（James G. March）。关于决策，西蒙的代表作有《管理行为——管理组织中决策过程的研究》《管理决策新科学》《经济学和行为科学中的决策理论》等。西蒙说："决策是管理的心脏，管理是由一系列决策组成的，管理就是决策。"决策，顾名思义，就是做决断、做决定，就是"对未来活动的方向、目标、原则和方法所做的决定"。决策是一种选择的行为和过程。

（二）社会服务决策的定义

社会服务决策是指社会服务组织和社会服务机构的工作人员，在制订社会政策执行方案时，为了达到预定的服务目标，根据一定的实际情况，运用科学的理论和方法，系统地分析主客观条件，在掌握大量有关信息的基础上，对所要解决的问题或所要处理的事务做出决定的过程。① 社会服务决策的权力

① 张明：《社会工作概论》，苏州大学出版社 2017 年版，第 132—133 页。

可能来自机构内的领导者、管理者和专业者，也可能来自个体，无论是社会服务机构还是个体，均对社会服务过程产生显著的影响。[①] 因此，社会服务决策不仅会对社会服务机构产生影响，还可能影响个体、家庭、团体或社区。亨利·明茨伯格(Henry Mintzberg)认为决策是管理活动中最重要的活动，并且是管理者最普遍、最关键的一个工作任务。[②]

二、社会服务决策的类型

(一) 依理性程度分：直觉的、判断的与问题解决的决策

理性是一种个体人格特质，具有差异性，同时受个体主观偏好及所处情境的影响。机构管理者在做决策时，理论上说应当理性分析机构当前面临的问题，做出谨慎而全面的选择。然而，对机构管理者来说，时刻保持理性并不那么容易，决策常常是基于主观感受与理性思考的综合判断。当机构管理者面对“服务项目到期结项后是否继续承接项目”的问题时，选择“是”与“否”都体现了其对机构发展的利弊分析，也掺杂了其对该服务项目及执行团队、合作方的主观喜好等情感因素。卡莱尔(Carlisle)曾提出 3 种决策的类型：直觉的决策、判断的决策与问题解决的决策。(见表 4－2)

表 4－2　依理性程度划分的决策类型

决策类型	决策特征		
	理性程度	决策依据	问题复杂程度
直觉的决策	低	主观情感与感受	低
判断的决策	中	知识与经验	中
问题解决的决策	高	理性分析与研究	高

1. 直觉的决策

这是指情感胜于理性的决策，其所形成的行动决定与个人的预感或内心感受有关。当面对“服务项目到期结项后是否继续承接项目”的问题时，如果

① Hughes M and Wearing M, *Organizations and Management in Social Work* (London: SAGE Publications, 2007).

② [加拿大] 亨利·明茨伯格：《管理工作的本质》，方海萍译，中国人民大学出版社 2007 年版，第 11 页。

机构管理者很认可服务成效，或期待将其建成品牌项目，就会做出“继续承接”的决策。直觉的决策是决策者依据自身观察与感受来做的决策。

2. 判断的决策

这是基于知识和经验而做的决策。在面对“服务项目到期结项后是否继续承接项目”的问题时，机构管理者可能会依据“该项目是否符合机构的发展规划”做出选择。判断的决策是基于有类似经验参考与专业知识支撑的。如果机构管理者对机构运行与项目管理足够熟悉，那么其在应对和处理常规性的决策时，将优先依据专业知识与过往经验进行决断，较少产生心理情感。

3. 问题解决的决策

这是指对问题进行理性研究和分析后所做的决策。在面对复杂性或重大性决策客体时，机构管理者仅依靠知识与经验无法做出恰当、合理的选择，需要综合更多的信息与研究结果再加以评估。在面对“服务项目到期结项后是否继续承接项目”的问题时，机构管理者可能会根据项目是否体现了机构的核心竞争力、利益相关者是否支持、是否符合政策导向等进行讨论，从而做出慎重的决断。

（二）依据问题的性质分：程式化与非程式化决策

决策的目的是解决问题，因此问题的类型会直接影响决策。问题包括结构性问题与非结构性问题。结构性问题是指问题本身是非常清晰的，决策准则与结果之间的关系有规律可循。非结构性问题是指问题是全新的或非惯例性的，且与问题相关的信息是模糊的、不完整的。对应问题的分类，决策可分为程式化决策与非程式化决策。

1. 程式化决策

程式化决策可简单理解为一种已成文成规的“自动化操作”或决策机制，它是一种可用例行方式处理的重复性决策。该类决策遇到的问题一般是日常工作中明确、简单和经常出现的，机构管理者依照以往对此类问题的处理经验执行便可，或启动程式化的处理流程。做这类决策时应快速、果断，以提升日常工作效率。在社会服务管理实务中，机构管理者可将重复性、例行性出现的决策写入机构管理章程中（“制度化”），各层级的管理者均可按照制度要求做出处理，这样可以降低裁决带来的成本。

2. 非程式化决策

非程式化决策是指用于处理非结构性问题的决策。机构管理者遇到一个结构不佳或较为独特、少见的问题时，由于缺乏与之对应的决策机制，因而无法立即获得解决方法，便需要花费更多的心思与精力予以探究。这类决策具有创新性且结果难以完全控制，因此需要管理者特别重视。非程式化决策需要花费更多的成本，对管理者来说也是一种历练。如果处理得当、技术成熟，也可将其转化为程式化决策。例如，第一次参与竞争性购买对管理者来说是个挑战，他们需要就投标的各种细节进行安排。但随着机构参与投标的次数越来越多，管理者就可以熟练处理，如何参与投标就从非程式化决策转为程式化决策。当然，在社会服务管理实务中，很少有决策是完全程式化或完全非程式化的，绝大多数决策是介于两者之间的，既有经验可以参考，也面临着一些不确定性。管理者在决策时，可将问题类型、组织层级、管理效率、管理成本等结合在一起讨论（见图 4-7）。

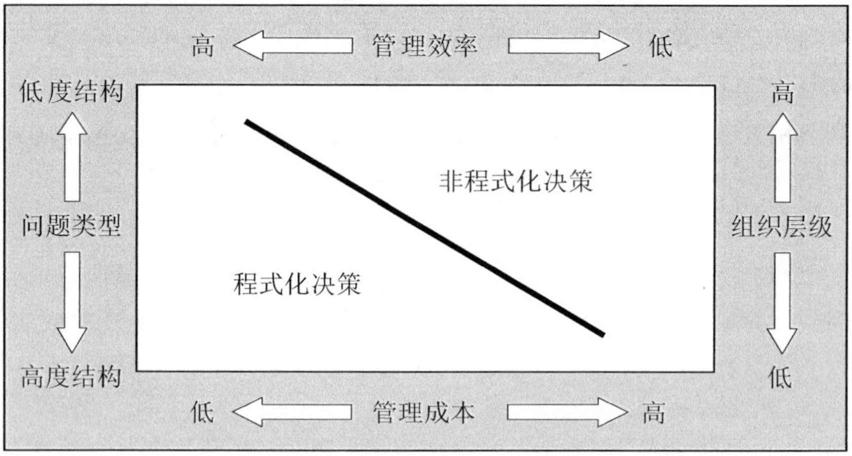

图 4-7　问题类型、决策类型、组织层级、管理效率、管理成本间的关系[①]

（三）依据参与决策的人数分：个人决策与团体决策

社会服务机构提供的是专业性服务，涉及的是“人的工作”，因而决策如果涉及机构的制度与程序，或是案主的利益，就需要强调在参与原则下进行。如果不是明显的程序化决策事项，一般就采取团体决策，如全体员工、管理团队、任务小组，或是与利益相关者共同参与决策。个人决策是机构高层管理个体所做出的决断，如总干事、理事长等在理事会授权范围内处理机构事务。个人

① 黄源协：《社会工作管理》，华东理工大学出版社 2018 年版，第 159 页。编者在原图基础上有所修改：在横向上增加了管理效率和管理成本维度，以更好地呈现程式化决策、非程式化决策的特征及两者之间的区别。

决策的反应更为快速、高效，决策责任清晰、明确，易于保密。团体决策的思考维度更为全面，信息收集更为完整，同时决策的接受度和执行度会更高。两种决策的优缺点比较如表 4－3 所示。

表 4－3　个人决策与团体决策的比较[①]

类　型	优　　点	缺　　点
个人决策	快速、高效，责任明晰，易于保密	信息收集不完整；思考维度受限，选择方案较少；接受度与执行度低；成员参与度低，有独断专制之嫌，不益于团队凝聚力与士气的提升
团体决策	信息收集完整；思考维度全面，选择方案较多；接受度与执行度高；成员参与度高，有益于团队凝聚力与士气的提升	费时(较多的协调、沟通)、低效；少数垄断，意见从众，非全体参与；决策责任模糊；决策保密性难以保障

三、社会服务决策的过程

决策的特征是“在任何时候都存在着大量(实际)可能的备选方案，通过某种过程，这些大量的备选方案被缩减为实际采用的一个方案”[②]。简而言之，决策是一个发现问题、分析问题、解决问题的理性过程。决策不仅是对某个问题进行逻辑分析和综合判断的过程，而且是一个有先后步骤、循序渐进的完整过程。这一过程体现了决策的逻辑顺序、活动流程及基本步骤。社会服务机构决策过程包括以下几个阶段。

(一) 准确定义问题

准确定义问题是决策过程的开始。社会服务机构在运行过程中会遇到各类问题，包括政府社会福利政策调整、机构资金资助中断、实务服务推进困难、人员流失等。准确定义问题是指在众多问题中，梳理出已对机构或个人造成了不可接受的影响，且有必要采取行动予以解决的问题。定义问题包括发现问题、认识问题和排定问题的优先顺序。

社会服务机构管理者经常会发现组织面临着种种问题。这些问题有些是

---

① 黄源协：《社会工作管理》，华东理工大学出版社 2018 年版，第 161 页。

② 芮明杰：《管理学：现代的观点》(第二版)，上海人民出版社 2005 年版，第 220 页。

在管理过程中遇到的,已经摆在面前必须处理,还有些问题是机构主动发现、科学预见的。管理者可从以下 4 种迹象中的某一种来发现问题：对以往业绩的背离、对计划的背离、外界的批评、竞争威胁。① 为了获得对问题较为清晰的认识,管理者要对问题进行准确的陈述。管理者可尝试回答 5 个问题：发生了什么问题？问题是在哪里发生的？问题是何时发生的？哪些人受到了问题的影响？问题被感受到的程度是怎样的？通过回答这些问题,管理者可以判断问题是否或可能会对机构运行造成直接、实际的影响,以确定决策的客体。对于被认定的问题,管理者要分析问题发生的原因,将亟待解决的和机构有把握解决的问题放在优先考虑的位置。

(二) 确定决策目标与准则权数

确定决策目标是对问题的回应,是组织开展行动的指南和方向。因此,厘清目标是决策过程中必须解决的重要问题。明确了目标后,管理者要确定决策准则,即在制订和选择方案时要考虑的各种必要因素。决策准则是管理者主观判定的,受管理者的知识、经验和信息收集等因素的影响。准则权数是对上述每种因素进行赋值,赋值越大,代表该准则越重要。若机构管理者发现机构在某准则方面存在不足,而权数赋值较大的情况,则可采取扩大信息收集范围、向该领域专家咨询请教等处理方式,避免产生不利于决策的结果。表 4－4 以某社会服务项目方案决策为例,说明了列出决策准则及其权数有利于分析解决方案的各方面条件,为接下来制订与选择方案奠定基础。

表 4－4 某社会服务项目方案的决策准则及其权数情况

决策准则	权数赋值	处 理 方 式
服务周期	3	与利益相关者沟通、讨论确定
受益人数	5	参考过往类似项目经验
专业逻辑	10	咨询机构专业督导人员
可行性分析	10	由服务部出具分析报告
成本分析	8	由财务部出具分析报告

① [美] 安德鲁·J. 杜柏林:《管理学精要》(第 6 版),胡左浩、陈莹、袁媛译,电子工业出版社 2003 年版,第 127 页。

（三）寻找更多的解决方案

此处的方案是指解决问题的各种可能性，无须过多考虑客观的限制性因素和实际实施过程中的成本。此阶段应罗列出各种解决问题的思路，无须加以评估。一般而言，最好请团队成员共同参与，管理者应当尽可能激发员工的想象力和创造力，引导员工打破思维禁锢，从多个角度切入，或许能够获得更多意想不到的新构想。管理者在寻找可供选择的解决方案时，要避免以下 3 种现象。

1. 避免固执于“最初的想法”

当面临重大决策时，出于对未来不可预测的本能恐惧，管理者会尽快地形成一个“最初的想法”作为解决方案，以消除当前的不确定性。“最初的想法”将一直占据管理者决策的思维，以至于之后的分析和对比过程只是在不断地验证“最初的想法”。管理者要让团队成员更多地参与和分担，以减轻自己内心的本能恐惧，同时多以目标为驱动，多问“如何才能实现目标”，从而避免固执于“最初的想法”。

2. 避免沉锚效应

沉锚效应是导致沉锚偏差的重要因素。如果管理者过于重视某些信息或评价，就会过早地限定思考和讨论方案的范围。例如，某社会服务机构在决策时，若决策者提出重点关注专业领域的发展，则会导致参与者仅在专业发展范畴内进行讨论。要想避免沉锚效应，管理者要更理性地思考信息及他人观点，同时在决策过程中要设置一个较为宽泛的思考和讨论范围。

3. 避免过早评估筛选

在此阶段，管理者首先要注重方案的数量，然后考虑质量。在讨论和设计可行方案时，要尽量避免一边讨论设计，一边评估筛选。过早评估筛选可能会导致潜在的优质方案“胎死腹中”。若是某些方案确实存在明显的缺点，则可鼓励团队成员集思广益，提出完善措施，逐步弥补不足，这样或许能获得更多的可行性方案。

（四）分析和选择解决方案

决策是一个不断选择的过程。任何可能的行动或决定，仅是众多可能方案中的一项。当罗列出各种解决方案后，管理者便要开始详细地分析、比较各个方案存在的优缺点。此时，管理者要注意把握对“最佳”解决方案的心理预期，以及建立“退而求其次”的认知信念。若管理者在众多可能的解决方案中过度地挣扎而犹豫不决，拖慢了问题解决的进程，其结果将比选择一个次佳方案更加不利。另外，比较方案时，管理者应对比每一个方案的优缺点，分析其是否贴近决策准则中的权数较大的关键因素。管理者还要基于专业伦理及价值准则对方案进行对比与分析，从某种意义上说，这是“一票否决”的条件。

对管理者而言，经过对比与分析，最终确定的方案将是一个最佳方案，而非最完美的方案。有时，若经过广泛的对比与分析，依然无法确定最佳方案，则也可以尝试进一步考虑其他的相关因素。对社会服务机构而言，可以将利益相关者纳入考虑范围，如服务对象的接纳程度、资助方的反馈、社会大众的普遍反应等。在选择最佳方案时，管理者可以尝试自问以下几个问题：是否已对决策过程及必要因素做了全面的考虑？现有方案是否能实现决策目标？是否遵循了机构的宗旨与理念？是否充分将利益相关者纳入考虑？是否认为即使再继续对比、分析下去也无法找到更好的方案？当然，方案的选择并不意味着决策过程的终结，管理者还必须在方案实施前后，通过信息反馈发现方案中可能存在的问题，以便对方案做出修正。

四、影响决策的偏差因素

（一）沉锚偏差

沉锚一词源于心理学的沉锚效应，是指人们在做出判断时，易受第一信息或最初印象的支配，如同沉入海底的锚一样将思维固定在某处。沉锚偏差则是一种倾向于锁定初始阶段的决策偏差，可通俗地理解为决策者以最初获得的信息为基准，对问题的判断“一锤定音”，即便接收到更多的新信息，也依然坚持最初的判断而不做相应的调整或改变。理性分析那些极具代表性的信息是避免沉锚偏差的关键。

（二）应证偏差

应证偏差是指决策者有选择性地获取信息，从而印证预先的决定。由于管理者早先已有自己的决定或主意，其在分析问题时便很难客观和全面，信息选择也随之发生偏差。对管理者而言，决策的过程是一次寻找信息、支持印证的过程。综合分析各种支持性与抵触性的信息，可避免预判错误。管理者在预判结果时，可优先做失败的预判，然后寻找失败的原因，从而起警醒的作用。

（三）代表偏差

代表偏差是指管理者在做判断时，倾向于套用某些前例（未鉴别此类案例是否合适）所导致的决策偏差。管理者先在同类问题中找“典型问题”，再从“典型问题”中分析、总结出解决此类问题的方案。学会类推获得更多的典型案例，以及征询更多不同经验者的意见，可避免管理者因个人“以偏概全”而产生代表偏差。

（四）承诺递升偏差

承诺递升偏差是指管理者在方案施行过程中给予过多的投入，如期待和资源，即使收到该方案的负面信息，也不愿进行修正调整，甚至还会认为是因投入不够而使方案实施陷入困境，从而追加投入，造成方案实施陷入越来越深的困境中。设置损失上限，发挥机构理事会的决策职能和监事会的监察职能，有利于及时止损。

（五）过度自信偏差

过度自信偏差是指管理者因高估自身的问题分析判断与方案选择能力而造成的决策偏差。社会服务机构的管理者大多是通过自身努力和实务经验积累而步入机构决策层的，具备一定的“自信基础”。然而，如果管理者过度自信，就可能会放大经验的影响力和推测概率的准确性，从而做出不恰当的决策。管理者理性、客观地认识自己，明确自己的决策风格，反思自己的决策结果，可避免过度自信偏差的产生。

第三节　社会服务计划

一、计划工作的重要性

计划是指预先制定目标或标的任务，然后确定一个方案去实现它的过程。[①] 计划是管理的重要内容。在社会服务机构管理中，无论是机构管理者、项目负责人还是从事一线实务的社会工作者，计划均是一项很常用的管理活动。斯基德莫尔认为，社会工作计划的重要性主要体现在以下 4 个方面。

① ［美］雷克斯・A. 斯基德莫尔：《社会工作行政：动态管理与人际关系》（第三版），张曙等译，中国人民大学出版社 2005 年版，第 47 页。

(一) 提升效率

效率是指在给定投入和技术的条件下,最有效地使用资源以完成任务,即用尽可能少的人力、物力和财力实现既定目标。在社会服务中,人力与物力都是有限的,每一项行政运作或实务服务都要追求效率。制订计划有助于合理配置资源,减少资源浪费。

(二) 改进效果

效果是指实现既定目标的程度,也是计划实施情况的直观反映。在社会工作实务中,制订翔实的活动计划,合理安排人力资源,整合好机构资源,都将使服务活动更具针对性,从而使服务对象获得较好的服务体验。

(三) 体现责任

计划是社会服务成效评估的参考依据。评估方经常向项目人员提出以下问题:服务对象有哪些急需改善的地方?项目服务周期内的成效有哪些?项目服务周期内的成效如何呈现?服务对象的境况是否得到改善?一份翔实、周密的服务项目计划书可帮助项目人员回答上述问题,并体现机构对社会责任的履行情况。

(四) 增强凝聚力

计划对机构的凝聚力也有重要的作用。机构管理层应邀请员工参与机构或服务项目计划的制订,使员工在此过程中感受到被尊重、被需要,有价值获得感和成就感。机构管理层可依据员工个人的专长和优势安排适合的岗位,使其展现最好的一面,以提升其价值。在计划执行过程中,如果机构管理层清晰、确切地知道员工在哪个岗位、做什么工作、做得怎样以及是如何完成工作的,就可以营造人性化的管理氛围,这也将有助于增强员工对机构的归属感及机构的凝聚力。

二、计划的类型

(一) 长期计划、中期计划和短期计划

1. 长期计划

长期计划是指社会服务机构对未来的规划,主要解决两方面的问题:一是机构长远的目标和发展方向;二是如何实现机构的长远目标。长期计划一般为 3～5 年或 5～10 年,是结合机构发展历史、当前处境及未来发展的预估,设计机构未来发展的框架和方向。

2. 中期计划

中期计划是依据长期计划而编制的。如果说长期计划以问题、目标为中心，那么中期计划则以时间为中心。其具体内容主要为每个时间节点应实现的目标及开展的工作。中期计划一般为1～2年，因而在实务中常被称为年度计划。因其内容具体、细化、可操作，又称为战术计划。中期计划使比较松散的长期计划有了具体、严密的内容，又为短期计划的制订指明了方向，是长期计划与短期计划衔接的桥梁。在社会工作实务中，中期计划常常根据社会服务机构的各种职能、领域或具体项目进行编制，如督导培训年度计划、居家养老服务项目年度计划、社区矫正项目年度计划等。

3. 短期计划

短期计划的时间一般为一年或更短，比中期计划更为详细、明确，能够满足具体实施中的需要。在社会工作实务中，短期计划有时会被称为活动计划，即为某个活动的开展所做的详细安排、操作性说明和流程规定等，如社区居民中秋游园活动计划。

（二）目标性计划和方向性计划

1. 目标性计划

目标性计划是指那些具体陈述了目标，范围边界清晰、明确，几乎不存在歧义的计划。目标计划的缺点是它所要求的清晰性和可预见性的条件，有些是难以满足的。

2. 方向性计划

方向性计划是一种具有灵活性、权变性的计划，它设立了指导性原则，为行政者实施计划提供了重点和方向，但它不限制在具体目标上采取具体方法。管理者必须在方向性计划的灵活性和清晰性的丧失之间进行适当权衡。

（三）策略性计划和管理性计划

1. 策略性计划

策略性计划是社会服务机构在运行之初，制订的涉及机构最基本、最重要的选择性计划，如机构的使命和目标、发展方向、运行章程、资源分配等。它是社会服务机构决定机构目标和实现目标所需的资源，以及支配、获得、运用、控制资源的过程。①

---

① 时立荣：《社会工作行政》，中国人民大学出版社2015年版，第51页。

2. 管理性计划

管理性计划侧重于资源的分配、管理的原则和实施的程序，确定每一项任务完成所需的时间、人力、物力等各类资源，以确保资源高效地投入实现策略性计划设定的目标中。

三、社会服务计划的内容

(一) 做什么

做什么即明确将要进行的工作的具体内容与要求。例如，社会服务机构的招聘计划需要明确机构计划招聘的职位、人数及相应的资质要求。

(二) 为什么做

为什么做即明确计划的原因和目的。例如，社会服务机构的督导培训计划需要明确指出此次计划的目的是为机构员工提供专业成长、实务技能培训和情感支持的机会。

(三) 何时何地做

何时何地做即明确计划中各项任务开始和完成的时间及地点，以便进行有效的控制，以及对能力及资源进行平衡。① 在社会服务计划中，尽管时间和地点可能会依据活动的需要临时调整，但社会服务机构在制订计划时，依然要确定实施范围。

(四) 谁去做

谁去做即明确计划执行的部门、团队，分配执行计划时的主要责任部门、协作部门及责任人、协作人。在社会服务中，一些较大的任务需要多部门协作完成。此时，计划需要明确以哪个部门为主要责任部门，负责整体的统筹工作，其他各支持部门则负责协作配合。

(五) 怎么做

怎么做即明确计划中具体的措施、实施流程及投入的资源等。在社会服务计划中，项目工作计划需要细化至每一场活动的主题、操作流程、经费预算等。在社会工作实务中，若遇到项目社会工作者调离或离职等情况，新接替的社会工作者则可以依照计划的内容，继续推进剩余的工作。

---

① 杨传华：《如何制定工作计划》，北京大学出版社 2015 年，第 6 页。

四、社会服务计划的编制步骤

（一）选择和设定目标

1. 选择目标

社会服务机构在制订服务计划时，首先须明确计划所对应的目标类型。总目标关注的是机构设立的目的与使命，分目标和具体目标是机构当下须完成的特定任务。在社会工作实务中，目标的确定往往基于需求分析。所以，社会服务计划中的目标一定是与目标人群的某一个或多个需求相对应的。例如，某社会工作者打算在某养老院开展70岁以上的老年人集体生日会。在做计划前，他依据马斯洛（Maslow）的需要层次理论对该养老院内的老年人群体展开调查，发现老年人在养老院内的起居、安全照顾等生理需要、安全需要均已得到满足。但由于他们多半是孤寡老人或子女无法照顾的老年人，与其他人员之间缺乏亲密感，因此归属需要、尊重需要、自我实现需要均未得到满足。这些未被满足的需要就成为这位社会工作者制订服务计划的目标方向。

2. 设定目标

总分目标模式在当前社会工作实务中使用较多，其设定过程如下：第一步，依据需求分析情况，选择服务计划要满足的较高层次的需要，并将其设定为最高层级的目标；第二步，将最高层级的目标拆分成同层级不同的分目标，总目标与分目标间存在相互关联的逻辑关系，分目标间存在并列的逻辑关系；第三步，继续细化分目标，形成指导和约束各个部门或成员的行为准则；第四步，将具体目标细化成量化指标，如图4－8所示。

社会服务机构在设定服务目标时，可遵循SMART原则。这是德鲁克在其著作《管理的实践》中倡导的方法。他认为目标是管理的核心，目标必须明确才能作为管理标的，仅仅是“改善服务”“提升品质”等叙述是不够的，还应当通过目标设定的过程，将目标转化为可以衡量的有形指标。SMART原则在社会工作实务中较为常用，其具体内容及要求如表4－5所示。

（二）评估机构资源

评估机构资源包括评估机构的经济情况、硬件设施及人力资源情况等，具体评估的是机构目标与服务所需的设施、经费及社区支持等的匹配程度。人力资源的评估需要全面、综合考量，除员工人数外，还要考量如下方面：员工的

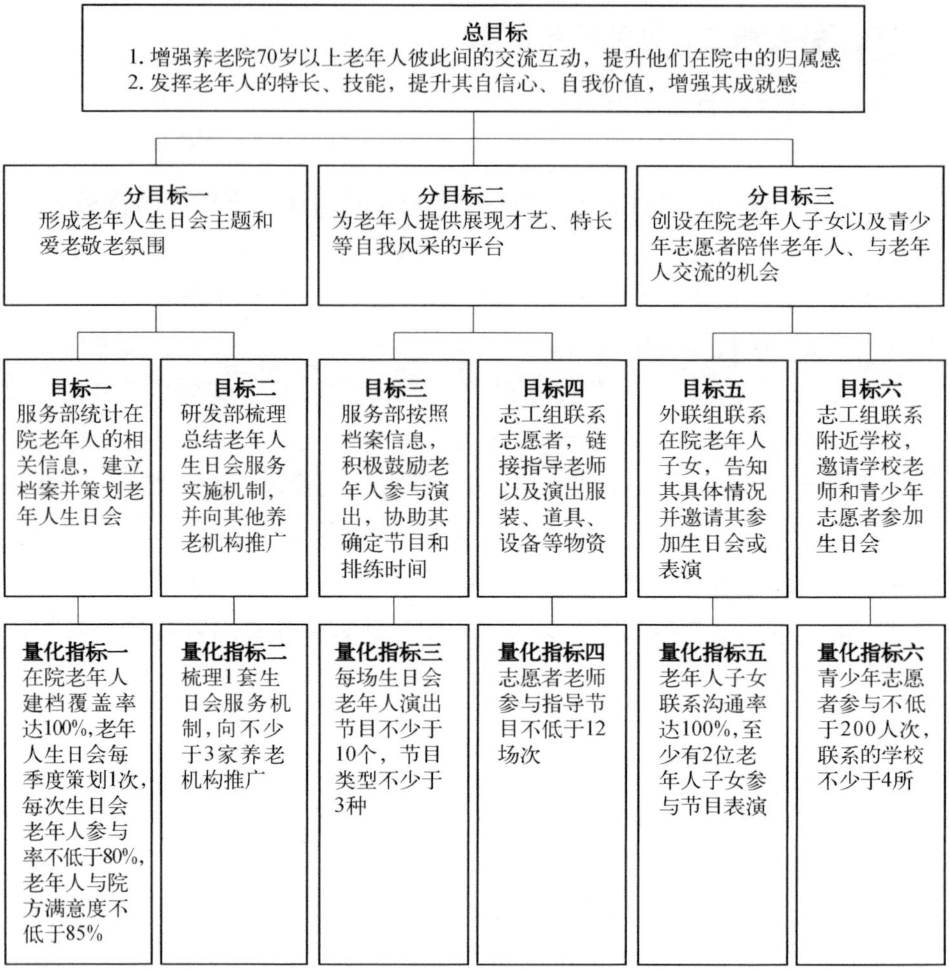

图 4－8　某养老院 70 岁以上老年人季度生日会计划目标

表 4－5　SMART 原则的内容及要求

SMART 原则	具　体　内　容	要　　求
明确具体的（specific）	目标简明扼要且易于理解，通过阅读目标便可快速了解此次计划的意义	目标设定要有项目、衡量标准、达成措施、完成期限及资源要求（预算）
可衡量的（measurable）	目标要可量化，完成的工作可作为目标是否实现的判断依据	目标设定应从数量、质量、成本、时间、上级或服务对象满意度等维度进行量化

续　表

SMART 原则	具体内容	要求
可实现的(attainable)	目标应该在机构资源和成员的能力可达成范围内,好高骛远可能会使目标流于形式,甚至影响成员的士气	目标设定应有成员参与,机构(部门)上下交流沟通,使目标在团队及个人间达成一致意见
有关联性的(relevant)	具体目标与总目标必须是有关联性的,具体目标的实现是总目标实现的基础	目标设定的方向应与总目标保持一致,每个部门和成员的努力都与最终目标的实现相关联
有时限性的(time-limited)	目标必须是有时限性的和可追踪的,管理者或执行者能够监测目标的实现情况,以便在实现目标的过程中做出适时的修正	目标设定要具有时间限制,即对实现各目标的时间进行限定,并定期检查执行情况,便于依据执行情况及时调整计划

综合素质(如能力、意愿及工作状态)如何?实现目标所需的人力资源是否充足?若不够,是否有足够经费及途径聘请新员工?员工对实现已设定目标的意愿如何?若上述问题均可快速解决,则表示机构已掌握了足够多的资源;若无法快速解决,则机构需要继续扩充资源。继续以前文某社会工作者计划在某养老院开展70岁以上老年人集体生日会为例,他在制订季度生日会计划时,对机构资源情况的评估如表4-6所示。

表4-6　养老院在院老年人季度生日会计划之机构资源评估

类别		数量	机构资源	解决措施
经费	生日蛋糕、生日帽、生日礼物	2 000元	经费预算2 500元	资源充足
	舞台、气球、彩带等布置道具			
	活动走访交通、餐饮费用补贴			
硬件设施	节目表演服装、道具	20套	服装、道具各12套	志工组链接爱心商家,向学校借用表演服装与道具
	音响、投影仪、电脑	1套(正常使用)	音响、投影仪正常使用1套,电脑2台	资源充足

续 表

类别		数量	机构资源	解决措施
硬件设施	工作人员、物资交通运输车辆	2 辆	使用 2 辆社会工作者私家车，报销油费 100 元/辆	服务部主管与社会工作者沟通，协调车辆使用情况
人员安排	社会工作者	6 名	当日可安排 4 名	服务部主管协调其他项目社会工作者 1 名、社会工作者助理 1 名
	志愿者	20 名	志工组可联系志愿者 16 名	服务部主管抽调 4 名实习社会工作者
	表演节目指导老师	2 名	暂无	志工组链接志愿者老师 2 名
社区支持	活动场地、现场饮用水、桌椅、用电等	按实际需要	养老院积极支持季度生日会的开展	资源充足
	宣传动员、现场医疗、生活照顾、秩序维持等	按实际需要		

（三）列出所有可行方案

在社会工作者设定目标和评估机构资源后，接下来是考量实现目标采取的多种方案。解决一个问题，可采取多种不同的方案，但总有一个综合考量后的最佳方案。要想在众多方案中确定最佳方案，首先要将所有可行方案详尽地罗列出来。在这个步骤中，创新、开放的思维很重要，“头脑风暴”法、小组讨论法等有利于产生更多可行方案。在社会工作实务中，罗列可行方案一般优先罗列熟悉、有经验、安全且易操作的方案，再以此为基础逐步向形式、内容和能力挑战等维度展开（见图 4－9）。

（四）预测每种可行方案的结果

计划是立足当下、预测未来的行动过程。对罗列的每种方案，机构管理者可依据确切的维度，如组织难度、活动完成度、服务对象的参与度、活动主观体验及活动与主题的相关性等罗列出方案的优缺点（见表 4－7），再结合机构所处的经济、政策、市场环境以及工作人员的经验等要素，对方案的结果加以预测和评估。

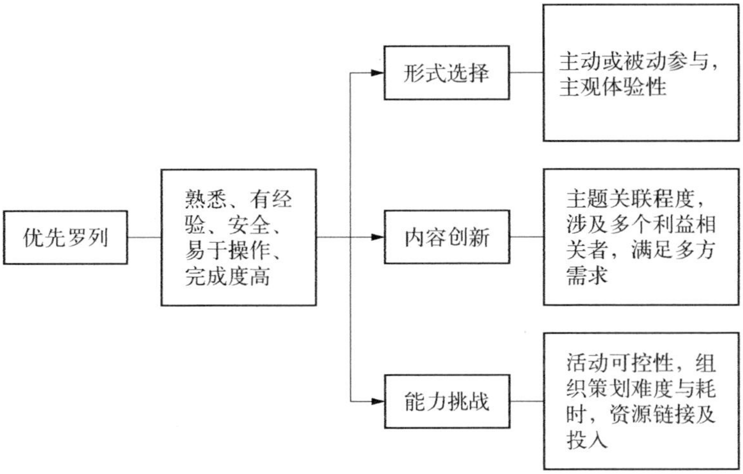

图 4－9　罗列可行方案流程图

表 4－7　某养老院在院老年人季度生日会方案选择情况

可行方案	游园形式	观看表演形式	参与表演形式	探访形式
简要介绍	社会工作者、志愿者、院方医护人员共同设置游戏摊位。老人们参与游戏，赢取印花，获取相应的礼物	社会工作者、志愿者、院方医护人员一起组织一场以“庆生”为主题的文艺表演晚会	社会工作者与志愿者负责策划，院方医护人员、老年人及其子女准备表演节目，组织以“庆生”为主题的文艺表演晚会	社会工作者组织志愿者探访本季度过生日的老年人，陪伴及聆听老年人诉说年轻时的经历，并送上生日祝福和礼物
优缺点	优点：活动简单、易操作，老年人容易接受，体验强 缺点：老年人受年龄、身体机能等客观因素的限制，不便于参与游戏；生日会主题呈现不足，无法实现爱老、敬老和康娱文化的目标	优点：安全、易操作、突出主题，视听效果较好 缺点：老年人参与和体验较少，只是被动地观看；老年人与社会工作者、志愿者、医护人员及其他老年人交流互动较少	优点：突出主题，老年人参与积极性高，各个群体间交流互动频繁 缺点：组织策划难度大，准备时间长，所需资源较多，活动可控性较差	优点：安全、易操作，组织经验丰富，主体性较强，重视个体的需要 缺点：形式较为常规，老年人被动参与；老年人群体间的归属感不强，情感交流较少

续　表

可行方案	游园形式	观看表演形式	参与表演形式	探访形式
预测结果	活动完成度较高，参与度较低，主题关联性不强	活动完成度高，主动参与、体验度低，主题关联性强	活动完成度较高，主动参与、体验度高，主题关联性强	活动完成度高，主动参与、体验度低，主题关联性较强
最佳方案	＋＋	＋	＋＋＋	＋

（五）确定最佳方案

在众多可行方案中确定最佳方案当属计划制订过程中最具挑战性的工作。机构管理者应广泛收集与未来发展相关的数据，仔细比对各个方案的结果与预设目标的切合度，以及内容安排的重要性与可行性，从而确定可行方案的优先次序。最佳方案的确定需要计划执行团队讨论、协商，最终达成一致。

（六）制订行动方案

确定最佳方案后，机构管理者还要为最佳方案制订具体、详细的行动方案，对实现目标的每一个具体步骤与内容做出安排。在行动方案中，要制作以时间为轴的行动进度表，定期撰写进度报告。同时，预留处理紧急情况的时间，也是行动方案中重要的一项。以时间为轴的行动进度表，对具体方案的有效执行有很大帮助，如在社会工作实务中广泛运用的甘特图。图 4－10 展示

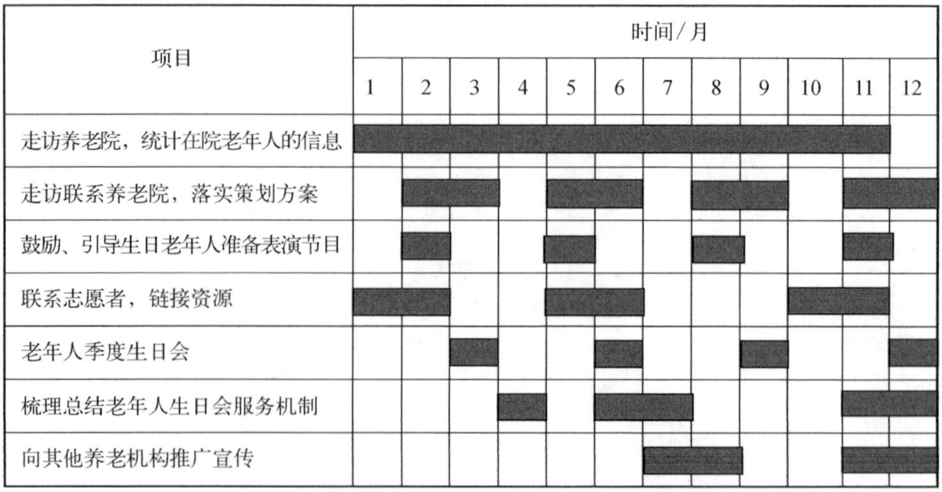

图 4－10　某养老院 2019 年在院老年人季度生日会计划执行甘特图

了某养老院2019年开展在院老年人季度生日会的工作计划，如1—11月份都需要走访养老院，统计在院老年人的信息，每季度末（3月、6月、9月、12月）都会举办老年人季度生日会。

复习思考题

1. 简述战略规划的含义与社会服务机构战略规划的层次。
2. 讨论社会服务机构制定战略规划的意义。
3. 简述社会服务机构制定战略规划的过程与方法。
4. 了解决策的定义与类型。
5. 讨论影响决策的偏差性因素，思考应对办法。
6. 试述总分目标设定模式、SMART目标设定原则的主要内容。

推荐阅读

1. 芮明杰：《管理学：现代的观点》（第二版），上海人民出版社2005年版。
2. [加拿大] 亨利·明茨伯格：《管理工作的本质》，方海萍译，中国人民大学出版社2007年版。
3. 李水金：《中国非营利组织管理》，首都师范大学出版社2015年版。

第五章

社会服务机构的项目管理

项目产生于人类对生产活动的细分。在当今社会，各个领域对生产与服务进行项目化运作已十分常见。创设与实施项目是社会服务机构管理的重要内容。本章首先交代了项目与项目管理的基本知识，然后结合社会服务机构管理的实际情况，重点阐述了社会服务项目的策划与申报、实施与验收等相关事项。

第一节　项目与项目管理

一、项目的定义与特征

（一）何谓项目

什么是项目(project)？尽管不同学者对项目的定义不尽相同，但这些定义所反映的项目本质基本上是一致的。以下是几个比较典型的关于“项目”的定义。美国项目管理协会(Project Management Institute，PMI)认为，项目是为了完成某一独特的产品、服务或成果所做的一次性努力。国际项目管理协会(International Project Management Association，IPMA)认为，项目是在确定的要求和约束条件下，为实现约定的交付品所做的独特的、临时的、多种专业的、组织在一起的努力。国际标准化组织(International Organization for Standardization，ISO)认为，项目是一个独特的过程，这一过程由具有起止时间、相互协调和控制的、实现项目目标所必需的活动组成。上述定义强调项目是一种独特的任务，其受到一定条件的约束，如时间有限、资源既定等，是为了实现特定目标而开展的相关活动的总和。

（二）项目的特征

1. 有明确的目标

任何项目都是为了解决特定的问题而设立的，所以，设立项目往往意味着发布方与承接方有共同约定的交付品。这个交付品可能是某种产品、某项服务、某些成果。例如，社会服务项目承诺的“探索建立一种新型的、融合非正式支持与正式支持的文化养老模式”；某科研项目描述的“发表3篇高质量学术论文”。

2. 有明确的时间要求

项目的完成会有明确的时间要求，也就是说，项目是在有限时间内完成的一系列活动。一旦项目完成，项目团队就会解散或把相关人员重新配置到新的项目中。因此，承接项目的社会服务机构一定要有时间意识，因为一旦不遵守约定的时间，就可能导致项目中止或延期，进而影响机构的信誉。时限性也是项目区别于机构日常运作的重要方面。

3. 有明确的约束条件

这里的条件包括两个方面。一方面是指项目是各种资源的组合。运营项目需要把相关的人财物资源调集到一起，使之相互合作、彼此配合，围绕项目目标开展相关行动。另一方面是指项目执行应当在质量、数量、技术等方面达到一定的标准。例如，社会工作者在策划社会工作项目时要明确项目为哪些人提供服务，提供什么样的服务，通过哪些手段提供服务，等等。

4. 具有非重复性

项目一般不具有重复性的特点，因为每个项目都是独特的，其所依据的资源条件、所服务的人群、所要达成的目标，以及所要开展的相关活动都具有个性化的特点。也就是说，项目是一次性的任务，哪怕其在内容上具有可复制性，但仍不可能是完全一样地被重复一遍，毕竟项目实施的环境条件发生了变化。非重复性也是项目管理与机构日常运作的重要区别之一。

二、项目的类型与生命周期

（一）项目的类型

我们可以根据不同的标准，将项目划分为多种类型。例如，可以根据项目来源，将其分为内部项目、外部项目、合作项目；可以根据项目发布方的层级，将其分为国际项目、国家项目、省级项目、市级项目等；可以根据项目所涉足的领域，将其分为军事项目、基建项目、科学研究项目、社会服务项目等；可以根据资源转换的形式，将其分为智力转换为主型项目、实物转换为主型项目、事件（过程）管理型项目。这里主要介绍如下类型。

1. 大型项目、中型项目与小型项目

这是根据项目投资规模所做的分类。当然，大、中、小型是相对而言的，而且在不同的领域，其评判标准也不同。例如，在基建领域，可能资金上亿元的项目才是大项目，而在社会服务领域，资金达到百万元的项目就是大项目了。

2. 生产项目与非生产项目

这是根据项目的性质所做的分类。生产项目是指直接用于物质生产或直接为物质生产服务的项目，如矿产开采项目、退耕还林项目、企业转型升级项目等。非生产项目是指直接用于满足人民物质和文化生活需要的项目，主要涉及文教卫生、科学研究、社会福利、公共事业等领域，如残障人士出行无障碍项目等。

3. 经济项目、社会项目、经济—社会项目

这是根据项目效益所做的分类。项目的效益可分为经济效益、社会效益或两者兼而有之。相应地，项目可分为经济项目、社会项目、经济—社会项目。经济项目也可称为商业项目，经济收益是评价此类项目的核心指标。社会项目强调项目所具有的社会效益，如促进了残障人士融入社会，改善了困境儿童的处境等。经济—社会项目意味着兼具良好的经济效益与社会效益。以家电下乡补贴项目为例，从经济角度看，其可以刺激内需，缓解家电行业的产能过剩；从社会角度看，其可以减轻农民的负担，提升他们的生活质量。社会企业运营的项目，大都兼顾经济效益与社会效益。

4. 专项项目和综合项目

这是根据项目的服务对象和内容所做的分类。专项项目就是单项项目，其有明确的服务对象和服务目标。例如，政府在社会治理过程中发现某个群体的某种需要，可能就会向社会组织购买服务，社会组织进而会设计单个项目去予以满足。综合项目往往是一个平台，可以把各类服务对象都放到这个平台上来，并根据服务对象的不同需要提供不同内容的服务。在社会服务领域，深圳市推行的社区服务中心项目和广州市推行的家庭综合服务中心项目就是

典型的综合项目。

（二）项目的生命周期

项目从起点到终点的整个过程构成了项目的生命周期。对于项目的终点，人们往往没有争议，就是项目完工、成果交付之时。但是对于项目的起点，人们有着不同的看法。有人主张从识别需求开始，有人认为应当从获得立项时开始，也有人主张将前者理解为广义的生命周期，将后者理解为狭义的生命周期。项目的生命周期体现了项目从产生到完成的内在规律。在实践中，为了便于管理，人们往往将项目的生命周期划分为若干阶段，在每个阶段，管理工作的重点是不同的。例如，项目的“四阶段说”就把项目的生命周期分为四段（见图 5－1）。

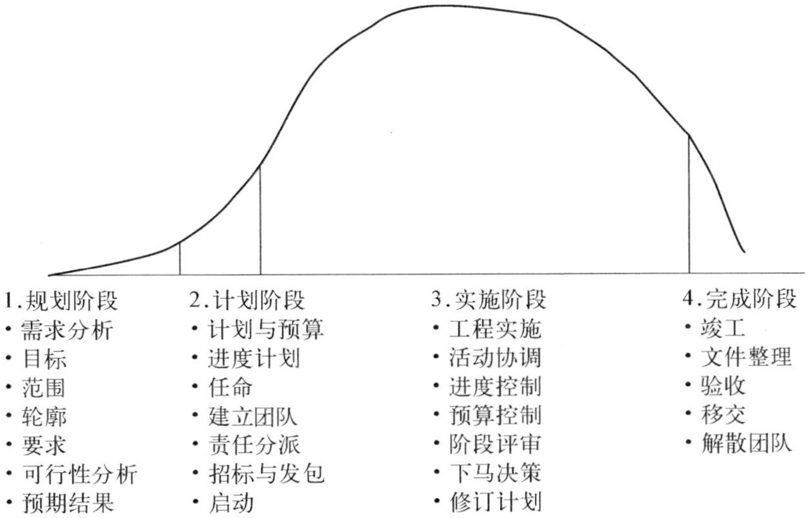

图 5－1　项目“四阶段说”①

1. 规划阶段

规划阶段的主要任务是识别需求，并根据需求分析的结果进行决策，包括讨论项目的目标和意义、项目的范围与大致轮廓、项目的可行性与挑战等。

2. 计划阶段

计划阶段的主要任务是把前一阶段的决策结果操作化，即制订具体的工作计划、做预算、建立项目团队、进行责任分派等。

① 赵海林：《社会服务项目运作实务》，中国人民大学出版社 2018 年版，第 13 页。

3. 实施阶段

这是项目管理的核心时段，其主要任务是完成计划书中的各项内容，从进度、质量两方面共同推进项目。在此阶段，项目负责人要对项目的进度、财务状况、风险、效果等进行管理，确保项目沿着既定的轨道推进。

4. 完成阶段

完成阶段的主要任务是整理项目成果，完成成果的验收和移交，做好项目总结，解散项目团队等。

三、项目管理的定义与内容

（一）项目管理的定义

项目管理，顾名思义，就是对项目进行的管理活动。具体来说，就是项目负责人为了实现项目的目标，在特定的条件下，对项目所涉及的全部工作进行组织、指挥、协调、控制等活动的总和。这一概念指出了项目管理的要素，这些要素也是理解这一概念的要点。第一，项目管理的主体，即项目管理者，是项目承接方负责项目运营的人，如项目经理及其团队。第二，项目管理的客体，即项目涉及的全部工作。第三，项目管理的目标。项目管理的目的是实现项目的目标，管理只是实现目标的手段。项目管理的目标是按时、按质完成约定任务。第四，项目管理的职能。管理者从事管理工作，必须行使一定的管理职能，如计划、组织、指挥、协调和控制等职能。第五，项目管理的条件。项目管理是在特定条件下进行的，工作的量与质、投入的人财物资源、项目的完成时间等都是有约在先的。

（二）项目管理的内容

关于项目管理的内容，有研究者列出了 10 项：范围管理、时间管理、成本管理、质量管理、人力资源管理、信息管理、风险管理、采购管理、干系人管理和集成管理。[①] 美国项目管理协会把项目管理的内容概括为“9＋1”。其中，“9”代表范围管理、进度管理、成本管理、质量管理、采购管理、风险管理、人力资源管理、沟通与冲突管理、干系人管理，“1”表示对上述内容的集成管理。对项目负责人而言，项目管理既有对单项工作的管理，也有对相关工作的整合管理。也有研究者将项目管理比喻为一盆花，认为项目团队是土壤，管理层（其职能

① 杨坤：《项目管理理论与方法》，上海财经大学出版社 2019 年版，第 22—24 页。

是项目治理)和干系人是绿叶,沟通管理是茎干,进度、质量、风险等各个分项的管理是花朵,而环境因素则是太阳(见图 5－2)。

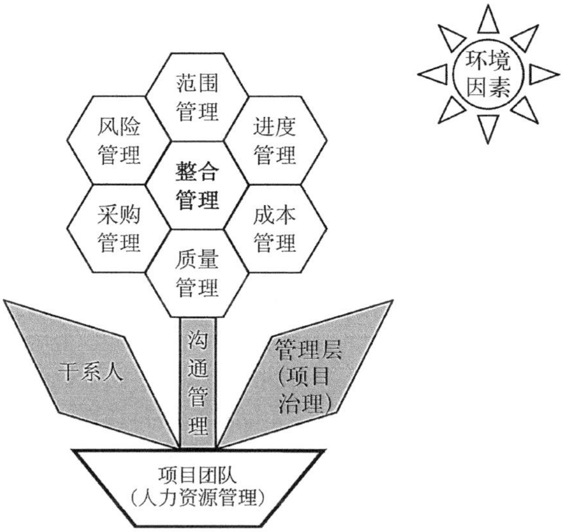

图 5－2　项目管理之花①

四、项目管理对社会服务机构的重要性

项目管理工作对社会服务机构的重要性主要体现在如下方面。

第一,社会服务机构面临着复杂的社会环境,面临的风险越来越多,规范的项目管理能确保机构高效运转,规避各环节潜在的风险,减少不必要的纠纷,进而保持良好的机构声誉。

第二,社会服务机构存在的一个重要理由就是通过诸多项目化运作提供服务。目前,不论是公众筹款、政府购买服务、基金会招投标还是企业资助,社会服务机构越来越依赖于出色的项目管理赢得捐赠和投资,因此,良好的项目管理对社会服务机构的生存非常重要。

第三,规范的项目管理是以丰硕的产出服务弱势群体的重要保障。

第四,有新意的项目可以帮助社会服务机构通过创新寻找正确的解决社会问题的方法,从而提升机构的核心竞争力。

第五,社会服务机构需要通过项目管理回应政府的合规性审查,向捐赠人

① 叶苏东:《项目管理:管理流程及方法》,清华大学出版社 2019 年版,第 30 页。

交代资金使用的有效性，通过服务的有效性向公众做交代，并激励潜在的支持者。

第六，随着社会服务机构的不断壮大，其服务对象的需求不断细分，捐赠人市场也在不断细分，机构之间的竞争日趋激烈，设计和实施优秀的项目是机构立于不败之地的重要手段。

第二节 社会服务项目的策划与申报

一、社会服务项目的概念与特点

（一）何谓社会服务项目

社会服务项目，顾名思义，就是在社会服务领域实施的项目。根据第二章关于“社会服务”的界定，社会服务的对象往往指向特定的社会群体，如残障人士群体、老年人群体、贫困群体等，他们在生存与发展方面一般面临着更多的困难与风险，需要社会的支持。因此，社会服务项目通常具有公益色彩，追求的是社会效益，如改善弱势群体的生活境遇，推动社会进步等。民办社会工作机构、公益慈善团体等社会组织经常承担社会服务项目。这些项目主要由政府部门、群团组织、基金会等发布和支持，社会组织通过申请获得批准。例如，中央财政支持社会组织参与社会服务的 B 类和 C 类项目，往往涉及扶老助老、关爱儿童、扶残助残、救助扶贫、专业社会工作服务活动等。因此，本书所称社会服务项目是指由政府、企事业单位、基金会等资助方通过服务外包或资助的方式委托，由社会服务机构承接和实施的公益性的社会项目。

（二）社会服务项目的特点

1. 服务于特定人群

虽然也有一些以评估和研究为主要内容的社会服务项目，但项目的主体仍是针对特定群体提供服务。例如，《2019 年中央财政支持社会组织参与社会服务项目实施方案》要求，社会工作服务示范项目（C 类）要以社会救助对象、城市流动人口、农村留守人员、老年人、儿童青少年、残疾人、社区矫正人员、优抚对象和受灾群众等特殊群体为重点服务对象。社会服务项目涉及广泛的民生领域，解决的是与社会公平、社会福利有关的社会问题。

2. 内容具有模糊性

社会服务项目在实施中常常以人文关怀、社会支持、关系调适、能力提升等为主要内容。在设计项目时，策划者对项目内容的理解和操作往往会存在一定的差异，从而导致项目的范围或边界不清晰。

3. 效果不易测量

社会服务项目强调实现社会效益，而社会效益往往是不能精确测量的，如“激发贫困群众脱贫的内生动力”就很难用量化指标来表述项目实施效果。此外，社会服务项目的效果可能具有延后性，如服务对象的改变可能与项目实施过程不同步。

二、社会服务项目的确立方式

（一）项目立项的含义

社会服务机构要生存、发展，要践行自己的价值观，要实现机构的使命和愿景，就必须提出优质的项目方案，并努力争取资助方的支持。社会服务机构提出的项目方案获得批准，就是人们常说的“立项”。因此，项目立项是指社会服务机构提供的以获得资金支持为直接目的的申请报告被出资方接受的过程。可以说，项目立项是申请方与出资方达成共识的产物。因为项目立项说明申请方提出了值得实践的服务内容，科学设计了服务的形式与流程，并得到了出资方的认可。

（二）项目立项的途径

在实务工作中，社会服务项目的立项往往有两种途径（见图 5－3）：一是社会服务机构根据出资方发布的购买服务公告，设计服务项目并在规定的时间内完成项目申报，然后由出资方根据评定办法进行审核与遴选，公布最终的立项结果；二是社会服务机构根据自身的宗旨、使命和服务范围，或者根据潜在资助方的需求和关注点设计项目，然后主动接触政府部门、企事业单位、基金会等，从而获得立项。社会服务机构也可以将项目信息发布到特定平台上，以寻求组织和个人的资金支持。当然，不论是哪种情形，决定项目立项的关键因素都是项目设计本身，或者说都取决于机构自身的努力。机构是否了解出资方的心理，是否有好的项目创意，是否有好的项目文本，以及是否具备项目运营资质与管理能力等，都是影响项目能否立项的重要因素。

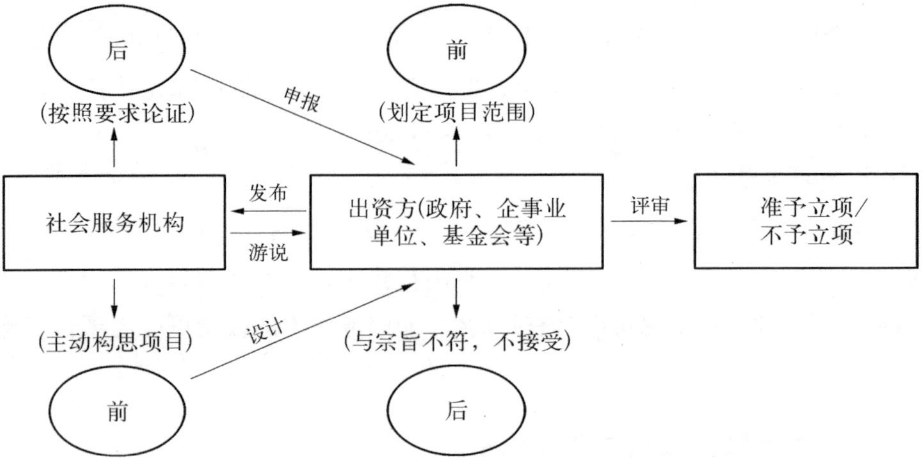

图 5－3　社会服务项目立项的途径

三、社会服务项目的设计

(一) 评估服务需求,界定问题

项目设计是基于服务对象的实际情况,预测未来实施的项目将通过何种方式回应服务需求的一种活动,因此,评估服务需求是项目设计的出发点。社会服务机构有自己的宗旨和使命,有自己的业务范围和服务对象,在实务工作中,机构通过与服务对象接触,可以了解其真实境况与服务需求,从而为项目设计奠定基础。服务对象可能是个体、家庭,也可能是组织、社区,当然,需求评估的对象一定是具体的人。

社会服务机构开展服务需求评估,可以借助于以下方法:第一,直接询问服务对象,如开展问卷调查、进行个别访谈、召开座谈会等;第二,间接了解相关情况,如研究文献、查看专题报告等材料、访谈知情人等。服务需求评估一定要扎实,能够聚焦服务对象面临的主要问题,能够抓住问题的本质。

(二) 提出项目创意

项目创意从哪里来?项目创意从问题中来、从需求中来,即根据需求评估的结果,提出未来可能实施的项目。在这一环节,富有创新性的想法是非常重要的。项目创意类似于学术研究中的“破题”,即找到一个好的、可行的切入点。这里,我们可以使用一个方法——发表独创性意见,这是收集创新想法较为有效的方法之一。其做法如下:(1) 将参与决策的人聚集在一起,主持人将需要讨论的问题写在题板上，确保与会者都能知悉。（2）主持人说明会议规则。例如，他人未讲完意见和想法之前不予评论；重要的是提出创意，无须过多考虑可行性；在他人陈述意见后，可进行补充，或提出不同意见。（3）请专人将提议以清楚、易懂的方式记录在题板上，相似的提议可合并。（4）对与会者提出的比较集中的提议进行讨论或表决。

发表独创性意见旨在激发与会者的各种想法，因为“头脑风暴”可能会产生不拘一格的新想法、新见解。这些想法是不是切实可行不是最重要的，因为后面的详细讨论自然会把不具有操作性的想法剔除掉。

（三）讨论项目方案

这一环节是对项目创意的操作化，即将项目创意具体化为服务的内容、方式、范围、时间表与路线图等。在此环节，参与决策的人要充分讨论，使项目创意逐渐变得清晰、可操作，包括确定服务的目标、对象、方法、路径等。此外，决策者在讨论项目方案时，要提出各种可行的策略，同时还要考虑以下问题：项目是否符合服务对象的需求？机构有无所需的物质与经济资源？机构的人力资源能否满足项目要求？项目运作涉及哪些政策与法律问题？活动内容是否具有可行性？

（四）确定项目方案

经过充分的讨论，决策者会排除一些不切实际的想法，吸收各种合理的建议，并最终整合成一个成形的、目标明确的、具有操作性的服务项目。可见，这个环节要达成的结果就是确定项目的实施方案。确定项目的实施方案是一个反复比较、深入研究的过程。决策者要尽量使方案内容充实、具体，预测可能遇到的风险，并做好应对准备。

（五）撰写项目申报书

社会服务项目设计的最后一个环节是将决策成果文本化。经过前面几个环节的工作，项目的目标、意义、内容、预算等基本上清楚了。这个时候，决策者需要把前面的工作进行系统的梳理和总结，撰写项目申报书。项目申报书是以文本形式表现出来的项目方案。至此，我们可以简要总结项目设计的过程，这里将其概括为“5D说”（见图5-4）。

项目申报书的撰写有一定的套路，但没有固定的格式。如果机构去申报项目，出资方可能已经提供了项目申报书的模板，这时候，只要按照模板，把相关内容填进去就可以了。如果是机构主动设计的项目，那么项目申报书在结

图 5-4 社会服务项目设计过程

构安排上可以相对灵活一些。有时候,项目申报书的撰写可能相对简单,如单一的项目;有时候,项目申报书的撰写可能比较复杂,如大型项目,它会包括总项目申报书和若干子项目的项目申报书。但是,不管是哪种情况,项目申报书中有一些内容都是必不可少的。

1. 项目名称

拟订的项目名称要尽可能醒目、贴切、有实质性内容。醒目就是让人眼前一亮,产生读下去的兴趣与好奇心;贴切就是项目名称与内容吻合,不浮夸做作、不哗众取宠;有实质性内容即人们能够通过名称大体知晓项目的核心内容。拟订主副标题是一种常见的方法。例如,"公益护卫舰——社会组织法律知识培训项目""不倒翁——社区老年人防跌倒服务项目"等。这里,主标题使用了比喻手法,起到吸引人关注的作用,并贴切地呼应副标题;副标题的功能则是明确服务对象与服务内容,满足"有实质性内容"这一要求。

2. 项目背景与意义

对于这部分内容,项目申报书的撰写者首先要描述服务对象的生活境遇,发现服务对象面临的突出问题,分析问题产生的主客观原因;其次要论证问题的严重性和普遍性,阐明社会服务干预的重要意义。这一部分一般是项目申报书的开篇,其作用是吸引评委的关注,引发他们的情感共鸣和深入思考,让他们觉得这个项目值得做。因此,从写法上来说,撰写者要注重用事实和数据说话,不要泛泛而谈或无病呻吟,可以引用大型社会调查数据、官方发布的统计数据、相关研究得出的结论,因为这些都很有说服力。撰写者要把问题与意义条理化,使评委能够快速捕捉到文本要点。从写作技巧上来说,在阐明项目的背景与意义时,撰写者要做到全面、深刻、有条理。全面即对问题的分析要从多方面入手,深刻即对问题产生的原因、导致的后果的探讨要深入,条理化即要突出要点、逻辑清晰。

3. 服务对象与项目目标

项目申报书要清楚地界定服务对象,并描述他们的类型、数量、分布情况等。撰写者可以具体说明直接受益服务对象与间接受益对象，并分别报告他们的规模。项目具有明确的目的性与指向性，是为了解决特定的问题而设立的，所以，项目申报书中要讲清楚通过项目实施，力求达成什么效果。当然，项目目标常常不是单一的，在项目申报书中，撰写者可以按照总目标、阶段性目标两个层次来写。

4. 项目内容与实施计划

这是项目申报书的重点。撰写者要紧扣项目目标阐述服务内容，并把服务内容分解为一项项具体的工作任务，说明各项工作的时间、地点、活动形式、负责人等。当然，这个实施计划是用来申报项目的，待项目立项后，可能还会做一些调整。

5. 项目执行团队

在撰写项目申报书时，撰写者也要报告项目的人力资源配备情况。在设置项目团队时，要考虑如下问题：能否满足项目实施对人力资源的需求？是否吸纳了具有不同专长的人？团队成员在项目中主要承担哪些任务？成员之间如何协作？团队成员能否真正参与项目运作？此外，如果招标方对人力资源配置有特定要求，机构一定要予以满足。

6. 项目资金预算及用途

撰写者要根据服务内容测算所需资金，同时要考虑管理成本与出资方的额度限制。资金预算要科学、合理，按照相关政策的要求分解直接费用与间接费用，并具体说明测算的依据和资金用途。例如，组织服务对象外出游览，就可能涉及租车、餐饮、住宿、门票、导览等费用。

7. 项目预期效益分析

社会服务项目要特别重视社会效益。此部分论证得好，可以增强项目申报书的说服力，提高立项的概率。例如，撰写者可以强调服务的覆盖面较广，项目可以提高服务对象的参与度，可以发展服务对象的能力，可以显著改善服务对象的生活质量，项目方案可复制，等等。如果预期效益中包含实体性成果，就要具体列出，如在项目实施社区为流动儿童建立 1 间阅览室，提供不少于 200 本课外读物等。

8. 项目实施的保障性条件

在这一部分，撰写者要重点论证机构具有的运营项目的能力和经验。例如，报告机构以前实施的相关社会服务项目及其结果；证明机构拥有开展项目所需的资源条件，可以为项目运行提供有力保障；阐明机构管理层对项目的支持态度；等等。

除了上述内容外，项目申报书中可能还包括如下内容：(1) 项目概述。这是项目申报书模板中的常见内容，它要求社会服务机构用简短的篇幅交代服务理念与方法、服务对象与内容、服务模式、服务过程、服务目标等。项目概述应语言精练，不宜长篇大论。(2) 机构信息。出资方通常要求社会服务机构填写相关信息，如机构名称、成立时间、登记证号、近期年检情况、社会组织等级、银行账号、通信地址、项目负责人和联系人、机构所获荣誉等。(3) 项目特色，即阐述项目的创新性。(4) 风险预测及应对策略。有时，项目申报书模板会设置这一内容，提醒社会服务机构预见项目实施过程中可能会遇到的困难，并提出解决对策。表 5－1 为某市 2020 年度社会组织公益创投项目申报书模板，可供读者参考。

表 5－1　某市 2020 年度社会组织公益创投项目申报书模板①

<table>
<tr><th colspan="4">一、机构基本情况</th></tr>
<tr><td>项目名称</td><td colspan="3"></td></tr>
<tr><td>申报单位</td><td colspan="3"></td></tr>
<tr><td>统一社会信用代码</td><td></td><td>登记管理机关</td><td></td></tr>
<tr><td>成立时间</td><td></td><td>全职工作人员人数</td><td></td></tr>
<tr><td>通信地址</td><td colspan="3"></td></tr>
<tr><td>2019 年度检查
(报告)结论</td><td colspan="3">□合格　　□基本合格　　□不合格　　□未参加</td></tr>
<tr><td>参加评估情况</td><td colspan="3">□(　　)年参加评估，结果为(　)　　□未参加</td></tr>
<tr><td rowspan="3">2019 年以来
获得荣誉情况</td><td>获得时间</td><td>荣誉名称</td><td>授予单位</td></tr>
<tr><td></td><td></td><td></td></tr>
<tr><td></td><td></td><td></td></tr>
</table>

① 限于篇幅，此处将项目申报书的封面信息与填表说明略去，各板块留白缩小。

续　表

户名		
开户账号		
开户行		
申请金额/元		
机构负责人信息	姓名	
	职务	
	电话(办公/手机)	
	电子邮箱	
项目负责人信息	姓名	
	电话(办公/手机)	
	电子邮箱	
申报单位承诺	我单位保证所有项目申报材料真实、合法、有效，已制定项目实施计划、方案，确保项目如期完成。将按相关规定和活动要求，接受项目监管、审计和评估，并承担相应责任。 法定代表人签字： (申报单位盖章) 年　月　日	
二、项目基本信息		
项目名称		
服务对象		
服务对象人数及人次		
项目实施地点		
项目总预算/元		
项目概述	(简要概述项目目标群体及所回应的问题，分析不介入的消极后果及介入的急迫程度，说明项目实施过程中的问题解决办法及所持理念，预期所达到的成效及带来的社会影响。)	

续　表

<table>
<tr><td colspan="3">三、项目详细信息</td></tr>
<tr><td colspan="3">1. 项目背景</td></tr>
<tr><td>项目需求分析</td><td colspan="2">（对项目所针对的社会问题和服务对象进行界定与分析，分析问题的成因及带来的消极后果。需求分析要聚焦服务群体呈现的问题，而非描述国家、社会服务群体所存在的问题。需求分析的描述不仅要注重文字的描述，还要有必要的数据分析作为辅助。需求分析要有条理性，要突出项目中所回应的重点需求。另附《需求调研报告》。）</td></tr>
<tr><td colspan="3">2. 项目方案</td></tr>
<tr><td rowspan="4">项目目标</td><td colspan="2">（总目标是通过项目实施后的需求回应或问题解决后所呈现的状态，项目结束后所达到的总体成效。具体目标则是根据总目标分解出来的，具体的、量化的、可操作的、与服务对象相关的服务产出性指标。）
总目标：</td></tr>
<tr><td>具体目标 1</td><td></td></tr>
<tr><td>具体目标 2</td><td></td></tr>
<tr><td>（可增减）</td><td></td></tr>
<tr><td>进度安排</td><td colspan="2">（根据项目的需求分析及目标设计项目内容，项目进度安排包括服务的任务、服务的方法、指标量、服务对象、服务人数、服务的时间、服务的地点等。项目进度安排要体现项目的思路、项目的阶段性、项目的整体性、服务推进的递进性等。）</td></tr>
<tr><td>风险分析及应对</td><td colspan="2">（风险分析指的是对实施本项目出现风险的可能性及带来的影响进行分析。风险管理要贯穿于项目策划、启动和实施的全过程，通过对项目的风险进行评估，制定出相应的应对策略。）</td></tr>
<tr><td>宣传计划</td><td colspan="2">（请简述项目宣传方式或渠道，以及如何扩大项目的影响力。）</td></tr>
<tr><td colspan="3">四、项目预算</td></tr>
<tr><td colspan="3">1. 资金来源</td></tr>
<tr><td>申报公益创投资金/元</td><td colspan="2"></td></tr>
</table>

续　表

<table>
<tr><td colspan="2">自筹配套资金/元</td><td colspan="5"></td></tr>
<tr><td colspan="2">合计/元</td><td colspan="5"></td></tr>
<tr><td colspan="7">2. 资金预算支出明细(以项目方案为主线编制,可自行添加)</td></tr>
<tr><td>类别</td><td>明细</td><td>单价/元</td><td>数 量</td><td>单 位</td><td>总价/元</td><td>备注说明</td></tr>
<tr><td></td><td></td><td></td><td></td><td></td><td></td><td></td></tr>
<tr><td></td><td></td><td></td><td></td><td></td><td></td><td></td></tr>
<tr><td></td><td></td><td></td><td></td><td></td><td></td><td></td></tr>
<tr><td colspan="7">五、项目管理团队</td></tr>
<tr><td colspan="7">1. 项目负责人简历表</td></tr>
<tr><td>姓名</td><td></td><td>性别</td><td></td><td>年龄</td><td colspan="2"></td></tr>
<tr><td>机构职务</td><td></td><td>职称</td><td></td><td>学历</td><td colspan="2"></td></tr>
<tr><td>学位</td><td></td><td>办公电话</td><td></td><td>移动电话</td><td colspan="2"></td></tr>
<tr><td colspan="2">相关资格证书</td><td colspan="5"></td></tr>
<tr><td colspan="2">主要资历、经验及
承担过的项目</td><td colspan="5"></td></tr>
<tr><td colspan="7">项目负责人职责:(1) 负责统筹、策划、组织服务项目的开展;(2) 负责项目内部和外部的联络工作,积极与公益创投活动运营方沟通交流,按时递交月度工作报告;(3) 带领团队积极参与公益创投活动运营方组织的培训、督导等;(4) 负责志愿者的日常管理、组织志愿者培训等工作。</td></tr>
<tr><td colspan="7">2. 承担本项目工作人员简况(不含志愿者)</td></tr>
<tr><td>姓名</td><td>年龄</td><td>全职/兼职</td><td>项目岗位</td><td>项目分工</td><td>职业资格</td><td>相关工作经验</td></tr>
<tr><td></td><td></td><td></td><td></td><td></td><td></td><td></td></tr>
<tr><td></td><td></td><td></td><td></td><td></td><td></td><td></td></tr>
<tr><td></td><td></td><td></td><td></td><td></td><td></td><td></td></tr>
</table>

续 表

六、申报单位详细信息	
机构基本情况	（成立时间、注册地、资产；组织架构图，包括理事会、核心领导层、机构总人数、持证社会工作者人数；业务范围、主要资金来源等。）
组织宗旨	（远景、使命、目标、口号。）
专业优势	（人员优势、资源整合优势等。）
项目运作经验	（项目名称、起止时间、资助方、资助总额、运营效果等。）

四、社会服务项目的申报

（一）机构为何要申报项目

社会服务机构需要通过向政府、企事业单位、基金会等筹集资金，方能开展服务项目。为此，机构必须根据自身发展的需要，或迎合潜在出资人的需要，确定目标人群，设计符合需求的项目方案，以获得资金支持。

（二）机构申报项目的途径

1. 争取政府购买服务

近年来，政府购买服务已成为政府职能转移的重要方式。依据财政部2020年1月颁布的《政府购买服务管理办法》的相关内容，政府购买服务“是指各级国家机关将属于自身职责范围且适合通过市场化方式提供的服务事项，按照政府采购方式和程序，交由符合条件的服务供应商承担，并根据服务数量和质量等因素向其支付费用的行为”。目前，纳入政府购买服务指导性目录的服务事项包括以下方面：一是基本公共服务，如公共教育、社会救助、养老服务等；二是社会管理性服务，如社会建设、社会工作服务、防灾救灾等；三是行业管理与协调性服务；四是技术性服务；五是政府履职所需辅助性事项，如课题研究、政策调研、标准制定等。这些服务事项都是社会服务机构的业务范围，因此，机构应积极争取获得政府购买服务的资格。政府采购通常使用的方式有公开招标、邀请招标、竞争性谈判、单一来源采购、询价等。

（1）公开招标。公开招标是指政府将资助项目的评审工作委托给政府招标平台，由政府招标平台面向社会公开招标，并将评审结果反馈给政府（采购方），由政府审批的活动。公开招标是政府项目采购时用得最多的方式，也称竞争性招标，因为只要是符合条件的供应商都可以参与投标，所以竞争非常激烈。这种购买服务的方式具有过程公开透明、易于监管等优点，也更有利于挑选到符合要求的服务供应商。

（2）邀请招标。它也称选择性招标，是一种有限制的竞争。采购方或其代理方会事先对供应商进行了解，然后选出几个中意的供应商，接着向被选定的几个供应商发出投标邀请（不少于 3 家）。只有收到邀请的供应商才能参与投标。相对于公开招标而言，邀请招标的投标者数量有限，竞争相对较小。因为采购方事前对供应商的情况已经有了一定的了解，所以招标的风险相对较低，并且能节省不少时间。按照政策要求，邀请招标需要发布资格预审公告并公开开标，且投标者只能一次报价。

（3）竞争性谈判。竞争性谈判是指采购方或者采购代理机构直接邀请一家以上的供应商就采购事宜进行谈判的方式。竞争性谈判可以缩短准备期，减少工作量，有利于提高工作效率，减少采购成本，供求双方能够进行更为灵活的谈判，从而降低采购风险。与邀请招标不同的是，竞争性谈判不需要发布公告，且允许投标者多次报价，关于技术参数等也可以谈判。

（4）单一来源采购。它也称直接采购或定向采购，是指对某一特定的商品进行采购。单一来源采购通常只有一个选定的供应商符合条件，仅限于对货物和服务的采购。相对于公开招标和邀请招标而言，单一来源采购几乎没有竞争可言，容易滋生腐败等问题。因此，2014 年修订的《中华人民共和国政府采购法》对单一来源采购的适用情形做了限定，具体如下：第一，只能从唯一的供应商处采购的货物或服务；第二，发生了不可预见的紧急情况，不能从其他供应商处采购的货物或服务；第三，必须保证原有采购项目一致性或服务配套的要求，需要继续从原供应商处添购，且添购资金总额不超过原合同采购金额10％的货物或服务。使用单一来源采购的采购方法，在采购之前需要发布招标公告，公告中须对选择单一来源采购的原因进行说明。无异议后，方能实施。

（5）询价。询价即询价采购，是指询价小组根据采购方的需求，从符合相应资格条件的供应商中确定不少于 3 家供应商，并向其发出询价通知书，让其报价，并要求供应商一次报出不得更改的价格，然后在供应商报价的基础上进行比较，确定成交供应商的一种采购方式。这一采购方式适用于采购的货物价格与标准统一、现货货源充足且价格变化幅度小的政府采购项目。

2. 参与公益创投

公益创投起源于欧美，是一种新型的公益资本投入方式。它的投资主体为创业过程中的公益组织注资，帮助其成功创业，并通过投资间接地帮助其解决社会问题。除提供资金外，公益创投的主体还会为公益组织提供管理和技术支持，通过与公益组织建立合作伙伴关系，达到促进公益组织能力建设和模式创新的目的。可以说，公益创投是公益领域的创业投资。公益创投在运作方式上类似于商业投资，它与商业投资的本质性区别在于其投资目标的非营利性。2014 年 11 月，《国务院关于促进慈善事业健康发展的指导意见》指出，地方政府和社会力量可通过实施公益创投等多种方式，为初创期慈善组织提供资金支持和能力建设服务。近年来，参与公益创投已经成为社会服务机构获得资金支持的重要渠道。

公益创投资助的社会服务项目多涉及扶老、助残、救孤、济困等。公益创投的流程如下：(1) 项目资助方发布公益创投信息；(2) 社会组织根据公益创投公告，撰写项目申报书，并提交给资助方；(3) 资助方组织专家进行评审，并向社会公示评审结果；(4) 根据评审结果，资助方向社会组织提供相应资金，社会组织根据约定的任务开展相应服务；(5) 资助方在项目周期结束后，委托相应部门或者第三方组织进行评估；(6) 告知验收结果，项目结束。

公益创投有利于培育和发展社会组织。因为社会组织通过参与公益创投，可以解决起步时的资金问题，并通过实施项目提升管理和服务能力，进而促进自身的发展。社会组织通过参与公益创投，以需求为导向，实施以人为本、助人自助的公益服务项目，可以满足社区和居民多样化、个性化的服务需求，有效解决社会问题，促进社会和谐。此外，公益创投还有助于推动社会资源的整合利用，增强公众对公益活动的认知度和参与度，激发社会创新和社会发展的活力。

3. 获得其他组织的资助

这里所说的"其他组织"主要是指以下 4 类组织。(1) 公益慈善组织。《中华人民共和国慈善法》规定："慈善组织开展慈善服务，可以自己提供或者招募志愿者提供，也可以委托有服务专长的其他组织提供。"慈善组织委托其他组织开展服务，可以通过公开竞争或者直接委托等方式。基于这种情况，社会组织可以把自己策划的服务项目推介给慈善组织，以争取资金支持。(2) 企业。有些企业也会通过资助社会服务项目履行社会责任。例如，玫琳凯(中国)有限公司多年来一直资助贫困妇女、失学女童、受灾群众，先后获评“企业社会公益奖”“企业社会责任最佳实践公司”等。因此，社会服务机构可以根据自身的优势和特色，研发符合企业资助意向的服务项目，争取获得企业的支持。(3) 群团组织。群团组织是具有中国特色的社会治理主体，一般都有特定的服务对象，都是“做人的工作”，如工会、共青团、妇联、残联等。这些群团组织会根据转变职能的实际需要，向社会服务机构购买项目，所以，社会服务机构要多关注群团组织发布的招标公告。(4) 事业单位。对于困难职工、离退休职工等，事业单位也有提供福利服务的职能，因此，其也有可能委托社会服务机构向部分职工提供福利服务。

(三) 申报项目对机构的资质要求

社会服务机构申报项目时会接受资格审查，资格审查的目的在于确认机构是否具备提供服务的合法身份与良好能力。对机构而言，资质要求主要包括提供登记证书副本复印件、银行开户许可证复印件、参与项目执行的专业社会工作者的职业资格证书复印件、财务人员资格证书复印件、社会组织等级证书、社会组织年检信息、配套资金承诺书、专职人员社保缴纳证明、机构所获荣誉证书、媒体报道等。如今，社会服务项目申报对社会组织的资质要求越来越高。

机构资质好，往往可以获得加分，或者享有优先权，从而提高中标概率。例如，广州市社会组织管理局于 2019 年 6 月发布的《广州市社会组织公益创投项目管理办法》规定：“已建立社会组织党组织、等级评估为 3A 以上或被评为‘广州市品牌社会组织’的社会组织在同等条件下享有优先权；上年度的品牌项目或优秀项目的创投主体在同等条件下享有优先权。”所以，社会服务机构不仅要提供服务，还要在服务中不断历练和成长。

(四) 项目评审的一般标准

专家评审社会服务项目一般会关注如下方面。

第一，项目所涉及的社会需求具有广泛性，即有一定比例的人群遇到相同的社会问题。

第二，项目所解决的社会问题具有迫切性。对服务对象而言，其自身难以解决，又没有能力从市场上购买服务，因而需要公益服务的介入。

第三，项目要有明确的受益群体，即服务对象是明确的，解决的问题是具体的。

第四，项目具有可操作性，即项目内容安排适当、逻辑自洽、预算合理，项目实施具备良好的社区基础和群众基础。

第五，项目具有创新性，包括理念的创新、干预视角的创新、服务模式的创新和实施方式的创新。

第六，项目具有参与性，即项目能够引导服务对象参与其中，有助于发展服务对象的能力。

第七，项目具有示范性和可复制性。政府购买服务时非常强调项目的示范性，鼓励机构总结出一套标准化的模式，并在条件类似的区域进行推广。

第八，项目有强大的执行团队。执行团队具有较高的专业性水准，具有项目实施的相关经验，有预测风险和解决问题的能力，有较强的资源整合能力，团队人员配置及分工合理。

请阅读下列材料，了解项目评审的一般原则。

“大爱之行——全国贫困人群社工服务及能力建设项目”评审原则：

(1) 发挥专业社会工作的原则及精神；

(2) 创新内容或手段；

(3) 项目可行性；

(4) 项目示范性与推广性；

(5) 促进社会参与及奉献文化

——“大爱之行”全国项目办公室：《社会工作项目管理手册》，第117—118页

第三节　社会服务项目的实施与验收

一、社会服务项目的启动

(一) 召开项目启动会

一旦项目获得批准，机构就要尽快启动项目。通行的做法是召开项目启动会，由机构负责人向参加项目的人员介绍该项目的背景、目的、实施要求、服务期限、成果形式与数量、评估办法等。并不是所有执行人员都参与了项目申

报，未参与者对项目的具体细节并不是很了解，也不清楚项目获批后要做哪些事情，所以需要召开项目启动会，以达到传达信息、明确任务、鼓舞士气的目的。在项目启动的时候，机构负责人要让每个参与项目的工作人员弄清楚以下问题：(1) 项目背景与申请过程；(2) 项目的受益人群与预期目标；(3) 项目的主要内容与初步实施计划；(4) 项目团队构成与人员分工；(5) 项目的时间范围、资源投入与产出要求；(6) 影响项目成败的内外部因素。

大型项目往往会召开比较正式、隆重的启动会，邀请与项目有关的政府官员、专家学者、服务对象代表、志愿者代表、新闻媒体等参会。除了由机构负责人介绍项目情况外，还要邀请嘉宾讲话，安排项目成员代表、服务对象代表等发言。在这种情况下，机构负责人需要拟制项目启动会的流程，联系好相关人员，安排好活动场地，准备好相关设施、设备与材料等。社会服务机构应当重视项目启动会，因为借此仪式可以推介即将实施的服务项目，密切与项目相关人员的关系，提高机构的知晓度，扩大机构的影响力。

（二）确定项目管理机构及负责人

为了使项目顺利实施，项目组需要设置项目管理机构和相关负责人。有的大型项目会设置项目领导小组，邀请与项目有关的部门负责人、专家、业务骨干进入项目领导小组。然后，在项目领导小组下面设置项目办公室，任命办公室主任及其他工作人员。项目办公室在项目领导小组的指挥下，负责项目的会务、材料、宣传、联络等工作。有的项目由机构负责人担任总指挥，然后根据分工设立多个项目经理或项目主管。项目主管负责落实项目，并对总指挥负责。在项目实施过程中，项目主管的作用非常重要，其可以上传下达、分派任务、跟进监控、协调关系，因此，需要有丰富的项目运作经验、较强的组织能力与沟通协调能力。项目主管可以从表现优异的资深员工中挑选，最好是以项目助理的形式负责过类似项目管理工作的员工。当然，机构也可以从外部聘请合适的项目主管。

（三）细化项目内容

虽然项目申报书已经阐述了项目的基本目标和实施计划，但它不可能详细地说明将要实施的各项活动。而且，从项目申报到项目获批可能会间隔较长时间，因此项目内容、项目落地社区等往往也需要进行调整。可以这样说，机构在申报项目时，主要考虑的是如何提高成功率，所以会在项目申报书上下功夫，一般不会过多考虑项目执行的具体细节。但是，项目一旦获批，就需要实施了，详细、具体的服务计划就不能被忽视。因此，在项目启动阶段，项目组还要深入讨论项目内容、活动形式、资源整合等问题，将各项工作、人员分工、资源保障、时间要求、工作标准、协调机制等一一落实。

在实践中，项目组可以对项目内容进行微调，但是要注意以下几点：第一，项目目标不能改变，内容可以微调。在申报项目时，目标和预期成效都是做过陈述的，也是委托方重点关注的内容，因此，除了特殊情况以外，项目目标一般不能发生变化，但内容设计可做适当调整。第二，资金安排符合立项金额。项目方案中财务预算内容要和立项金额一致。例如，申请项目资金是10万元，最后立项资金是8万元，财务预算要按照8万元进行调整，因为最后评估项目是以8万元的资金预算为评估依据的。第三，服务对象不可变，数量可以微调。项目组可以根据立项资金或者其他渠道募集到的资金，对服务对象的人数做适当增加或者减少。[①] 对项目内容进行微调后，项目组可以对项目任务进行纵向分解，即根据项目的实施期限，以周或月为单位进行具体的工作安排，并最终形成项目的执行计划书。这个执行计划书要向出资方报备，它是项目验收的重要依据。

二、社会服务项目的控制

在项目实施过程中，负责人要做好人、财、物、事的管理工作。项目控制是指项目负责人以项目计划为依据，以项目执行信息为基础，对项目进度、财务状况、风险、产出等进行干预的活动，它是一个有选择的、能动的、动态的管理过程。对社会服务机构而言，项目控制的内容包括范围控制、进度控制、财务控制、产出控制、风险控制等。其中，进度控制与财务控制是项目控制的核心内容。项目控制的根本目的是防范执行偏差，确保项目能够按时、按质地完成。

（一）范围控制

范围控制是指监督产品和服务的范围状态，其目的是在整个项目周期中保持对项目范围基准的维护。在项目实施过程中，由于存在一些不确定性因素（既有内部因素，也有外部因素），项目范围可能会发生变更。例如，基于计划书约定和出资方指定的最初范围，机构增加或减少了一些项目活动，或者改

① 赵海林：《社会服务项目运作实务》，中国人民大学出版社2018年版，第40—41页。

变了一些项目活动。项目范围的改变和增加往往会造成时间和成本的增加，因此项目的范围控制十分重要。一般情况下，机构在报备了执行计划后是不能改变项目范围的，正如有研究者所言，“如果你允许项目范围发生变化，那么它的变化速度将会超出你的想象”。当然，如果在项目实施中确因某些特殊情况改变了项目范围，就要向出资方报告，并给出合理的解释。同时，机构也要承担范围变更可能产生的后果。

（二）进度控制

项目进度控制要参照项目任务分解表进行。为了加强项目进度管理，项目出资方可能会要求项目执行方提交项目进展报告。项目团队在编制报告时要对照项目计划书中所列目标和各项指标，对实际运作情况进行定量分析，对项目进展情况做出文字性的概述，还要对项目实施过程中出现的问题进行分析并提出解决对策。所以，项目进展报告的主要内容通常包括如下方面：项目管理机构及人员配备情况；某一时段各项活动的进展情况（如果与原计划进度不一致，就要报告原因）；项目实施的阶段性成果；项目实施中遇到的问题；下一阶段的工作安排；资金使用情况。项目进展报告应有规范的封面，并注明报告日期，由负责人签字、实施机构盖章，然后提交给项目总负责人和出资方。

（三）财务控制

完备的财务管理制度是项目顺利实施的重要保证。一般来说，出资方并不是一次性地把所有的项目经费都拨付给项目管理机构，而是根据项目进展情况和财务情况，逐笔拨付给项目管理机构。例如，2019 年实施的《广州市社会组织公益创投项目管理办法》规定：“合同签署后拨付项目资助资金总金额的 60%，项目中期评估验收合格后核拨 20%，项目结束并验收合格后拨付 20%。”因此，社会服务机构做好财务管理工作，确保资金有效使用是非常重要的。项目一经批准，机构就要开设独立账户，保证专款专用，并配备财务人员。根据要求，机构要及时提交财务报告，使出资方掌握项目的收支情况。在项目运作过程中，机构要执行预算，严格控制支出，除非有特殊理由，一般不允许出现超支现象。机构实践发现，超支问题解决得越早，对项目的消极影响就越小。一旦支出失控，要将支出拉回预算之内就很困难了。其结果不是缩小服务范围，就是推迟项目进度，这些都不利于项目最终的完成和评估。

（四）产出控制

项目产出就是项目的成果，如某个设施的建成，某件产品的成功设计。对社会服务项目来说，产出就是服务供给，就是服务满足服务对象需求的情况。尽管社会服务难以度量，但社会服务项目的产出仍然要尽可能具体化、量化。目前，政府在购买服务时，为了对中标机构进行管理，常常会提出具体的服务数量要求。例如，为多少服务对象提供服务？做多少个案？开多少个小组？策划并实施多少次社区活动？在项目管理中，管理者要跟进项目进展，注意每个阶段服务产出的数量与质量；对进度滞后的活动，要分析原因，破除困难，抓紧完成，以便项目将来能够顺利通过验收。

（五）风险控制

风险是项目在实施过程中出现的危机，如突发情况导致项目实施受阻，项目没有按原计划进行，财务困难导致项目中断等。风险控制就是采取措施应对危机，减少风险对项目造成的消极后果。风险控制包括识别风险、分析风险、应对风险。项目管理人员要密切关注项目开展情况，及时发现风险，防患于未然。在项目实施过程中，有两个指标最能反映问题，那就是进度和支出。当这两个指标出现问题时，项目管理者就要采取措施及时进行干预，力求进度与支出得到控制。此外，风险控制不能过于被动，应有应急预案。应急预案是为控制未来可能出现的突发情况所做的准备，包括风险描述、风险出现的可能性、风险的影响及应对措施。需要注意的是，为了积累管理经验，项目管理人员应当把应对风险的活动如实记录下来，这样也能为以后的风险控制提供参考。

三、社会服务项目的督导

督导，顾名思义，即监督与指导。督导既可以是机构内部的管理行为，也可以是来自机构外部的专业指导。这里所说的社会服务项目的督导是指后者。督导具有行政、教育和支持功能。行政性督导关注的是如何正确、有效、恰当地贯彻实施机构的方针政策，并按程序办事；教育性督导侧重于让工作人员掌握与时俱进的业务技巧；支持性督导的目标是提高工作人员的士气和工作满意度。当前，为了推动社会服务的规范化，保证服务质量，为项目遴选和配备督导人员已成为通行做法。因为督导人员可以敦促社会服务机构执行项目方案，为项目团队提供业务指导和心理支持。

在公益创投中，出资方一般会设立专门项目，委托专业机构为相关服务项目提供督导服务。受委托的专业机构往往会通过项目负责人专题培训、现场指导、业务检查、答疑解惑等途径发挥督导功能。承接督导任务的机构应当从组织内外遴选有实务经验及有相关知识背景的人担任督导人员。在项目实施期间，督导人员要按照工作计划，到机构实地了解项目进展情况，听取项目组的汇报，解答项目实施过程中遇到的问题。督导人员要与机构建立有效的专业关系，以适当的方式及时回应机构的需求，确保督导工作及时、有效。在项目中期检查时，出资方或代理方常常会组织召开督导人员座谈会，了解各项目的进展情况，听取督导人员关于项目的意见和建议。总的来说，项目督导人员要做项目执行人员的"支持者"，及时回应他们的工作支持需求；要扮演"使能者"的角色，帮助执行人员提升专业服务能力；要扮演"倡导者"的角色，为社会政策的完善与社会服务的发展做出贡献。

对承接服务项目的机构而言，督导人员无疑是宝贵的、可以依靠的人力资源。因为他们或深耕于某些服务领域，具备丰富的实践经验；或长期从事相关研究，能够洞悉事物的本质和规律。因此，一旦确立了项目督导，机构就要主动对接，与督导人员一起讨论和制订督导计划。项目团队要及时发现和提出服务中遇到的问题，反思服务方法与成效，并通过适当的方式寻求督导人员的指导。项目团队要坦诚地与督导人员沟通，使其更全面地了解机构的发展状况，从而能够根据机构的实际情况提供切实可行的帮助与指导。有效的督导关系一定是教学相长、相互助益的。

四、社会服务项目的宣传

加强对项目的宣传也是项目管理团队需要特别关注的事情。项目宣传能够扩大项目的影响范围，促进社会公众对服务人群的认知，提高机构的社会知晓度，树立机构的良好形象。此外，项目宣传也可以将政府购买服务展示在公众视野之内，有利于优化政府形象，并推动社会服务行业的发展。社会服务项目重在实现社会效益，一方面力求解决服务对象的困难，另一方面力求带动更多的社会力量积极参与公益慈善活动。向公众推介宣传服务项目就是社会服务项目实现社会效益的一种策略。对项目进行宣传报道的载体很多，如报纸、电视、广播、微信、微博、网站等，宣传形式有宣传单、横幅、海报、机构纪念品、新闻报道等。

传统媒体通常有专门的团队和栏目报道社会新闻，对社会组织开展公益活动也比较感兴趣。机构应该与报社、电视台等传统媒体建立稳定的合作关系，经常邀请媒体参与项目活动。此外，机构网站、微博、微信公众号、微信群、

QQ 群等也是社会服务机构开展宣传活动的重要阵地。在自媒体时代，人人都是新闻的传播者。项目团队可以通过现代化、电子化的手段，向非特定的大多数人或者特定人员传递信息。例如，在网站、微信公众号上报道项目实施情况与服务成效。这种电子化的信息传播方式不仅具有成本低、传播速度快、覆盖面广、互动性强等优点，而且可以图文并茂地从各个角度展示项目，在篇幅、时长等方面受到的限制也较少。当然，机构的宣传应该实事求是，多一些客观描述，少一些自我吹捧。

五、社会服务项目的收尾

（一）项目验收

在项目的收尾阶段，验收与交付成果是最重要的工作。项目验收也称范围核实或成果移交，它是核查项目计划规定范围内各项工作或活动是否已经全部完成，可交付成果是否令人满意，并将核查结果记录在案的一系列活动（见表 5－2）。项目验收的程序通常如下：(1) 项目团队准备相关材料并自检和完善。机构应当把涉及项目的相关材料准备齐全，重点是反映服务开展情况的材料、财务管理材料和能够佐证服务效果的材料。(2) 机构提交项目申请验收报告。(3) 出资方或委托代理方进行项目验收。项目验收的方式是多种多样的，包括听取机构的现场汇报、审核相关书面材料、检查项目成果等。验收方一般会邀请第三方进行评估，然后根据评估情况，做出验收结论。(4) 公布验收结果。如果验收结论为不合格，验收方就会提出整改意见，要求机构完成相关工作或补充相关材料。对于合格的项目，验收方还会评定出优秀、良好、合格等，公示无异议后，出资方确认并发布结项文件或发放结项证书。

表 5－2　政府购买服务项目验收单示例

项目名称	情暖夕阳——城市独居老人精神慰藉服务
购买主体	××市民政局
承接单位	全称：××社会工作服务中心 负责人：×××　　联系电话：×××××××××××
项目期限	2019 年 2 月—2019 年 12 月
项目资金	预算安排：9.8 万元　实际使用：9.5 万元

续　表

验收依据	政府相关文件、项目任务书
验收结果	（一）主要绩效（重点说明履约情况） 1. 完成数量描述 2. 完成质量描述 （二）主要问题（如有，总体说明） （三）改进建议（如有，总体说明） （四）验收结论 优秀（　）　良好（　）　合格（　） 基本合格（　）（简要说明情况：____________________） 不合格（　）（简要说明情况：____________________）
验收部门（盖章）或验收小组签字	

（二）项目总结

从管理的角度看，项目生命周期的每个阶段都应该有总结，以确定项目是否实现了此阶段的目标，是否可以继续开展下一阶段的工作，但总结的形式、内容和阅读对象等侧重点不同。项目收尾阶段的总结是对项目执行过程的全面回顾，是把实际运行情况与项目计划进行细致比较，以提炼经验和教训的过程。通过项目总结，项目过程中的经验和教训将得到完整的记录和升华，从而成为组织的财富。有效的总结可以使项目过程形成一个闭环的反馈机制，最终减少或避免类似问题的发生概率。这样的项目总结才具有针对性、时效性和持续改进的意义。

项目总结的框架提纲可以设置为以下几个板块：(1) 项目进度。查看实际工期与计划工期是否一致，若有明显差距，则要分析原因，讨论影响工作量的因素，以提高下次计划的准确性。(2) 项目质量。分析项目最终交付物与出资方实际需求的符合度，若不完全符合，则要审视服务目标的制定是否合理，对项目实施环境的预估是否准确，以提高下次设置项目目标的精准度。(3) 项目成本。对比计划成本与实际成本，若有超支或结余过多的现象，则要审视预算问题。(4) 项目风险。就风险识别、风险分析、风险应对中的经验和教训进行总结。(5) 项目资源。项目资源不但包括人力资源，还包括设备、材料等其他资源，要查看这些资源的合理使用和开发情况。(6) 沟通管理。审视项目实施过程中人员、技术和信息之间的联系是否通畅。(7) 遗留问题。

说明项目是否有亟待解决的遗留问题，若有，则必须针对问题进行深入分析，明确责任，提出解决方案。总之，项目收尾时的总结要提炼出项目实施过程中的服务经验和管理经验，并对项目的不足进行分析。需要强调的是，项目总结不能只报喜不报忧，即使是失败的项目，也有总结的价值。通过项目总结，积累经验、发现不足，才能对今后的工作有所助益。

（三）材料归档

在项目收尾阶段，机构还要注意整理和保存相关材料。这些材料反映了项目的过程，提供了项目执行过程的客观证据，是用来厘清工作思路、检查项目进展情况的管理工具，所以，社会服务机构应建立档案管理体系。档案管理是社会服务机构规范化管理中的一项重要工作，文件和档案要形成系统化、规范化、标准化、信息化的管理模式，以提高办公效率。项目档案有纸质版和电子版，有个案、小组、社区活动的系列记录和采购支出凭据等，其中有些档案还有保密要求。社会服务机构应当遵循相关文件的规定，做好项目材料的归档和保管工作。2019 年实施的《广州市社会工作服务条例》规定："社会工作服务机构应当建立社会工作服务档案管理制度，妥善保管社会工作服务活动的记录和资料，并按照国家、省、市有关规定管理档案，档案的保存期限不得少于五年。"规范、齐备的项目材料也是后期档案开发和利用的基础，对提升服务品质、开展社会服务研究具有重要的价值，所以，机构负责人要有强化档案管理的意识。

复习思考题

1. 何谓项目、社会服务项目、项目管理？
2. 简述社会服务项目设计的过程。
3. 收集相关素材，讨论社会服务项目申报书的文本架构。
4. 试析社会服务机构申报项目的途径。
5. 了解社会服务项目评审的一般标准。
6. 简述项目控制的内容。
7. 讨论项目督导与项目宣传的意义。
8. 了解项目收尾的相关工作要求。

推荐阅读

1. "大爱之行"全国项目办公室：《社会工作项目管理手册》，中国社会出版社

2016 年版。
2. 韩俊魁:《非营利组织项目管理》,社会科学文献出版社 2015 年版。
3. 杨坤:《项目管理理论与方法》,上海财经大学出版社 2019 年版。
4. 叶苏东:《项目管理:管理流程及方法》,清华大学出版社 2019 年版。
5. 赵海林:《社会服务项目运作实务》,中国人民大学出版社 2018 年版。

第六章
社会服务机构的公信力

公信力是社会组织的生命线，是衡量社会组织建设成效的关键因素。社会服务机构致力于推动社会进步，以提供公益化、专业化、人性化的服务为职责，是具有高度社会性特征的社会组织。努力提升公信力是社会服务机构管理的核心任务之一，因为只有得到利益相关者的认可、理解、信任与合作，才能获得可持续性支持，才能将服务传递给服务对象。本章主要围绕社会服务机构公信力的基础知识、建设路径和危机应对等内容展开讨论。

第一节　社会服务机构公信力概述

一、公信力的内涵与结构性要素

（一）公信力的定义

公信力源于英文单词 accountability，意指对某件事进行报告、解释和辩护的责任，或者说，为自己的行为负责任并接受质询。《现代汉语词典》（第 7 版）对公信力的解释是“使公众信任的力量”。在“公信力”一词中，“公”指公众；“信”指信用、信任、信赖，是人们对一种可信赖度的体验和评价；“力”指能力、力量，是一种能够影响他人的本领。综上，我们可以将社会服务机构的公信力界定为：公众对社会服务的信任程度，或者说是社会服务机构赢得公众信任的能力。在这一概念中，公信力建设的主体是社会服务机构，赢得公众信任是公信力建设的成果，公信力的大小实际上反映了机构管理能力的强弱。

（二）公信力的结构性要素

1. 合法

社会服务机构必须依法登记注册，具有合法的身份，并依法运营管理。在法律框架内提供服务是社会服务机构安全生存和发展的重要保证。随着法治化社会建设的推进，社会服务机构合法性的强度、精细度要求也将有所提高。

2. 诚信

诚信是衡量社会服务机构能否为社会大众接受的真正底线。非营利组织公信力有着法律和自律规范双向约束，诚信即自律规范的约束，可使组织的形象保持内外一致。

3. 使命

社会服务机构的使命就是它存在的价值。作为关注、解决社会问题的行动载体，社会服务机构对使命的承诺与践行，是获得利益相关者认同和支持的关键，也是排除或避免公信力危机的关键。

4. 效率

作为公共服务的载体，社会服务机构能否及时回应和满足社会的需要，是体现其是否具有行动力的观测指标。效率高低是区别社会服务机构好坏的重要依据之一。

5. 绩效

社会服务机构是社会的资产，也是社会福利传递的载体。对公共服务的效率期待和绩效交代，是政府资源和社会资本投入的必然要求，也是回应社会服务机构使命的价值检验。

如图 6-1 所示，合法性是社会服务机构获得公信力的法律底线，是其生存的基础条件；诚信贯穿于社会服务机构运行的始终，是其道德底线。合法与诚信是社会服务机构的排除考虑因素；使命、效率、绩效是评价社会服务机构行为的基准线，也是选拔考虑因素。[①]

二、社会服务机构公信力的形成机制

有研究者基于开放系统理论，提出了慈善组织公信力形成的机制模型，该模型同样适用于社会服务机构（见图 6-2）。从图中可以看出，社会组织处于

① 李小玲：《提升我国非营利组织公信力研究》，河南大学 2011 年研究生学位论文。

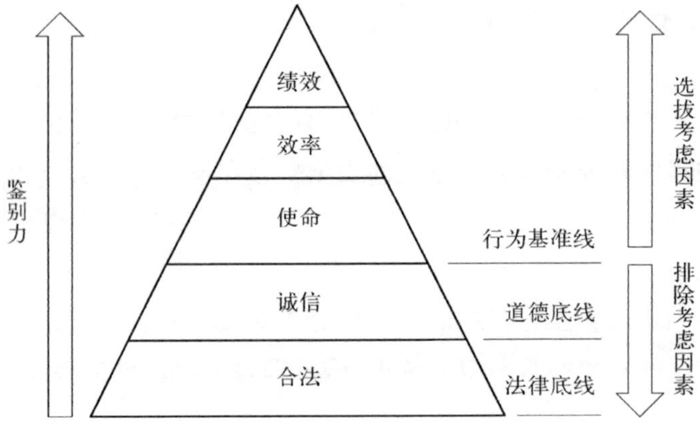

图 6-1 非营利组织公信力的结构性要素

一个开放的系统中，与外部环境不断发生着交互作用。社会组织的外部环境包括规制环境与资源环境。规制环境是理解组织行为信息的规范性因素，主要由社会规范构成。资源环境是组织获取信任的关键，影响组织的生存与发展，主要为社会公众的募捐。因此，基于开放系统组织理论的视角，组织公信力的获取需要通过组织与规制环境、资源环境的信息交互来实现，其本质是一个行为输出、信息转化与形象生成的过程。

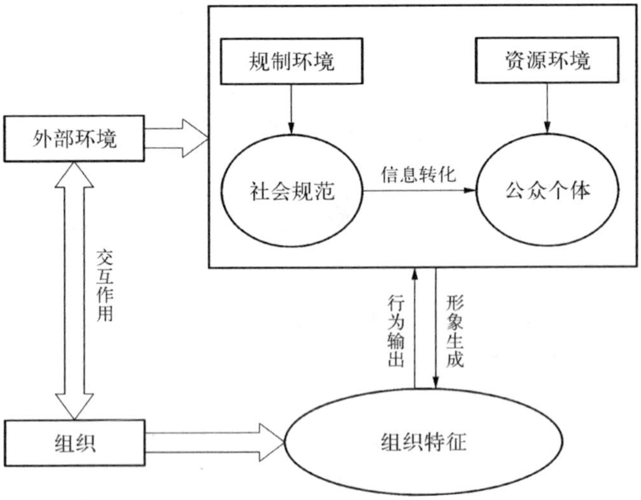

图 6-2 慈善组织公信力形成的机制模型[①]

① 任彬彬、宋程成：《疫情应对中慈善组织公信力流失的形成机理及其对策——基于开放系统组织理论视角》，载《湖北社会科学》2020 年第 7 期。

（一）社会规范：组织行为信息的转化

社会规范对组织行为起到规制作用，是理解组织行为的基础。在实践中，任何社会服务机构和慈善组织的行为信息的转化与理解都离不开社会、文化或历史等具体的社会规范。首先，社会媒体发挥着组织行为放大器的作用。基于互联网技术的社会媒体，通过信息披露的方式，促进了组织行为相关信息的广泛传播，成为组织公共行为传播、转化的重要一环。其次，文化是理解组织行为的基本准则。文化基于社会共识而产生，任何国家与地区的社会公众对组织行为的理解都离不开特定的文化规范。最后，组织的历史行为是理解组织当前行为的前提，即行业或相近行业的前期行为评价会成为公众理解组织当下行为的前提。

（二）组织特征：组织行为信息的表达

组织特征是组织向规制环境与资源环境进行信息输出的基础，其内涵主要包括组织的目标定位与行动能力。目标定位是组织开展社会公益活动的核心。社会服务机构作为承接公共服务的载体，开展救助兜底、惠民利民及社会治理类服务，发挥着第三次分配的作用，将资源有效分配给有需要的人群。行动能力影响着组织目标的实现。社会服务机构内部治理结构与组织资源禀赋的差异，使得各机构的行动能力千差万别，所开展服务的效果也各不相同，从而影响社会公众的信任。社会服务机构履行组织目标和增进社会福祉的情况，都会影响它的资源获取与社会评价。

（三）公众个体：组织行为信息的接收者与反馈者

公众个体是社会服务机构行为信息的接收者与反馈者，构成机构的资源环境。在社会服务机构行为传播的过程中，组织行为通过社会规范转化，最终被社会公众接收、理解并反馈。公信力作为社会公众对组织行为进行的价值判断，其本质是接收者对组织行为的主观评判，具有社会建构的特征，即不同的公众个体基于不同的个人立场、社会经历与知识水平，对同一个组织行为常常有不同的评价。换言之，社会公众并不是机械地接收社会环境转化后的组织行为信息，而是基于个人的认知水平，对其进行辨识与理解，最终形成基于个体认知水平的组织形象，并对组织进行信息反馈与资源输入。

三、社会服务机构公信力流失的形成机制

社会服务机构公信力流失是指机构的公共行为产生大量的社会负面评

价,使得社会声誉受损,社会公众的信任水平逐渐降低。社会服务机构公信力流失的根本原因在于组织行为与社会公众预期产生较大的偏差,从而导致公众对机构的否定。从开放系统理论的视角来看,组织公信力流失必然是组织与外界环境信息互动的结果,其过程为组织行为输出、信息转换、负面形象生成。在这一过程中,公信力的流失表现为3种传导机制,即社会情景机制、组织能力机制和个体认知机制(见图6-3)。

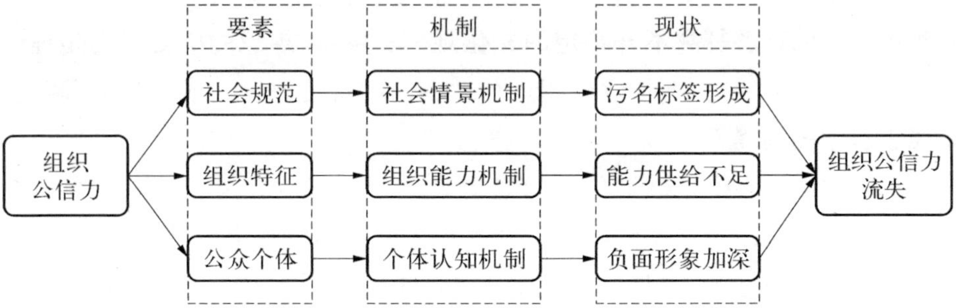

图6-3　组织公信力流失的形成机制[①]

(一)社会情景机制

社会情景机制以社会规范要素为基础,强调社会服务机构规制环境中的各个媒介对组织行为信息的转化与传递作用。社会情景机制中的媒体、历史等因素对社会服务机构信息的转化发挥着至关重要的作用。一方面,部分社会媒体的盲目炒作损害了社会服务机构的社会声誉。当前,微博、微信、头条号等社会媒体的迅速发展,加快了各种社会事件的传播速度,扩大了社会事件的传播范围与影响力。同时,在新媒体时代,部分社会媒体为吸引人们的眼球,获取流量,牟取经济利益,恶意制造谣言,故意误导社会公众。另一方面,既往的公益丑闻使得公众对社会服务机构提供社会服务的能力产生怀疑,导致机构公信力流失。近年来,"慈善组织腐败""公益低效""公益腐败"等问题频出,使得社会公众开始质疑慈善组织的公共性与公益精神。

社会情景机制会使社会服务机构被贴上污名标签,影响社会服务机构后续工作的开展。组织污名是指组织因行为和核心属性存在合法性问题,从而被组织场域内的主要受众与利益相关者怀疑和歧视。污名标签的形成具有典

① 任彬彬、宋程成:《疫情应对中慈善组织公信力流失的形成机理及其对策——基于开放系统组织理论视角》,载《湖北社会科学》2020年第7期。

型的事件污名特征，即社会服务机构因公共行为与事件而受到公众的怀疑与否定。在社会情景机制的影响下，事件污名具有爆发性特征，能够在短时间内摧毁公众对社会服务机构的信心，致使机构公信力迅速流失。此外，事件污名所形成的组织污名标签会进一步成为公众认知组织行为的社会情景性因素，损害机构的社会声誉，影响机构接下来的公共行为。

（二）组织能力机制

组织能力机制基于组织特征要素而形成。如果社会服务机构的行动能力不足，就会使组织的目标难以实现，导致社会公众对其使命与宗旨产生怀疑，从而形成负面形象。在应急管理中，突发性公共事件的突发性与紧急性对社会服务机构的应急管理能力来说是巨大的挑战，尤其考验社会服务机构的组织能力。在公共应急事件中，社会公众会通过组织能力机制，对社会服务机构的组织特征进行评估，从而形成对机构的基本认知。

当前，社会服务机构参与应急工作的经验有限，尤其是参与专业性、突发性、重大性的公共事件的经验较少，在法规条文、行政机制不完善的情况下，社会服务机构的参与问题和组织能力供给问题难以有效解决，也较难产生社会影响力。

（三）个体认知机制

个体认知机制基于社会公众对事物认知的主观能动性而产生，对社会服务机构公信力的形成与流失发挥着重要作用。社会公众作为组织行为信息的接收者，对组织行为的认知受到自身心理状态、认知水平和社会经历的影响。首先，盲目跟风会影响公众对组织的正确认知。当面对社会媒体披露的关于社会服务机构的一些负面信息时，公众往往受跟风心理的影响，并未对信息的可信度进行查实，便对社会服务机构的行为采取不信任的态度。其次，公众对政府与社会服务机构的合作机制、社会治理或公共服务机制缺乏全面的认知，影响了社会服务机构的声誉。特别是公众对慈善公益领域贪腐行为的容忍度极低，担忧社会服务机构出现不正当行为或腐败现象，开始质疑社会服务机构的服务行为。最后，公众对具有官方背景的社会服务机构的既有认知影响社会服务机构的声誉。在公众既有的认知中，社会服务机构的官方背景是形成利益交换的重要原因。

个体认知机制具有两方面特征。一方面，个体认知机制具有记忆性特征。公众基于媒体披露信息所形成的社会服务机构的负面形象，会影响其对有官方背景的社会服务机构后续行为的理解，对社会服务机构行为认知产生持久性影响，从而不断强化社会服务机构的负面形象。另一方面，个体认知机制具有传导性特征。公众对社会服务机构的行为认知，是公众理解与认知我国社会服务事业的基础。公众对社会服务机构的负面评价，会致使其对社会服务事业产生不满的情绪，即公众对某一社会服务机构行为的不信任最终会发展为对我国社会服务事业或慈善事业发展的不信任。

四、社会服务机构公信力的多元交代

社会服务机构最大的财富就是拥有公众的信任。现在很多社会服务机构还处于初创期，实力弱小，缺乏资源，可能更关心的是资源、资金和项目实施问题。虽然这些问题对一个机构而言很重要，但这些问题的解决离不开外界的信任和支持。公众的信任是社会服务机构的一种无形资产，也是一种重要的竞争优势。但是，信任不是凭空产生的，信任是需要赢得的，也是需要维护的。为此，社会服务机构必须在管理工作中做好多元交代。

2011年发生的"微博炫富事件"引发公众对慈善公信力的讨论，推动我国慈善事业和社会服务更快地迈入了责信时代。责信时代的到来，要求有关部门对公共权力的使用、公共资源的流向和使用效果、公共机构的履职尽责情况进行监督。面对社会的期待，社会服务机构应主动展示自己在合法、诚信、使命、财务、效率、绩效等方面的具体表现。也就是说，社会服务机构要向社会自觉做出交代，主动地、积极地、负责任地提供相关信息，证明机构合法、诚实地履行了社会职责，满足了服务对象的需求。

（一）政治交代

任何组织都有其政治性、社会性和经济性的属性，因其价值功能的不同，这三项基本属性的权重有所差异。社会服务机构作为社会力量的代表，对稳定社会秩序、促进社会和谐有着重要的影响。政治交代主要是向立法机关和权力机构、社会、媒体交代机构的政治立场、指导思想、行为准则是否与当下的政治体制和大政方针保持一致。这是对社会服务机构的发展起到决定性影响作用的因素。

（二）财务交代

一方面，社会服务机构承接政府的公共服务项目，其资金来源于政府对纳税资金的再次分配，因此机构有义务向政府、社会大众做财务交代。另一方面，社会服务机构整合经济领域和社会领域的资源开展服务，更需要以绩效为导向，汇报资金使用的合法性、适当性及效益。

（三）专业交代

社会服务机构随着社会分工的细化而产生，社会分工的细化赋予了社会服务机构差异化的专业价值，包括专业人才队伍、专业技术、专业产品设备等，以体现社会服务机构的优势和不可替代性。由于社会服务机构的主要人力资源是社会工作者，因此机构要证明其聘用的社会工作者在服务中遵守社会工作守则、坚守专业操守，并提供了具有良好专业水平的服务。

（四）服务交代

社会服务机构不仅要向服务对象提供服务，而且要提供令服务对象满意的服务。服务对象满意度的评估不但要反映问题的解决程度，而且要证明服务是在机构内部严谨的行政监督、专业督导下提供的。

（五）行政交代

组织运营管理的稳定性和有效性，是利益相关者选择合作的重要考量因素。社会服务机构须保障内部管理制度和程序的正常运作，并需要向理事会、管理人员和前线工作人员等做交代。

第二节　社会服务机构的公信力建设

截至 2020 年 5 月 27 日，全国共有 873 970 家社会组织，其中社会服务机构超过半数。2009 年以来，社会组织数量与从业者规模的增长速度远远超过同期政府、市场与社会所能提供给其发展所需资源的增长速度，导致社会组织领域的“产能过剩”。[①] 新时代，社会组织亟须转型升级，顺应要求，迈入高质量发展的新阶段。而主要依赖政府购买服务的社会服务机构，更需要以公信力建设来实现全面、高质量的发展。

一、社会服务机构公信力建设的重要性

（一）有利于提高公众对机构服务的认可度与信任度

在实务工作中，社会服务机构有时会遇到这样的情况：对于机构提供的

① 陈友华、詹国辉：《中国社会组织发展：现状、问题与抉择》，载《新视野》2020 年第 5 期。

一些服务或者开展的一些项目,社区居民不相信、不愿意参加。但如果这个机构在当地有很好的美誉度,被社区居民所了解和信任,其所开展的活动就会得到居民的配合。公益项目的成果是通过服务对象的受益程度和变化来体现的,如果服务对象不信任,机构就无法开展项目,更难取得成果。所以,提高公信力,赢得服务对象的信任和理解,对项目的顺利开展和取得项目成果是非常重要的。

(二)有利于机构吸引和留住人才

社会服务机构经常面临着招人难、留人难的困境。控制社会服务机构的离职率,一个很重要的举措就是增强员工对机构的认同感与归属感。每一位社会工作者都希望在有公信力、有良好声誉的机构中工作,因此提高机构公信力也有利于吸引和留住人才。

(三)有利于争取更多的项目和资金

机构具有公信力意味着其得到了社会的关注和支持,也意味着其有更多的机会获得政府购买服务项目。政府是社会组织非常重要的支持者和合作伙伴,特别是随着政府职能的转移,政府加大了购买服务的力度,而且政府一定是找那些有公信力、有执行力的社会组织。如果社会服务机构有较好的公信力,就可以赢得政府的信任和支持,就能从政府那里得到更多的项目和资源,这对机构的发展是非常有帮助的。

(四)有利于获得社区和其他组织的合作

社会服务项目要落地才能执行。社会服务项目如果能够受到社区的欢迎并得到他们的配合,就会大大降低项目管理的风险。但是,社区的配合常常是基于其自身的需要,以及对服务机构公信力的判断。如果机构能够在社区做一些社区做不了、没想到做、不愿意做,但是有需求的项目和活动,就能得到社区领导和其他组织的配合与支持,这对开展工作很有帮助。机构的公信力正是在与社区的合作中逐步建立起来的,只有机构得到社区的信任,后续的合作才有可能。

二、当前社会服务机构公信力建设存在的问题①

(一)没有清晰的组织使命

公信力跟使命有着非常密切的关系。如果一个机构没有使命或使命不清

① 徐本亮:《社会组织管理精要十五讲》,上海社会科学院出版社 2018 年版,第 38—40 页。

晰，定位不清楚，做服务、做项目就很难出效果。没有效果的项目必定会影响机构的公信力。一些社会服务机构就是为了做项目而做项目，不能满足服务对象的需求，也不能为服务对象解决问题，导致机构在管理方面出现了很多问题。

（二）内部治理体制不健全

内部治理结构和内部管理制度不完善也会影响机构公信力的建设。社会服务机构应当成立理事会，重大事项由理事会做出决定。有的机构虽然成立了理事会，但理事会形同虚设。有的机构的理事会会议不能正常召开，理事们很少过问机构的事务，相关工作由机构的行政负责人说了算。有的机构内部管理制度不健全，甚至没有基本的管理制度。

（三）创办机构的目的不纯

社会服务机构与企业最大的区别是其非营利性属性。创办社会服务机构是为了满足社会需求，有效解决社会问题。但现实中有的社会服务机构的创办人初心不纯，看到了政府鼓励社会服务机构的发展，政府购买社会服务，就成立一个社会服务机构，把社会服务作为获利的手段。甚至有些社会服务机构打着非营利的旗号在做牟利的事情，这在一定程度上损害了社会服务机构的形象和公信力。

（四）机构的财务管理不规范

这是目前社会服务机构存在的一个比较普遍的问题。例如，没有根据准则处理账务，账务处理未能反映真实的业务开展情况，工作人员不了解业务导致账务处理出错，发票开具与纳税申报不规范，等等。

（五）不注重成果

德鲁克曾经说过，社会组织是为成果存在的。社会服务的成果就是要让服务对象受益和改变，就是有效地去解决社会问题，这正是社会服务机构的价值所在。但是，有些机构对成果的重视程度不够，把活动当成成果，尽管活动举办得轰轰烈烈，但并未有效地解决社会问题。而一个社会服务机构不能有效地解决社会问题，是难以赢得社会公众信任的。

（六）信息披露不充分

公信力建设的一个很重要的举措就是按照规定公开机构的各项信息，做到公开、透明、规范，使公众更好地了解和监督机构。但目前社会服务机构在信息披露方面做得不够充分，影响了机构的社会知晓度和美誉度。

三、社会服务机构公信力建设的内容

关于社会服务机构公信力建设的内容，我们可以从评估标准的角度予以考察。2003 年，NPO 信息咨询中心发起并制定了《中国非营利组织公信力标准》，这个评估框架在行业内产生了重要的影响。其所提出的一些评估指标被纳入社会服务机构评估体系，并占有较大的权重，如治理结构、财务管理、信息公开等。此外，邓国胜等学者提出的 APC 评估[①]理论，也涉及对非营利组织的问责。2015 年，石国亮对慈善组织公信力建设内容进行了定性和定量研究，构建了“慈善组织公信力评价因素权重的递阶层次结构图”，这对社会服务机构也具有重要的指导意义。

(一) 我国非营利组织公信力标准

1. 合法性

其要求如下：第一，必须遵守中华人民共和国相关法律、法规；第二，必须在理(董)事会所通过的组织章程框架内进行运作；第三，坚持组织的非宗教性和非政治性原则，不谋求组织或个人的政治利益。

2. 组织的使命

其要求如下：第一，将服务公众利益作为组织的使命和目标，并在组织章程中予以明确陈述；第二，用组织的使命和目标来评估组织的表现。

3. 资源利用和利益冲突

其要求如下：第一，坚持不分配盈余的非营利性原则；第二，不谋求任何个体组织、任何个人和利益相关者的私利。

4. 内部治理

其要求如下：第一，建立健全适合组织特点的理(董)事会决策机制和机构管理体制；第二，理(董)事会应在组织的制度建设、组织管理和财务预算方面发挥指导作用。

5. 组织的协作和伙伴关系

其要求如下：第一，建立组织之间的信息沟通、合作互助、相互支持、资源共享和协商机制；第二，尊重和维护同行的名誉、知识产权和商标权等；第三，

---

① APC 评估是指从问责(accountability)、绩效(performance)和能力(capacity)3 个维度对非营利组织进行全方位评估。

避免任何形式的恶性竞争和侵犯、损害同行利益的行为；第四，和社会其他组织建立良好的伙伴关系。

6. 筹资

其要求如下：第一，在筹资活动中所提供的相关信息和资料应真实、可靠，不得误导他人，并与组织的使命保持一致；第二，将筹资成本控制在较低比例的范围内；第三，筹资过程中应保护捐赠者的合法利益。

7. 项目评估

其要求如下：第一，遵循公开、透明、公正、合理的项目评审和资助原则；第二，在项目实施中遵守组织的使命和目标，以高标准实现良好的社会效益。

8. 财务透明

其要求如下：第一，尊重捐赠者意愿，专款专用；第二，资金使用应与组织的使命和目标保持一致；第三，建立相应的财务管理制度，接受独立专业机构的审计；第四，每年公布年度报告，提供真实、准确和及时的财务报告，接受社会的监督和咨询。

9. 信息公开

其要求如下：第一，坦诚、真实地向社会公开组织的使命、价值观、功能、任务以及其他相关信息；第二，向社会公众提供易于获取的信息资料，提供参与途径，提供公开渠道回应公众的咨询和疑问。

10. 道德诚信

其要求如下：确立和制定廉洁奉公、全心全意为公共利益服务的道德标准，保持社会工作者、志愿者应有的敬业精神和专业水平。

(二) 社会服务机构公信力评价因素

如图 6－4 所示，石国亮构建的慈善组织公信力评价体系包括 3 个层次，其中第一层为目标层，第二层为评价的准则层(6 个子维度)，第三层为公信力的方案层(18 个子维度)。这个评价体系指出了社会服务机构公信力建设的主要内容，或者说为社会服务机构指明了努力的方向。

1. 重视组织资源，关注资金和人力资源

社会服务机构的财务问题是各方关注的焦点，机构要想增强公信力，必须提高对资金资源的关注度。在任何组织中，人都是作为关键的要素存在的，发挥着统领各项资源的主导作用，如员工、专家顾问、临时参与人员与志愿者，他们的行为表现直接关系到组织的形象建设。

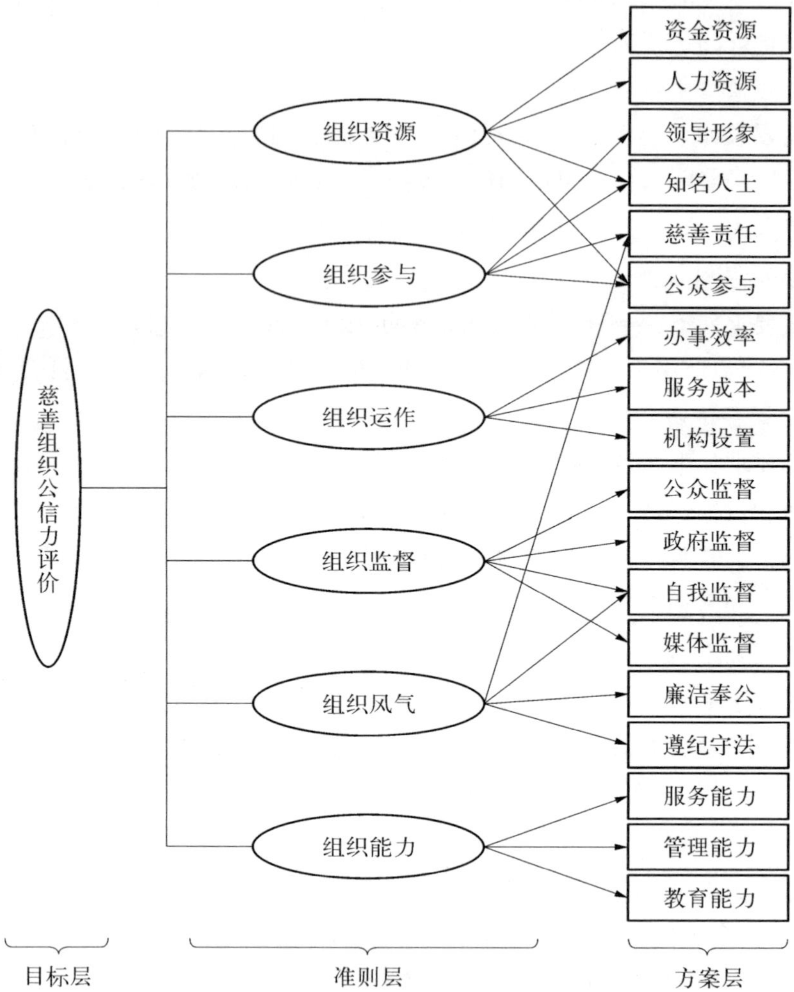

图 6－4　慈善组织公信力评价因素权重的递阶层次结构图[①]

2. 扩大组织参与，提升传播效果

社会服务机构应通过引导机构领导、知名人士、公众等参与机构的管理与服务活动，或者举办慈善活动，来增强机构的公信力。机构领导要起到示范作用，以自己的人格魅力感染公众，获取公众对机构的信任。知名人士可通过参与机构的服务活动扩大机构的影响范围，加大机构的影响力度，也可以快速传播机构的公信力。增加公众参与的频次，拓宽公众参与的渠道，均可以加快机

① 石国亮：《慈善组织公信力研究》，人民日报出版社 2015 年版，第 289 页。

构公信力建设的速度，扩大机构公信力建设的范围。而举办慈善活动能很好地展示机构的公共价值与正面形象。

3. 保障组织运作，提高管理效益

在运营过程中，机构要优化架构设置、明确职责，考虑办事效率和服务成本，只有建立在“成本—收益”分析逻辑基础上的运营，才能更好地获得公众对社会服务机构的正面评价。办事效率低下和服务成本偏高，往往会引发公众对机构的负面评价，长期如此，对机构公信力的损害不可小觑。

4. 完善组织监督，建立约束机制

作为传递政府公共资源的载体，社会服务机构在社会行动中要面对多元化的利益相关者。在多方交代的责信背景下，社会服务机构应主动、自觉接受公众监督、政府监督和媒体监督。一个高效率的社会服务机构，需要通过内外监督结合来提升公信力，通过内部组织架构的优化来实现内部的信息流通和监测预警。

5. 优化组织风气，展现组织风貌

组织风气作为组织文化的外在表现，是组织及其成员在长期活动中逐步形成并体现出来的一种精神状态。社会服务机构应借助“廉洁奉公、遵纪守法、职业伦理”等组织文化及外在组织风气的培养，引导员工往预期的方向发展。此外，社会服务机构及其员工应言行一致，以传递机构的公信力。

6. 提升组织能力，保持组织温度

服务能力、管理能力和教育能力是社会服务机构在公信力方面需要重点优化、创新的能力。公众对社会服务机构服务能力的感受和评论会直接影响其对机构的评价。管理能力的专业化、规范化、科学化和制度化是机构公信力得以提升的基础条件。对公众的正向引导和教育，是社会服务机构应当履行的社会责任之一。

四、社会服务机构公信力建设的路径思考

（一）建设以诚信为核心的组织文化

诚信，即诚实、守信。在现代社会，诚信是一个道德范畴，是社会服务机构应当恪守的行为规范。把诚信作为组织文化建设的核心，有利于提升机构的公信力。组织文化是全体成员信奉的准则，是全体成员共同遵循的理念、规范和价值标准，决定了组织的价值使命及在此使命之下的行为表现。良好的组

织文化建设能够为不同的组织成员提供共有的行为准则，使组织成员能够自觉按照这一准则做事，从而增强成员行为的一致性。

社会服务机构提倡诚信的组织文化，可以强化员工的使命感与责任感，可以营造良好的工作氛围，提高组织的凝聚力。因此，机构管理层应当加强对员工的诚信教育，组织内容多样的培训活动，增强员工的诚信意识。这些培训可以根据参训对象的不同，聚焦服务供给、财务管理、机构治理等主题。尤其是以社会工作者为核心骨干的社会服务机构，应根据《社会工作者职业道德指引》，明确从业人员的专业操守，要求社会工作者全心全意为服务对象提供专业服务；在自身专业能力和服务范围内提供服务；诚实、守信、尽责，积极维护专业形象。

请阅读下面的资料，谈谈你对该机构组织文化的看法。

2010 年深圳市龙岗区至诚社会工作服务中心召开全体员工大会，确定了以“诚”为本的员工管理文化，并将之作为员工行为守则。

对组织：坦诚相见、开诚布公、真诚奉献、忠诚服务

对同事：赤诚相待、精诚合作、竭诚互助、至诚致信

对案主：热诚关爱、真诚接纳、携程同行、至诚服务

对自己：谦虚谨慎、努力专研、精益求精、至诚立身

（二）建立以效率为导向的内部治理机制

内部治理是指组织通过加强制度化建设，使“理事会—管理者—员工”的管理线条清晰、有效。社会服务机构在权力合法性、民主参与、能力与效率、合作与伙伴关系的治理原则上，规划设计理事会结构、组织架构、员工管理机制、财务绩效机制等内容，可以优化组织结构，加强内部控制，降低运行成本，提升核心竞争力。

社会服务机构加强和完善内部治理的途径有以下几条：第一，增强理事会的行为能力。理事会是机构的最高决策机构，应当严格按照机构章程和社会组织管理规范举办理事会会议，行使理事会职责，对机构的公信力负责。第二，建构科学的治理结构。通过相互制约的组织体系进行各主体间的权责划分，区分运营主体与监督主体，科学分割权、责、利。第三，健全内部控制制度。保护组织的财产安全，建构保证组织正常运营的一整套制度体系，畅通意见反

馈机制，建立民主集中制度、重大事项公示制度、决策失误追究制度和内部矛盾处理制度等。第四，强化组织的使命。确定符合组织使命的机构目标、业务领域和行动方式；提升机构负责人的综合素质，确保其德才兼备，认同和践行组织的使命。

（三）打造以履约为基准的优质服务项目

履约能力是指社会服务机构履行服务合同的实际能力。社会服务机构的履约能力体现在提供人才、实施项目管理、开展专业活动等方面。自中共十六届六中全会以来，我国社会组织稳步发展，积极参与社会建设，受到社会各界的关注。但是，随着社会组织数量的快速增加，社会服务供给趋于充分，机构之间的竞争也日益激烈。中共十八大以来，国家推动社会组织管理体制改革，一方面加大了对社会组织的支持力度，另一方面对社会组织的人才队伍建设、规范管理、产出成效、风险防范的要求越来越高。这些都要求社会服务机构提升履约能力。

社会服务机构的履约能力与公信力建设密切相关。在实际履约过程中，社会服务机构应该注意以下问题：第一，慎重给予履约承诺。无论是政府公开招投标，还是基于市场机制的项目洽谈，对购买方或出资方的项目要求，机构都要做好自身能力与现实环境的可行性分析，避免为了获得项目而过度承诺。第二，在项目执行过程中，做好项目范围、进度、财务、产出、风险监控，确保项目依据协议开展，并及时向资助方反馈。第三，在项目结项过程中，做好有关履约条款的档案整理和总结性汇报工作，及时总结经验与教训，以提升后续履约能力。需要指出的是，无论是出资方还是受益群体，社会服务机构履约的核心任务都是提供优质的服务项目，所以，机构要把提升服务质量作为公信力建设的重要抓手。表 6－1 为某社会工作服务中心的服务履约及人员配置情况评价表，我们可以据此思考社会服务机构应当如何履约。

表 6－1　××社会工作服务中心服务履约及人员配置情况评价表(示例)

服务单位名称(盖章)：　　　　　　　　　　　　反馈日期：　　年　　月　　日

项目名称	和谐劳动关系社工综合服务项目	项目编号	
供应商名称	××社会工作服务中心	联系人及电话	
合同履约时间	2017 年 8 月至 2018 年 8 月		

续 表

<table>
<tr><td>项目具体情况说明</td><td colspan="3">（介绍项目服务内容，合同期内服务数量及成效）
由××社会工作服务中心运营的该项目以股份公司为平台，为股份公司及辖区企业提供劳资纠纷预防和调解服务，指导企业调解委员会组建及规范运作，推进劳动争议调解机构实体化建设，充分发挥基层调解组织的作用，从源头上预防和解决劳资隐患和劳动争议，努力促进企业、园区、社区的和谐建设。项目运营期间，共接受咨询 191 次；参与调解案件 151 宗，调解成功 105 宗；走访企业 89 次，帮助 29 家企业建立调解委员会，帮助 152 家企业建立劳动关系联络员制度；培训兼职调解员 153 名；开展知识培训 2 场，开展法律、法规宣传活动 3 场，总参与人数约 650 人；发放劳资宣传册 300 余册。项目在协助构建和谐的企业与员工关系方面取得了明显成效。</td></tr>
<tr><td rowspan="2">人员配置情况</td><td>具体说明</td><td colspan="2">依照项目政府采购服务的要求，××社会工作服务中心共配置××名社工，××名行政辅助人员提供服务。其中，派驻社工为×××（身份证号码：　），×××（身份证号码：　），行政辅助人员为×××（身份证号码：　），×××（身份证号码：　）。</td></tr>
<tr><td>有无缺岗情况说明</td><td colspan="2">2017 年 8 月至 2018 年 8 月，服务团队人员稳定，无缺岗情况。</td></tr>
<tr><td rowspan="6">服务履约情况</td><td rowspan="5">分项反馈</td><td>是否按时签订合同</td><td>□是　□否</td></tr>
<tr><td>提供服务是否与合同约定一致</td><td>□是　□否</td></tr>
<tr><td>服务质量是否达到合同要求</td><td>□是　□否</td></tr>
<tr><td>是否按合同约定时间提供服务</td><td>□是　□否</td></tr>
<tr><td>合同服务指标完成情况</td><td>□已完成　□未完成</td></tr>
<tr><td>总体评价</td><td colspan="2">□优　□良　□中　□差</td></tr>
<tr><td>其他评价或建议</td><td colspan="3"></td></tr>
</table>

（四）建设统一的组织形象系统

心理学认为，形象是人们通过视觉、听觉、触觉等各种感觉器官在大脑中形成的关于某种事物的整体印象。组织形象具有整体性、大众性、主观性和稳定性特征。在当今社会，形象塑造是各类组织都非常关注的。形象塑造可以使公众在纷繁复杂的环境中对某一个特定的组织有一个标准化、差别化的印象和认识。良好的形象管理能够让机构在公众心目中留下好印象，并能使公众更快、更好地识别出机构。社会服务机构可以通过加大投入、加强宣传等方式塑造良好的组织形象。无论是传统的电视、报纸还是新兴的微博、微信等，都可以对社会服务机构进行宣传，使公众快速了解机构的使命、架构、文化、服务领域、运作流程等。机构应当通过有意识、有目的的形象塑造，扩大机构的影响力，以提升机构的公信力。

社会服务机构可以学习企业的做法，塑造组织的5个形象识别系统，凸显组织的个性和精神。一是理念识别系统，这是组织形象识别系统的核心，包括组织的经营信念、组织精神、组织价值观、组织战略目标、组织发展方针等；二是视觉识别系统，这是组织名称、识别标志、品牌商标、标准色和标准字体的对外展示，包括组织的名称、标志、标准字、标准色彩、服饰、产品包装、赠送礼品、印刷出版物等；三是行为识别系统（也称活动识别系统），这是将组织理念动态地呈现至组织内部的教育、管理、制度等方面，并拓展至组织外部的市场调查、产品开发、服务提供、促销、社会公益事业、赞助活动、公共关系等层面的识别系统；四是听觉识别系统，这是通过听觉识别刺激传达组织理念、品牌形象的识别系统；五是环境识别系统，这是宣传组织环境、建筑、风格、福利、文化、社会责任等的空间化物质识别系统。

从实践情况来看，目前社会服务机构的形象塑造尚处于起步阶段。其主要表现在如下方面：第一，很多机构限于资源条件，对形象塑造不够重视或无能为力；第二，理念识别系统相对受到重视，视觉识别系统与环境识别系统需要投入的资金较多，不少机构尚无力承担建设成本；第三，行为识别系统和听觉识别系统的探索尚比较有限，很多机构还处于求生存谋发展的阶段。在社会服务领域，机构的形象塑造被视为其巩固与出资方、评估方、服务对象关系的重要手段，因此，机构在有条件的情况下，应当努力建设统一的、易于识别的组织形象系统。

请观察深圳市龙岗区至诚社会工作服务中心的logo设计，谈谈你对该组织理念识别系统的看法。

机构logo及释义

（1）颗粒心形：用心服务，用心协作，细微汇聚，个体凝结，才有长久的生命力

（2）方块：热诚、忠诚、精诚等“至诚人”的精神

(3) 圆形：为服务对象圆梦，为社工人圆梦

——深圳市龙岗区至诚社会工作服务中心《员工手册》

(五) 建立公开透明的信息管理机制

社会服务机构在公共服务、社会福利等方面具备其他组织所不具备的社会功能，是我国新型社会治理模式中不可或缺的力量。信息公开的基本目的在于解决社会服务机构与国家和社会公众之间信息不对称问题，以实现后两者对社会服务机构的监督制约和社会支持。社会服务机构应当根据主管部门的文件要求，制定本机构信息披露的制度规范，确定信息公开的类别和程序，使应该披露的信息能够公开地提供给公众。信息披露是社会服务机构的持续性责任，机构应当忠实、诚信地履行信息披露的义务，真实、准确、完整、及时地公开应当报送和披露的信息，并确保没有虚假误导性的陈述和重大疏漏。

信息披露的内容包括年度报告、机构信息、理事会和常务理事会的重大决议、财务情况、接受社会捐赠情况、资金使用情况、接受政府职能委托授权和转移情况、参加评比达标表彰情况，以及机构决策者认为应当提供的其他信息等。年度报告和登记管理机关指定信息的披露载体通常是公开的报刊或网站，其他信息可在机构内部刊物和网站上发布。当今社会，高度发达的网络为社会服务机构信息透明度的提升创造了良好的条件。目前我国社会服务机构的财务信息主要刊登在内部刊物上，以纸质财务报告为主，往往以年度报告的方式予以信息披露，间隔久、时效差。因此，社会服务机构可在网站上专门开辟一个栏目用于实时信息的披露，自觉接受社会各界的监督；也可在网络上建立意见建议反馈机制和渠道，使公众更具有参与感，从而进一步提高社会服务机构的社会影响力和公信力。

(六) 优化利于机构发展的外部环境

组织存在于环境之中，封闭不利于组织的成长。社会服务机构加强与利益相关者的交流互动，有利于营造和谐的外部环境。从提升公信力的角度看，第一，机构要加强与政府的沟通。社会服务机构在获取资源方面依赖政府的扶持，因此，机构要重视与政府建立良好的关系，以赢得政府的信任。机构是在政府的监督管理下发展的，机构要主动与主管部门和资助方接触，通过参加会议、主动拜访等方式，以口头或书面的形式向其反馈运营现状、项目执行进度与成效、经验等；积极参加政府部门和行业协会组织的各项活动，拓展自己

的平台，展示自己的形象，在不断扩大影响力的过程中，为自身事业的发展营造良好的外部环境，提升公信力。第二，机构要重视第三方评估。在政府财政绩效管理的压力下，提供资金资助的政府部门需要对资金使用情况进行监督。政府通常委托独立的第三方评估机构对社会服务机构进行评估，通过客观数据的呈现，全面评估社会服务机构的运营状况、财务状况和社会绩效，并将结果向社会公示。此外，评估主体通常会邀请机构的资助方、志愿者、服务对象、合作方等共同参与，从更广层面、更多角度对社会服务机构进行整体评价。对社会服务机构而言，每一次评估都相当于业务考试和全面体检。第三方评估的很多内容都对机构公信力提出了要求，因此机构要对照评估标准补缺补差，加强规范化建设，这样也有助于提高自身的公信力。

第三节　社会服务机构声誉危机的处置

有效的公信力建设往往能使机构拥有较好的社会声誉，但公信力建设要始终在路上，不可能一劳永逸。有时，即便是公信力较好的社会服务机构，也可能因种种因素的影响而受到怀疑，面临声誉危机。如何处置声誉危机，是对机构管理能力的考验，也是对其公信力建设成效的检验。相较于营利组织，社会服务机构的声誉往往承载了更多的社会责任，但近年来公益慈善领域屡屡出现的负面新闻给社会服务机构的公信力建设带来了挑战。社会服务机构一旦遭遇声誉危机，就需要及时处理、积极应对，以修复公信力。

一、声誉与声誉危机

（一）声誉的定义与功能

声誉即声望名誉，它是稀有的、有价值的、可持续的、独特的，是组织的一种宝贵的无形资产。声誉的一般性含义是“在社会上流传的评价”，即“公众评价”。非营利组织的声誉是指组织在社会网络嵌入的过程中，在满足利益相关者（包括政府、受益人、捐赠者等）期望的过程中所获得的关于组织品性的长期且整体的价值判断，可帮助组织获得长期竞争优势和实现组织的宗旨与使命。[①] 当前，声

① 张冉：《社会转型期我国非营利组织声誉研究：危机溯源与重塑路径》，载《浙江大学学报（人文社会科学版）》2014 年第 1 期。

誉建构已逐渐成为非营利组织实现战略性竞争优势的有力“武器”。

对社会服务机构而言，声誉具有五大功能。第一，促进机构模样的再造。社会服务机构的声誉建构实际上是对机构与政府、公众关系的塑造，是实现机构去行政化、去私益化和依法自治的根本要求。第二，约束机构的不当行为。声誉资本具有脆弱性，一旦机构出现不当行为，其声誉就会快速受到贬损，因此，建构和维护良好的声誉直接关系到机构长远利益和宗旨的实现。第三，有助于判断机构的服务质量。虽然社会服务的质量是难以精确度量的，但是人们可以根据机构的声誉大体判断其服务水准，因为声誉是沉淀性的，它可以为利益相关者提供质量担保，解决出资人、服务对象、机构等主体之间信息不对称的问题。第四，增强机构的能力。作为社会性口碑或资产，良好的声誉能够促进机构的能力建设和长远发展，如有利于吸引志愿者和优秀人才加盟。第五，有利于识别机构的身份。当前，我国社会服务机构在数量快速增长的同时，也面临着质量参差不齐的问题。优秀的社会服务机构可以通过有效的声誉管理实现机构的品牌化建设，帮助机构在公众心中获得一个独特的身份，避免因同领域的相关负面事件而影响自身的事业发展。

（二）声誉危机的定义与发生机制

简单来说，声誉危机就是组织在声望和名誉方面遭受损害，处于不利的境地。如果要给声誉危机下个定义的话，声誉危机就是指组织在经营、管理、服务等过程中出现不当行为，或者受外部事件影响，导致利益相关者对其产生负面评价，进而引发信任危机。声誉危机的发生通常会经历“负面事件发生—信息传递—公众得知—价值判断—公众评价—主体声誉受损”这一过程（见图 6－5）。在此过程中，若组织能够及时抑制危机的发生与后果，则可控制或恢复声誉；若无法有效抑制危机的发展，则会降低社会公众对组织的信任和认可程度，进而影响组织的发展。

图 6－5 揭示了声誉危机发生的机制。其中，a 部分展示的是正常状态下声誉机制的作用过程。负面事件发生后，其首先会通过“信息传递”使公众得知，“公众得知”之后会做出“价值判断”。这种价值判断是由道德机制塑造的，因为正确的价值观能够让公众做出正确的价值选择。然后，基于“道德判断”，公众会形成对组织的评价。若公众的评价是否定的、消极的、批判性的，则会损害组织的声誉，进而影响组织的长期利益。b 部分显示了信任缺失下声誉机制遭到破坏的情形。若组织频繁发生负面事件，公众屡屡获知负面新闻，则

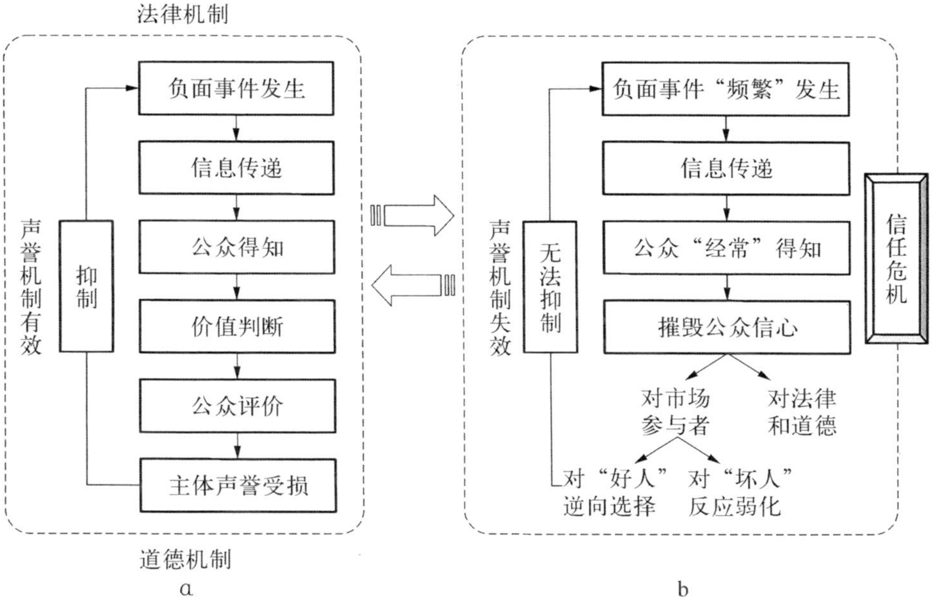

图 6－5　声誉机制形成框架[①]

公众将会失去对经济社会秩序的基本信任，甚至导致“好人”得不到肯定、“坏人”得不到否定，进而使整个社会陷入信任危机。

二、社会服务机构出现声誉危机的原因分析

（一）行政依赖，被视为政府的“二传手”，缺乏自主性

我国慈善事业发展较早，但社会组织的快速发展却只是晚近的事情。2009 年之后，我国社会组织得以蓬勃发展，主要原因是政府转移职能需求和购买服务政策的刺激。这也决定了社会服务机构对政府具有较强的依赖性。虽然深圳等沿海城市出现了以“民间化”为特色的社会服务机构发展模式，但在“政府采购、政府监管”的情形下，作为“补充力量”的社会服务机构的创造性和主动性是有限的，其更多扮演的是“执行者”的角色。尤其是 2016 年国家社会组织政策收紧之后，主管部门更是加强了对社会服务机构“管理规范性”和“履约规范性”的要求。主管部门除了在登记“入口”严审把关外，还通过多重评估与财务绩效审计加强了对社会服务机构的管理。这在一定程度上使社会服务

① 雷宇：《声誉机制的信任基础：危机与重建》，载《管理评论》2016 年第 8 期。

机构在声誉管理方面缺乏资源或不具有自主性。

一方面，在声誉维系或推广资源上，社会服务机构的资源极其有限。一是没有政府部门的行政资源，缺乏统筹宣传的渠道和营造声势的能力；二是没有企业的资本财力，缺乏规模化、大范围的广告宣传和营销资源，以及信息公开所需的高质量的信息稿件和传播平台；三是新闻宣传的程序正在加强整合，标准和审核愈加规范、严格，机构若不能与政府和媒体建立信任关系，则较难有“发声”的平台。以上 3 点是社会服务机构的声誉投资、信息传播机制失灵的重要原因。

另一方面，作为项目合作方的政府部门的行为也影响着社会服务机构的声誉管理。由于理性的契约精神不足，加之社会服务承接机制不成熟，基层操作存在一定的“灰色空间”。一是在项目采购时，政府可能会提出“非合理性的要求”，导致机构的需求难以满足，为后期履约和服务声誉埋下“隐患”；二是在项目执行过程中，采购和承接双方的“非对等关系”和“不完全契约精神”，临时添加的任务指标不能完成，可能导致采购方认为社会服务机构“不配合工作”，进而对合作关系做出不良评价；三是当项目发生危机时，尽管责任主体在承接方，但政府作为利益相关者和行政主体，容易受“政府无限责任”和“快速介入，避免产生更大范围的负面影响”意识的影响，采取先行问责或实施行政干预的方式，使机构丧失处理危机的自主权，无法有效抑制危机的发生和蔓延。

（二）形象关联，由个别推论一般，处境尴尬

社会服务机构经常会遇到形象关联的尴尬情形，即公众由于对社会服务不了解，往往会根据机构员工个体的表现推论机构的整体水平，或者基于个别机构的负面新闻贬低整个社会服务行业。在实践中，员工个体往往被视为社会服务机构在公众、主管部门、用人单位、服务对象心目中的“代言人”。机构若不能对员工行为进行有效的规制和引导，容易导致声誉评价不良。其中，员工的职业礼仪、对工作和服务对象的态度、工作程序的合理与合法、提供服务的质量与效果、财务交代等，都是公众对社会服务机构声誉评价的重要依据。此外，少数机构出现的负面事件也会导致公众对社会服务行业产生消极评价。例如，“微博炫富事件”折射出的员工个体从业动机不良、组织管理不严、主管单位缺乏监管等问题；新型冠状病毒肺炎疫情暴发初期，部分地区的红十字会暴露出的工作效率低、物资管理乱、应急反应差等问题。这些都给社会服务机构及行业声誉带来了消极影响。

当前，社会服务领域的人才素质与公众期待之间还存在着一定的差距，这种差距也导致了行业整体声誉不佳。社会服务机构声誉建构面临着人才困境。一是从择业情况来看，社会服务机构薪酬低、晋升空间有限、行业成熟度不高，较难吸引高素质的人才。即使是近10年来发展较快的社会工作行业，其职业生态的完整性、成熟度与其他行业相比，仍存在较大的差距。二是从员工培育来看，社会服务机构在提高员工的政治觉悟、思想水平、职业素养、专业能力等方面需要有大量的成本投入，但机构的可支配资源普遍紧张。三是从员工监管来看，机构大量派驻岗位社工，扩大了管理半径，加大了员工行为观察和行为约束的难度。

（三）发展初期，无法高效实现目标，认可度不足

我国社会服务机构的发展时间不长，不少机构尚面临着"如何活下去"的困境，适应能力、治理能力及创新能力相对缺乏，因而难以充分吸收、整合社会资源来实现其发展理念和业务目标。一方面，随着经济社会的不断进步，政府职能需要适时转变，社会服务机构需要承担相关公共服务。其需要面对和满足复杂多变甚至是相互矛盾的公共需求，并对诸多利益相关者负责，这使得社会服务机构的治理和运作受到严峻挑战。另一方面，社会服务效果大多要求服务对象有向好向善的改变，而人处于社会环境中，受到诸多因素的影响，促使其发生改变需要较多的资源和时间。但是，利益相关者期待在短时间内看到服务对象的改变，这对机构而言也是巨大的压力。

当前，主管部门对社会服务机构提出了高质量发展的要求，这在某种程度上或许超出了当下的社会现实。在社会服务领域，虽然我们要在法规政策上具有前瞻性，以期推动行业的快速发展，但是在政策落地时，基层单位往往因为理解不同、条件不够、能力不足等偏离预期。以评估考核为例，一方面以"促进"为目的，强调内容和标准具有科学性和专业性，但操作实用性不能保障；另一方面，主管部门依据评估结论对机构分级分等，但如果第三方评估组织或专家的水平良莠不齐，或者评估受到行政干预，其评价结果可能就会失之偏颇，不能如实反映机构的实际表现，导致机构声誉不佳。声誉是对社会服务机构过往表现的累计评价，要从事物发展规律和本土实际出发。主管部门要引导社会服务机构学习先进经验，但也要顾及机构的发展阶段与条件限制，不能一味地提要求。

（四）意识不足，不能有效面对危机，难挽声誉

以新型冠状病毒肺炎疫情暴发初期湖北省和武汉市红十字会处理声誉危机为例①，其有如下表现：一是危机意识弱，反应慢。红十字会作为慈善组织，依赖政府，对危机的发生缺乏敏感性。部分工作人员在面对居民对个别事件的质疑时，语气强硬，让居民产生抵触情绪，继而密切关注后期红十字会的各类问题，从而导致全民问责。二是应对策略不当，带来更多的负面评价。湖北省和武汉市红十字会在信息传播方面采取了极为官方的严肃措辞，加之使用极为简略的表格进行信息公示（对防疫物资的定向捐赠缺乏备注和说明），引发了居民的不满；而在危机事件发酵后，否认或淡化回应且缺乏对质疑点进行细节性回应，使自己陷入了"被怀疑—申明—再被怀疑—再申明"的旋涡当中。三是执行能力不足，效率不高，思虑不够。红十字会在社会舆论甚嚣尘上时被迫回应，缺乏声誉危机处置的前瞻意识。其事后对事件的细节未主动公布在网络平台上，而是在接受新闻媒体采访时进行解释，反应滞后。

三、社会服务机构声誉危机的应对思考

随着我国市场监管的规范化、法制的健全化、行业发展的成熟化，社会服务机构也将面临越来越多的挑战。而随着互联网带来的信息获取方式和交流的便利化，居民对社会事件的关注和评价也空前高涨。如何在危机中做好声誉管理，尤其是对信息传播的管理，在危机事件中恢复、重建声誉，是社会服务机构需要思考的问题。

（一）把握声誉危机管理的原则

当危机发生时，社会服务机构要积极、有效地开展防控工作，将损失降到最低，或者以"危"为"机"，改善机构的声誉。鉴于社会服务机构在声誉管理上缺乏资源和能力，可以寻求政府有关部门或其他权威单位的支持和帮助，在及时介入的基础上把握以下原则。

一是防止事态进一步恶化。在信息传播高度发达的今天，任何组织的危机事件都有可能被迅速传播并发酵成为社会事件。因此，在危机发生时，社会服务机构需要采取紧急措施，及时、有效地止损，并将事态控制在一定范围内。

---

① 张丽、李秀峰：《新冠肺炎疫情下红十字会的信用危机及公信力重塑——基于 SCCT 理论的分析》，载《云南行政学院学报》2020 年第 5 期。

为此，社会服务机构要在第一时间做出反应，首先了解事态发展的最新情况，然后预判利益相关者的态度和介入程度，积极寻找具有权威性的关联方进行沟通，并就事态控制范围达成一致。

二是客观调查，坦诚沟通。危机的处理需要建立在了解事情真相的基础上。社会服务机构需要对危机事件进行快速调查，在最大范围内获得全面、客观的信息，避免信息偏差或不良情绪的代入，为危机决策人提供依据；与危机事件的话语权持有者进行坦诚沟通，提供方案建议，达成分工合作和口径一致，必要时设置统一发言人。

三是提高沟通频率，善用新媒体。处理危机时，沟通是首位的。及时了解、反馈危机事件关联方的态度与诉求，让危机事件中的受害者、关注此事件的群体和公众感受到社会服务机构的真诚是十分必要的。若事件已经进入公众视野，则应及时运用新媒体发布真实信息，纠正公众偏见，引导积极的大众舆论。

四是不许诺超出能力范围的事宜。危机事件中的受害者可能会寻求个人利益的最大化，提出超出法理的诉求。社会服务机构在与受害者沟通时一定要明确事件中的责任归属和可以给予受害者的承诺，不因息事宁人而折损公平、正义的社会组织形象，损害他人的合法利益；对超出机构能力之外的事宜，可予以协调，但应避免承诺，以免再次陷入危机。

（二）选择恰当的声誉危机应对策略

W. 蒂莫西·库姆斯（W. Timothy Coombs）提出的情境危机传播理论（situational crisis communication theory，SCCT）可指导组织处理声誉危机。该理论强调组织应当根据危机所处的不同情境采取不同的对策。它将回应策略分为 4 类：一是否认，即否认危机的存在，或者将责任转给其他组织或个人；二是淡化，即承认危机，但使公众相信危机的发生非故意所为；三是重建，即表明组织愿意承担更多或者全部的责任，并通过认错、道歉等行为来挽回形象；四是支撑，即向公众展示组织过往的良好表现，以抗衡当下的负面影响。前三项是主要策略，第四项是从属策略。那么，社会服务机构该如何选择回应策略呢？

首先，机构可根据责任归因大小，对声誉危机进行分类。声誉危机主要有 3 类：一是受害者型危机，指组织在危机中也是受害者，组织对危机的发生没有责任，或者承担较小的责任。二是意外型危机，指由意外因素导致的危机，此时的危机是组织的无意行为，组织本身需要承担较小的责任。例如，在服务过程中，服务对象突发疾病入院就属于意外型危机。三是可预防型危机，指由可控因素导致的危机，且危机主要产生于组织内部，组织需要对此承担主要责任。例如，内部管理不善、应急反应滞后都属于可预防型危机。

其次，机构可依据危机的类型，匹配危机干预策略。库姆斯认为，组织应当根据应负责任的大小，选择不同的反应策略，并适当使用从属策略。例如，若组织对危机的发生无责任，则可以采用否认策略；若组织对危机负有一定责任且危机属于意外型危机，则可以采用淡化策略；若组织对危机负有主要责任，则应采用重建策略，即不回避危机，主动承担责任，并辅以补救、道歉等策略。在危机类型与回应策略的匹配上，两者在“强弱”程度上呈负相关，即公众对组织的责任归因越小，组织越应采取强硬的回应策略。

最后，机构可依据自身的危机史和过往声誉匹配介入策略。库姆斯认为，相同的危机事件，由于发生时间、发生情境、媒体报道和社会舆论等因素的不同，也会驱使组织做出不同的选择。机构在面临突发危机时，首先应沟通，通过向公众提供指示性信息来保护公众。与此同时，机构还需要考虑危机史和过往声誉，因为它们可能会对危机造成的声誉威胁产生直接或间接的影响。例如，若机构过往的声誉较好，形象较为积极，则在发生危机时更容易获得公众的谅解。

社会服务机构声誉危机类型与危机策略的匹配如图 6－6 所示。

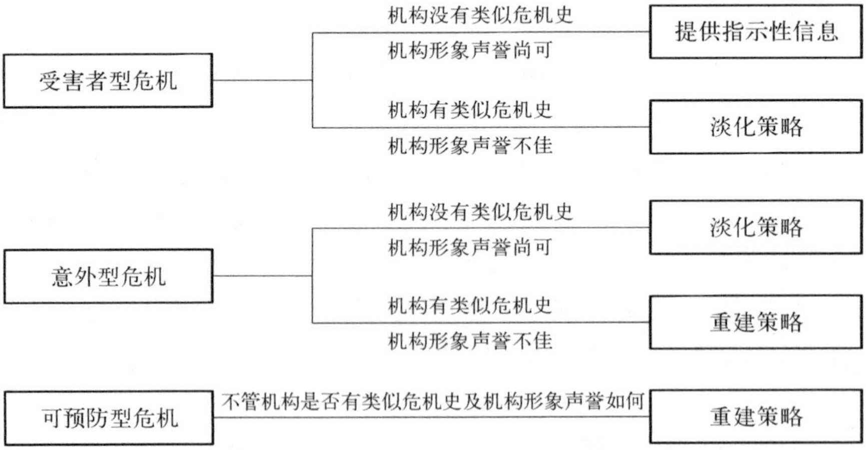

图 6－6　危机类型与危机策略的匹配①

---

① 张丽、李秀峰：《新冠肺炎疫情下红十字会的信用危机及公信力重塑——基于 SCCT 理论的分析》，载《云南行政学院学报》2020 年第 5 期。

（三）做好危机事件的信息管理工作

首先，根据危机事件的性质进行信息内容的描述。社会服务机构在传递信息时，应在危机性质分类的基础上，从“读者”和“当事人”的角度，坦诚、柔和、客观、翔实地告知公众危机中的争议事项，并厘清责任。社会服务机构有道德实践色彩，其在采取否认、淡化、支撑策略时，应秉持“人道主义”精神；在采取重建策略时，除弥补受害者损失外，还应详细列出内部整改措施，给予利益相关者或公众承诺。机构传递的信息内容应符合法律规章、道德与公序良俗，并尽量符合社会期待。

其次，根据事态发展情况，选择信息传递的方式。社会服务机构应当依据事态发展情况、利益相关者的态度、成本约束条件等，选择逐一面谈、内部会议、座谈会、新闻发布会、传统媒体报道、新媒体平台发布等信息传递方式。若机构采取否认策略，则不宜公开化或采用严厉的语气。除机构代表单独发言外，也可以选择与利益相关者或者当事人共同发言，以加强事件的真实性和预期效果。

最后，及时收集反馈信息，跟进评估事态发展情况。信息发布后，社会服务机构要密切关注事态的进一步发展，判断利益相关者是否满意信息答复，当事人是否满意补救效果，机构声誉是否得以恢复或重建，等等。如果出现异常情况，尤其是有不当诉求出现或事态升级，就要警惕是否有“幕后推手”在推波助澜。对于危机事件的处理过程，机构应当进行详细、客观的记录，以便后期主管单位和关联方查阅，或者向社会公开。

复习思考题

1. 何谓公信力？社会服务机构如何对公信力做出多元交代？
2. 试述公信力的形成机制与流失机制。
3. 试析社会服务机构加强公信力建设的意义。
4. 联系实际，讨论社会服务机构公信力建设面临的问题。
5. 了解公信力建设的内容，并讨论其对社会服务机构管理的启示。
6. 试述社会服务机构公信力建设的路径。
7. 思考社会服务机构应当如何处置声誉危机。

推荐阅读

1. 王芳：《社会组织的创新与发展》，法律出版社 2016 年版。

2. 周如南:《公益慈善品牌管理》,西安交通大学出版社 2018 年版。
3. 郭景萍:《社会工作机构的运作与管理》,北京大学出版社 2015 年版。
4. 石国亮:《慈善组织公信力研究》,人民日报出版社 2015 年版。

人　力　编

社会服务机构多属于人力资源密集型行业，需要依靠员工、志愿者、实习生提供服务。所以，在社会服务机构的业务活动中，人力资源发挥着关键的作用。他们的职业态度、业务能力、工作热情都直接影响着服务供给的质量。因此，加强人力资源管理是社会工作行政的重要内容。社会服务机构的人力资源管理是对机构的员工、志愿者、实习生等人员开展的任用、培训、考核、激励和维持活动。本编设置了两章内容，分别阐述社会服务机构的员工管理、志愿者与实习生管理。

第七章

社会服务机构的员工管理

人是行政之本，是社会服务机构的核心竞争力。社会服务机构通过选拔、培训、岗位锻炼、督导、激励等方法，培育一支懂专业、会服务、能管理、善协调、愿奉献的专业人才队伍，以满足机构建设的需要，推动机构的健康发展。本章以员工管理为焦点，首先阐述了社会服务机构人力资源管理的内涵、特点及内容等，然后结合人力资源管理的重要环节，讨论了员工的招聘、培训、考核、激励、督导与留任等问题。

第一节　社会服务机构人力资源管理概述

一、人力资源与人力资源管理

（一）人力资源

"人力资源"一词由德鲁克于 1954 年在《管理的实践》中首先提出并加以明确界定。自 20 世纪 60 年代西奥多 · W. 舒尔茨（Theodore W. Schultz）提出人力资本理论后，人力资源的概念更加深入人心。那么，究竟什么是人力资源？尽管学者们对人力资源的含义提出了很多不同的解释，但他们主要从人的角度、能力的角度出发对其进行界定。

从人的角度出发，人力资源可以被定义为人所具有的，对价值创造起贡献作用的，并且能够被组织所利用的体力和脑力的总和。从能力的角度出发，人力资源是指在劳动过程中可以直接投入的体力、智力、心力总和，以及形成能力的基础素质,如知识、技能、经验、品性与态度等。理解人力资源可以抓住以下要点:第一,人力资源是人所具有的脑力和体力的总和,其本质为劳动能力;第二,这一能力要能对价值创造起决定性作用;第三,这一能力要能够被组织所利用。人力资源在宏观意义上的概念是以国家或地区为单位进行划分和计量的,在微观意义上的概念是以部门或单位进行计量的。

(二)人力资源管理

近年来,随着人力资源管理理论和实践的不断发展,国内外出现了人力资源管理的各种流派,各流派从不同角度对人力资源管理的概念进行了阐述。综合起来,可以将这些概念归纳为3类:第一,从人力资源管理的目的出发来解释,认为它是通过各种技术与方法,对与一定物力相结合的人力进行合理的培训、组织与调配,使人力、物力经常保持最佳比例,同时对人的思想、心理和行为进行恰当的引导、控制和协调,有效地运用人力资源来达成组织目标的活动;第二,从人力资源管理的过程或承担的职能出发来解释,认为它是承担人员的招聘、甄选、培训及发放薪酬等职能的活动;第三,从揭示人力资源管理的主体出发来解释,认为它是人力资源部门或人力资源管理者的工作。

综合以上观点,本书认为人力资源管理是对人力资源的生产、开发、配置、使用等诸环节所进行的计划、组织、指挥和控制的管理活动;是研究组织中人与人关系的调整,人与事的配合,以充分开发人力资源的潜能,调动人的积极性,提高工作效率和工作质量,实现组织目标的理论、方法、工具和技术。

人力资源管理是实现组织目标的一种手段。在管理领域中,人力资源是以人的价值观为中心,为处理人与工作、人与人、人与组织的互动关系而开展的一系列开发和管理活动。就组织而言,人力资源管理的结果是组织生产率的提高和组织竞争力的提升;就员工而言,人力资源管理的结果是工作与生活质量的提高,以及工作满足感的增加。生产率反映了产出的商品或提供的服务与投入的人力、财力、物力的关系,工作与生活质量则反映了员工在工作中所产生的生理和心理感受。所以,加强人力资源管理,有利于组织适应激烈的竞争,有利于优化组织的资源配置,有利于调动员工的工作积极性和提高工作效率。

二、人力资源管理的基本理论

（一）人性假设理论

人力资源管理就是对人进行管理。对人的基本看法决定了人力资源管理的具体方式与方法，人性假设构成了人力资源管理的理论基础。关于人性假设，比较有代表性的理论是美国行为科学家道格拉斯·M. 麦格雷戈(Douglas M. McGregor)提出的X—Y理论和埃德加·H.沙因(Edgar H.Schein)提出的四种人性假设理论。①

1. X—Y 理论

麦格雷戈认为，不同的管理者之所以会采用不同的方式来组织、控制和激励员工，是因为他们对人性的假设是不同的。X理论以下列4种假设为基础：第一，员工天生不喜欢工作，只要有机会，他们就会逃避工作。第二，大多数员工都是以个人为中心的，这导致个人目标与组织目标相矛盾。为此，组织必须采取强制措施或惩罚措施，以确保组织目标的实现。第三，员工只要有机会，就会安于现状，逃避责任。第四，大多数员工喜欢安逸，没有雄心壮志。

Y理论以下列4种假设为基础：第一，员工视工作如休息、娱乐一样自然。第二，如果员工对某些工作做出承诺，他们就会进行自我指导和自我控制，以完成任务。第三，一般而言，每个人不仅能够承担责任，而且会主动寻求承担责任。第四，绝大多数人都具备做出正确决策的能力，而不仅仅是管理者才具备这一能力。麦格雷戈主张将Y理论作为管理者的指导思想。

2. 四种人性假设理论

沙因在《沙因组织心理学》一书中提出了4种人性假设理论，即经济人假设、社会人假设、自我实现人假设和复杂人假设。其中，“经济人”意为理性经济人，也可称为“实利人”。这是古典管理理论对人的看法，即把人视为“经济动物”，认为人所做的一切行为都是为了最大限度地满足自己的私利，工作只是为了获得经济报酬。所以，基于经济人假设的管理重视任务的完成，认为管理的职能就是计划、组织、经营、指导、监督，对员工应恩威并施，采取“胡萝卜加大棒”的策略。

社会人假设的提出源于霍桑实验。乔治·埃尔顿·梅奥(George Elton

---

① 刘春湘：《社会组织运营与管理》，经济管理出版社2016年版，第139—143页。

Mayo)认为,生产效率主要取决于员工的“士气”,而员工的“士气”取决于其家庭和社会生活,以及企业中人与人之间的关系。领导者要善于倾听员工的意见,使正式组织的经济需要与非正式组织的社会需要之间取得平衡。基于社会人假设的管理把注意的重点放在关心人和满足人的需要上,认为管理人员应重视与员工之间的关系,增强员工的归属感和整体感,同时重视实施针对集体的奖励制度,鼓励员工参加组织决策的研究和讨论。

自我实现人也称“自动人”,这一概念是马斯洛提出来的。马斯洛认为人类最高层次的需要是自我实现,每个人都必须成为自己希望的那种人,最理想的人就是自我实现的人。因此,管理要重视人的作用和人与人之间的关系。管理者的主要任务在于为发挥人的智力,创造适宜的条件,减少或消除员工自我实现过程中所遇到的障碍。

复杂人假设主要包含两方面内容。其一,就个体的人而言,其需要和能力会随着年龄的增长、知识的增加、地位的改变、环境的变化及与他人之间关系的变化而变化。其二,就群体的人而言,人与人之间是有差异的。人的需要不同、能力各异,对不同的管理方式会有不同的反应。因此,没有一套适合任何时代、任何组织和任何个人的普遍且行之有效的管理方法。管理必须是权变的,要根据不同人的不同需要和不同情境采取不同的方法。

(二) 激励理论

激励就是激发员工的主观能动性,使其产生内在动力,引导他们朝着机构所期望的目标前进。在管理理论的“丛林”中,许多学者从不同的角度构建了多种激励理论。根据理论聚焦点的不同,这些激励理论大致可分为内容型激励理论和过程型激励理论。

1. 内容型激励理论

这是针对激励的原因与起激励作用因素的具体内容进行研究的理论,主要包括马斯洛的需要层次理论、赫茨伯格(Herzberg)的双因素理论、麦克利兰(McClelland)的成就需要激励理论和奥尔德弗(Alderfer)的 ERG 需要理论等。

马斯洛的需要层次理论有两个基本论点:其一,人是有需要的动物,其需要取决于他已经得到了什么、还缺少什么,只有尚未满足的需要才能影响人的行为;其二,人的需要是有层次的,只有某一层次的需要得到满足后,更高层次的需要才会出现。在这两个论点的基础上,马斯洛认为在特定的时刻,如果人的一切需要都未能得到满足,那么满足最主要的需要就比满足其他需要更为迫切。只有前面的需要得到充分满足后，更高层次的需要才显示出其激励作用。马斯洛认为每个人都有5个层次的需要，即生存需要、安全需要、情感需要、自尊需要和自我实现需要。

赫茨伯格的双因素理论也称"保健—激励"理论。该理论认为，影响人们行为的因素主要有两类，即保健因素和激励因素。保健因素是指那些与人们不满情绪有关的因素，如公司的制度、管理和监督、人际关系、工作条件等。这类因素并不能对员工起到激励作用，只能起到保持员工的积极性、维持员工工作现状的作用，所以保健因素又称为维持因素。激励因素是指那些与人们的满意情绪有关的因素，包括工作表现机会、工作带来的愉悦感、工作上的成就感、因良好的工作成绩而得到的奖励、对未来发展的期望及职务上的责任感。管理者要利用激励因素去激发员工的工作热情，营造奋发向上的氛围，因为只有激励因素才会增加员工的满足感。

麦克利兰的成就需要激励理论侧重对高层次管理中被管理者的研究，如他研究的对象主要是生存和物质需要都得到相对满足的各级经理、政府职能部门的官员，以及科学家、工程师等高级人才。成就需要激励理论的这一特点，使它在企业管理以外的科研管理、干部管理等方面具有较大的实际意义。麦克利兰认为，人在生存需要得到满足后，成就需要、权力需要和合群需要成为最主要的需要。该理论主张管理者应设法助力员工的成长，使员工充分发挥能力，通过事业成功获得权力和地位，同时注重满足其在人际关系和社会交往方面的需要。

奥尔德弗认为，员工的需要有生存(existence)需要、相互关系(relatedness)需要和成长发展(growth)需要，即ERG理论。该理论认为，各个层次的需要得到的满足越少，越被人们所渴望；人们较低层次的需要越是能得到较多的满足，对较高层次的需要就越渴望；如果较高层次的需要一再受挫，得不到满足，人们就会重新追求较低层次需要的满足。这一理论不仅提出了需要层次上的从满足到上升的趋势，而且指出了从挫折到倒退的趋势，这对管理者很有启发意义。

2. 过程型激励理论

过程型激励理论的重点是研究从动机的产生到采取行动的心理过程，主要包括维克托·H. 弗罗姆(Victor H. Vroom)的期望理论和约翰·斯塔西·亚当斯(John Stacey Adams)的公平理论等。期望理论认为，一个人从事某项活动的动力大小，取决于该项活动所产生的成果吸引力大小和该项成果实现概率大小两个因素，即激励力量＝$\sum$效价×期望值。效价是指个人对其所从事的工作或所要达到的目标的估价，也可理解为被激励对象将目标的价值看得有多大；期望值是指个人对某项目标能实现的概率的估计，也可以理解为被激励对象对目标能实现的可能性大小的估计。期望理论揭示了个人努力、绩效、奖励、冒险之间的关系，启示管理者在激励员工时应当着眼于目标效价与目标实现概率这两个因素上。

公平理论也称为社会比较理论。该理论认为，员工经常将自己的付出和所得与他人（横向）及过去（纵向）进行比较，由此产生的感受将影响他们以后付出努力的程度。如果比较的结果是员工认为自己得到了公平对待，那么他会保持工作热情或愿意投入更多；反之，如果他们认为自己受到了不公正的对待，那么他们会心生抱怨、自暴自弃或选择离职。可见，该理论主要关注的是薪酬的公平性对员工工作积极性的影响。该理论强调报偿具有相对性，不公正感、被剥夺感都会影响员工对组织的认同。因此，管理者应确保激励措施是公平的，要特别注重维护那些骨干员工的心理平衡。

三、社会服务机构人力资源管理的构成与特点

（一）社会服务机构人力资源的构成

岗位开发是社会服务机构人力资源管理的前提。从岗位的层级看，社会服务机构的岗位设置大致可分为决策者、管理者与职员。从岗位的面向看，社会服务机构的岗位包括新入职岗位、服务岗位、行政岗位、督导岗位和管理岗位。新入职岗位是针对所有入职服务岗位的员工而设置的；服务岗位包括各职级有资历的社会工作者岗位、心理咨询师岗位、行为治疗师岗位以及非专业的服务岗位；行政岗位包括行政人员和财务人员；督导岗位是为支援其他 4 个岗位而设置的；管理岗位对应的是各部门主管或中高层管理者。

社会服务机构人力资源管理的对象主要包括以下 3 类：第一，专业服务人员。例如，民办社会服务机构的专业服务人员就是社会工作者，他们是社会服务的提供者，是社会工作存在的前提。第二，其他员工，包括行政人员、工勤人员、财务人员等，他们为专业服务人员提供辅助，是机构运转不可或缺的人力资源。第三，志愿者和实习生。他们虽然不在机构的人员编制内，也不领取薪酬（有时实习生有实习补贴），但他们会参与机构组织的相关活动。在服务供

给中，他们代表机构的形象，彰显机构的能力，因而也是机构人力资源管理的对象。

（二）社会服务机构人力资源管理的特点

1. 凸显专业价值观和使命感

社会服务机构在招聘、甄选员工时，非常关注员工的从业动机、亲社会行为和社会使命感。社会服务机构员工培训的内容除了技能、知识培训与岗位培训以外，还包括使命感、责任感等工作价值观方面的培训。

2. 重视情感建设

在人力资源管理过程中，社会服务机构非常重视员工的情感建设。机构在“以人为本”理念的指引下，关注员工身心健康，激发员工为机构使命而努力。社会服务机构的人力资源管理更加注重员工“心”和“脑”的关怀管理，强调员工关怀、情感疏导、危机干预，以塑造员工积极的心态。

3. 关注员工成长

社会工作的服务价值理念是助人自助，从助人到自助是一个过程，需要反思和成长。所以，社会服务机构会安排有经验的社会工作者对新进的工作人员、一线初级工作人员、实习生和志愿者进行定期和持续的监督、指导、传授专业服务的知识和技术，以提升他们的专业技巧，促进他们成长，确保服务质量。

四、社会服务机构人力资源管理的内容

社会服务机构的人力资源管理是机构运用现代人力资源管理手段，通过招聘、甄选、培训、评估、激励等方式，对机构的人力资源进行有效利用，最大限度地激发其积极性和创造性，从而更好地实现机构宗旨。社会服务机构人力资源管理主要包括以下内容。

（1）人力资源规划。它包括对机构在一定时期内的人力资源需求和供给做出预测，并根据预测的结果制订平衡供需的计划等。

（2）工作分析。它包括两个部分的活动：一是对机构内各职位所要从事的工作内容和承担的工作职责进行明确的界定；二是确定各职位所要求的任职资格。

（3）招聘录用。它包括招聘和录用两部分。

（4）绩效管理。它是指根据既定的目标对员工的工作结果做出评价，发现其工作中存在的问题并促使其改进。

（5）薪酬管理。它所要进行的活动包括确定薪酬的结构和水平，实施工作评价，制定福利和其他待遇的标准，进行薪酬的测算和发放。

（6）培训开发。它包括建立培训体系，确定培训的需求和计划，组织实施培训及对培训效果进行反馈总结等活动。

（7）奖惩机制。它是指通过制度建设探索如何激发员工的积极性和主动性，如何解决员工的违规违纪、工作态度不端正、办事低效等问题。

（8）员工关系管理。它除了要协调劳动关系，进行机构文化建设，以及营造良好的工作氛围之外，还要对员工的职业生涯进行设计和管理。

第二节　社会服务机构人力资源规划与员工的进入管理

一、人力资源规划

（一）人力资源规划的含义

人力资源规划是组织根据战略发展目标与任务要求，科学地预测、分析自身在变化的环境中的人力资源供给和需求情况，制定必要的规章制度与措施，以确保组织在需要的时间和需要的岗位上获得合格员工的过程。

社会服务机构需要根据环境和自身资源不断对组织形态进行调整，使之能够按照规划来实现组织目标。通常情况下，人力资源规划是社会服务机构人力资源各项管理活动的一个蓝图，机构在制定人力资源规划前需要尽可能考虑多方面的因素，充分保障规划的完整性与全局性。因为任何组织都是处在动态的环境中的，机构可以适当地保障人力资源规划的实施有灵活的调整空间，以适应各种挑战和变化。人力资源规划既有自身的有机组成部分，也有具体的各项业务规划。

（二）社会服务机构人力资源规划的影响因素

1. 战略目标

社会服务机构的战略目标对人力资源规划有着决定性的影响。通常情况下，对组织的整体战略进行分解，可以得出人力资源管理的战略目标，再对这个目标进行横纵向分解，可以得出更加具体的各项职能和任务。例如，某社会工作机构的三年战略目标是在全国范围内提高品牌的知名度，以争取更多的资金支持。此时，它就要通过一系列的项目开展和宣传来提高知名度。相应地，为了符合项目的开展，其未来三年的人力资源规划就必定要进行调整，如需要招募公关方面的工作人员。

2. 内部资源输入

机构的内部资源输入对人力资源规划也有着重要影响。内部资源的支持主要是资金预算和机构当前的人力资源。在我国，社会服务机构的资金来源途径主要有 3 条：慈善捐赠及会费，政府资助及补贴，各种运营收入。[①] 从机构实际运行来看，机构的资金资源其实受到限制且不稳定。如何在有限的资金资源条件下保证人力资源的供给与存续，也是机构在做人力资源规划时需要重点考虑的问题。

目前，我国社会服务机构的人力资源由有酬员工与志愿者两部分构成。有酬员工是机构内职位较固定且领取薪酬的长期工作人员，既包括领导层、管理层等人员，也包括一线的内部员工。志愿者是机构根据使命与工作任务需要，招募来为机构提供志愿服务的人员。

3. 外部环境

与营利组织一样，社会服务机构人力资源也受政治、经济、社会、科技等外部环境的影响。随着社会的发展，社会工作人才需求将进一步增加，社会服务机构将逐年增多。基于社会工作在美国、英国、日本及我国香港、台湾、上海、深圳等地取得的成功经验，社会工作在预防和解决社会问题方面的功效已经越来越受到我国各级党委和政府的重视。从中央到各级地方政府纷纷出台推动社会工作发展的政策措施，社会工作在我国各地的发展已经逐渐形成一股潮流。基于此，在未来几年内，无论是现有政府及事业单位系统的转岗方式，还是新增的社会服务机构岗位设置，都使社会工作岗位逐年增多，专业社会工作人才规模也将逐渐扩大。因此，社会服务机构的人力资源规划者需要考虑机构外部环境状况，合理地确定人力资源规划方案。

（三）社会服务机构人力资源规划的步骤

1. 环境分析

环境分析是指分析机构所处的外部环境及行业背景，从而对机构未来发展目标及目标达成所采取的措施和计划进行澄清与评估。

---

① 王名：《社会组织论纲》，社会科学文献出版社 2013 年版，第 109 页。

2. 人力资源现状分析

人力资源现状分析包括员工数量、质量、结构等静态分析，员工流动性等动态分析，以及人力资源管理关键职能的效能分析。

3. 人力资源需求预测

人力资源需求预测是指通过对机构运作模式的分析，以及各类指标与人员需求关系的分析，提炼机构人员配置规律，从而对未来实现机构目标的人员需求进行预测。

4. 人力资源外部供给预测

人力资源外部供给预测涉及本地区人口的总量、构成、受教育水平，劳动力价格与竞争力，劳动力择业心态与模式，劳动力工作价值观，本地区对外地人口的吸引力，外来劳动力数量与质量，等等。

5. 人力资源供求预测结果

通常情况下，机构人力资源供求结果大致有 3 种，即冗余、短缺和均衡。当人力资源供小于求时，机构可采取招聘、培训、延长工作时间、业务外包等措施；当人力资源供大于求时，机构可采取裁员、缩短工作时间、共享工作、调整岗位等策略。社会服务机构应结合自身的人力资源供求情况采取相应的对策。

二、工作分析

（一）工作分析的含义

工作分析是指组织有关人员依据组织发展目标，通过观察和研究，全面收集某项工作的基本信息，明确每一项工作在组织中的位置及相互关系，然后确定组织最需要的工作职位及其权责和任职条件的过程。通常情况下，组织通过工作分析，可在大量数据的基础上对职位设计、职员的招聘和选用、报酬和福利制度、培训和发展等做出决策。可以说，工作分析是人力资源管理活动的起点和基石。

对社会服务机构而言，工作分析是否有必要还值得商榷。因为界限清晰的工作任务可能不是社会服务机构人力资源管理要承担的任务。一方面，社会服务机构倡导扁平化、权力分散和灵活自由的组织结构，此种组织结构削减了管理层级，拓宽了管理范围，意味着员工拥有更多的工作内容、责任和权力，员工的工作内容也因此可能变得无边界，这使得原本清晰的工作任务与岗位界限变得模糊。然而，这符合社会服务机构本身事务繁杂琐碎的特点。另一方面，社会服务机构规模普遍较小，工作人员数量不足，这样一来，机构更看重的是有限人力资源的个人专业优势与合作能力，而此时工作分析可能显得毫无用处，员工之间也没有清晰的工作界限。①

当然，由于工作分析是人力资源管理的基础工作，工作分析在社会服务机构人力资源管理活动中有其存在的合理性，因此，社会服务机构要根据自身实际情况和具体目标来确定工作分析的地位，并实施符合机构特征的工作分析。

（二）工作分析的实施

1. 前期准备

前期准备主要是完成工作分析的前期工作，如分析方法的确定，对分析人员进行适当的技能培训，提高员工对工作分析的重视程度。

2. 收集信息

收集信息包括收集与工作有关的背景信息，如组织图、工作流程图等；同承担工作的人共同审查所收集的信息等。信息的来源主要有书面资料、任职者报告、直接观察、口头描述等。收集信息常用的方法有观察法、访谈法、日志法、问卷法等。

3. 分析信息

分析信息即对前一阶段收集的信息进行深入、全面的分析，将其提炼成工作岗位描述性语句与要求性语句。信息分析初步完成后可以进行反馈调整，让工作分析团队（包括在职者等）提出修改意见，以确保信息的完整性。

4. 产生分析结果

工作分析的结果一般包括两个方面：一是工作说明书，即工作描述，确定工作的具体特征，列出该职位所有的责任，如工作内容、任务、职责等；二是职位说明书，即工作规范，确定工作岗位对任职人员的具体要求，如技能、学历、经验、体能等。一份典型的职位说明书一般包括以下项目：职位的名称、工作范围、工作内容、所需经验和专业资格、所需能力和技术要求等（见表 7－1）。

① 周俊、张冉、宋锦洲：《社会组织与慈善组织管理》，北京大学出版社 2017 年版，第 250—252 页。

表 7－1　职位说明书（示例）

<table>
<tr><td>职位名称</td><td></td><td>职位代码</td><td></td><td>所属部门</td><td colspan="2"></td></tr>
<tr><td>职系</td><td></td><td>职等职级</td><td></td><td>直属上级</td><td colspan="2"></td></tr>
<tr><td>编制人数</td><td></td><td>填写日期</td><td></td><td>核准人</td><td colspan="2"></td></tr>
<tr><td>职位概要</td><td colspan="6"></td></tr>
<tr><td colspan="2">岗位职责</td><td rowspan="2">履职指南</td><td rowspan="2">工作交付标准</td><td colspan="3">履职过程中责任分工与对接岗位</td></tr>
<tr><td>职责模块</td><td>具体工作内容</td><td>主导牵头</td><td>承办单位</td><td>配合岗位</td></tr>
<tr><td rowspan="3">No.1</td><td></td><td></td><td></td><td></td><td></td><td></td></tr>
<tr><td></td><td></td><td></td><td></td><td></td><td></td></tr>
<tr><td></td><td></td><td></td><td></td><td></td><td></td></tr>
<tr><td rowspan="3">No.2</td><td></td><td></td><td></td><td></td><td></td><td></td></tr>
<tr><td></td><td></td><td></td><td></td><td></td><td></td></tr>
<tr><td></td><td></td><td></td><td></td><td></td><td></td></tr>
<tr><td colspan="7">任职资格条件
（1）基础条件（基础任职条件包括教育培训经历或学历、执业资格/证、身体或生理条件等）
教育背景：
×××专业或相关××××学历。
培训经历：
◆ 接受××××方面的培训。
岗位经验（满足岗位要求应具备的相同或相似岗位的从业经验）：
◆ ×年××××相关行业工作经验；
◆ ×年以上××××岗位工作经验。
（2）知识条件（知识与学历并无直接关联，只要能够满足为完成该岗位最起码的工作输出结果而应掌握的知识即可）
◆ 对×××××工作有深刻的认知。
（3）技能条件（满足岗位要求所应掌握的专项技能）
◆ 掌握计算机 Windows 系统基本操作技能。
（4）胜任能力（态度、动机或价值观方面的要求）
◆ 工作细致、严谨；
◆ 诚信可靠，具有良好的敬业精神和团队合作精神；
◆ 充满激情与活力，积极上进；
◆ 具有较强的工作热情和责任感。</td></tr>
</table>

续　表

工作条件	
工作场所：办公室和社区。 环境状况：舒适。 危险性：基本无危险，无职业病的风险。	
编制： 编写： 审批：	 审核： 编制日期：
直接下属：	间接下属：

三、员工的招聘与录用

（一）员工招聘

员工招聘是指组织根据人力资源的需求，吸引候选人来填补岗位空缺的活动。对社会服务机构而言，除获得候选人外，招聘也是机构对外宣传的一个过程，机构可以通过招聘提高自己的知名度。由于社会服务机构主要依靠人力资源来提供公共服务和社会服务，获得优秀、合适的人才，已成为社会服务机构实现宗旨和目标的决定性因素。因此，社会服务机构需要建立一套科学、现代的招聘体系，以获得所需的人才。

1. 员工招聘的原则

(1) 公开、公平原则。社会服务机构在招聘员工的过程中不仅要遵守相关法律，也要秉持伦理原则。例如，招聘广告中不带有歧视性语言，对待应聘者要一视同仁，等等。有时，作为一个公共服务部门，社会服务机构甚至需要承担社会公共责任，吸引那些弱势群体到机构中从业。

(2) 因事择人原则。社会服务机构要根据工作任务、岗位特征及需求来寻找和确定人才，而不是因人设岗。可以说，根据岗位要求和描述来寻找匹配的人，可以避免人岗不匹配造成的人力资源冗余和绩效不尽如人意的结果。

(3) 成本控制原则。受利润非分配性约束，社会服务机构难以进行盈余分配并给予员工较高的薪酬。同时，社会服务机构的资金更多用于对外服务而不是组织管理活动，并且政府和捐赠者对社会服务机构的行政管理（包括人事）开销有严格的控制和要求。因此，社会服务机构在招聘人员的过程中应有效地控制招聘成本，不是通过高薪酬来与政府和企业进行人才招聘竞争，而是通过机构公益宗旨的彰显、奉献精神的倡导和有效的工作设计来吸引人才。

2. 员工招聘的渠道

（1）内部招聘。其主要是指从组织内部挑选、获得岗位候选人的过程。在有空缺岗位时，机构首先可以考虑从内部进行招聘。通常情况下，内部招聘的途径主要有公开招聘、内部提拔、横向调动、岗位轮换、员工返聘等。内部招聘有利于保持工作的稳定性，激励员工的进取精神，提高员工对组织的忠诚度，等等。同时，对社会服务机构而言，内部招聘可收回前期员工培训投资，节省招聘成本和时间，也可避免因对外部员工缺乏了解而带来的招聘风险。当然，内部招聘也有一些不足，如挑选面过窄、不利于新鲜思想注入等。

（2）外部招聘。其主要是指通过外部渠道获得岗位候选人的过程。常见的外部招聘渠道有校园招聘，媒体招聘（报纸、杂志、网站等），员工推荐，人力资源市场招聘，猎头社会服务机构推荐等。社会服务机构在进行外部招聘时，要与外部有关人力资源供给方（如学校、人力资源市场等）保持良好的关系，做好宣传工作，真实、客观地介绍机构的情况和应聘要求，组织好接待应聘者的人员。

社会服务机构的招聘一般是通过在网站上刊登广告的方式进行的，如在机构官网、各地社会工作协会、中国发展简报等网站上发布招聘广告。招聘广告的内容一般包括机构简介、职位、工作任务及责任、应聘资格、薪资福利及应聘方式。实际上，很多机构面临着招聘合适员工困难的问题，因此越来越多的机构选择到开设社会工作专业的高校进行宣讲、互动交流，以招到储备人才或适合的员工。

3. 人才甄选

人才甄选是对候选人进行甄别和筛选，以确保合适的人进入组织任职的过程。甄选是一种预测行为，要求具有一定的信度和效度。社会服务机构的应聘候选人在一定程度上需要有更强的利他主义、亲社会动机及社会使命感。社会服务机构对应聘者的考察要“精心设计”，既要测试出真正适合的员工，也要避免打击应聘者对公益事业的热情。人才甄选的方法多种多样，从甄选流程看，可分为初步选拔与复试。初步选拔一般包括资格审查与申请表初选，复试包括笔试、面试、心理测试。

(二) 员工录用

员工录用一般有以下 5 个流程。

(1) 签订正式合同,即明确双方在法律上的权利和义务。

(2) 员工适应管理。新员工进入社会服务机构后,需要对机构的工作环境进行了解和适应。安排带教导师、举行迎新会、开展新老员工座谈会、带领新员工参观等都是这个环节机构人事常常采用的方法。

(3) 开展岗前培训,即对新加入机构的新员工进行岗前培训。社会服务机构岗前培训的主要内容包括机构的宗旨、所处的环境、利益相关者、具体的岗位要求。

(4) 员工试用。员工最初上岗的一段时间就是试用期,试用期的长短依据劳动法和机构的具体安排来定。

(5) 正式任用。一般来说,员工在试用期结束后就进入了正式任用期,试用期将直接算入正式签订的劳动合同期限内。

社会服务机构要招聘合适的人虽然不容易,但不能因为招人难而马虎和草率对待招聘工作。招聘工作做得不好,会增加员工的流失率,而员工的流失对机构来说无疑是一种损失。因此,社会服务机构要适时地对人员招聘机制进行调整,争取招聘人员的来源多元化,并建立员工的合理流动机制,为机构未来发展获取优秀人才。同时,社会服务机构要积极拓宽招聘渠道,主动和开设社会工作专业的高校联系,根据机构的实际需要,为即将毕业的大学生提供一些实习岗位,在实习生中发现和招聘合适的人员。

第三节　社会服务机构员工的在职管理

一、员工培训

(一) 员工培训的含义与功能

1. 员工培训的含义

员工培训是指通过教育、培养和训练,增进员工知识与技能并改善员工的工作态度与方式,使他们能胜任现有或未来的工作岗位,从而实现组织预期目标和员工个人发展的过程。

2. 员工培训的功能

对员工而言，培训有以下功能：(1) 增进工作知识与技能；(2) 提升对工作的兴趣和满足感；(3) 提升服务品质，提供职业生涯发展机会；(4) 增强对机构的归属感。

对机构而言，培训有以下功能：(1) 提升机构的服务品质；(2) 巩固机构的声誉；(3) 提升服务的竞争力；(4) 吸纳和储备人才；(5) 发掘和维系人才。①

(二) 员工培训的侧重点

员工的培训内容通常包括专业知识与技能、工作价值观。社会服务机构通过实施有系统的计划，并在计划之下开展培训及活动，可使员工获得更全面的知识、技能和经验，最终将员工培育成有能力的、自我发展的人才。然而，社会服务机构是价值驱动型组织，它的培训不同于一般组织的培训，培训内容除了知识、技能培训及岗位培训外，更侧重于使命感、责任感、道德感和忠诚感等方面的工作价值观的培训。

(三) 员工培训的类型

1. 岗前培训

岗前培训也称职前训练，主要面向的是进入组织的新员工，以帮助新员工尽快适应新的环境，加强其对组织的归属感。其常见方法有带领员工参观工作场所、发放员工手册、新老员工交流、开展座谈会与讲座等。

2. 在岗培训

在岗培训即不脱离工作岗位的培训，主要的方法有职务轮换、学徒制、网络学习等。

3. 离岗培训

离岗培训又称脱产培训，是指员工暂时脱离工作岗位去接受培训，主要的方法有外派培训、课堂讲座、模拟训练(如案例分析和角色扮演等)、仿真训练等。

此外，根据培训对象的不同，员工培训可分为针对管理人员的培训和针对业务人员的培训；根据培训内容的不同，员工培训可分为员工技能培训和员工素质培训。总之，分类标准不同，员工培训的类型也不同。

(四) 员工培训的流程

1. 培训需求分析

培训需求分析即采用科学的方法，确定培训的必要性和培训内容的过程，

---

① 黄源协：《社会工作管理》，华东理工大学出版社 2018 年版，第 179—180 页。

或者说弄清谁最需要培训、为什么要培训、培训什么内容等问题的过程。通常情况下，培训需求分析是培训工作正式开展的前提。

2. 培训方案设计

培训方案设计要全面，具体内容可借鉴“6W1H”的思想，即 where（何地开展培训）、when（何时培训）、why（培训目的）、who（培训者）、whom（受训者）、what（培训什么）及 how（如何培训）。

3. 培训活动的展开

培训的具体实施过程可以借鉴企业员工培训的相关方法，在培训过程中要保证培训质量。

4. 培训效果评估

培训效果评估即判别组织和员工是否从培训中受益。效果评估一般可从 4 个方面进行：员工是否满意，员工在知识、技能、态度等方面是否有收获，员工工作行为是否有所改进，员工工作业绩是否有所提升。

二、员工考核

（一）员工考核的含义

社会服务机构员工考核是指机构按照考核标准，运用科学的考核方法，评定机构员工绩效水准和任务完成情况的过程。通过绩效考核，社会服务机构可以了解员工的日常工作情况，判断员工是否有参与培训的必要；同时，以绩效考核结果为依据，对员工的薪酬水平进行调整，激励员工积极工作，为实现机构的目标提供有力保障。

（二）员工考核的方式

社会服务机构具有非营利性，这决定了机构在进行员工考核的时候，要结合自身组织特征，设计合理的绩效评估方案。社会服务机构的员工考核，通常由被考核者的上级、同事、下级或服务对象及被考核者本人担任考核人员，从多个角度对被考核者进行综合评估，并通过反馈评估结果，达到改变被考核者行为、提高其工作绩效、促进其职业发展的目的。

从不同层次的人员中搜集评估信息，从多个视角对员工进行综合评估，对比员工的自我评估，向员工反馈评估结果，使员工对自己的优势和不足有清楚的认识，以帮助其提高能力水平和业绩。员工互评可以在社会服务机构中营造相互帮助、共同发展的氛围，从而促进团队建设，同时也有助于强化社会服务机构的核心价值观，在员工间建立更为和谐的工作关系。

社会服务机构常见的三类员工评估方式如表 7－2 所示。

表 7－2　不同评估方式的比较

评估方式	评估主体	条　　件	应　　用	工　　具
独立评估	社会服务机构外的专业评估人员	规模较大、经济状况良好，需要获得一些独立性意见的社会服务机构	获取专业、独立的建议，建立机构独立的人力资源管理体系	问卷调查、小组访谈、个人访谈、案例研究
组织自评	社会服务机构内的领导、员工共同参与	规模小、经济实力弱的社会服务机构	通过内部立体式评估、学习，达成对人力资源改进的意见	小组讨论、非正式个人交流、研讨会
员工互评	社会服务机构内的员工	小型的社会服务机构	注重相互学习，在评估中即可引入改进的意见	问卷调查、个人访谈、案例研究

（三）员工考核的内容

员工考核的目的是考察员工的行为、技术性任务表现、态度和互动、实务知识和技巧、服务品质、量化的服务成果、服务的输送等，或是以上方面的综合。社会服务机构通过员工考核，可以培育出高成长动机的员工和机构未来的管理者。

根据考评岗位不同，社会服务机构的员工考核分为两类，即管理人员考核和普通员工考核。对于不同岗位类型，其考核范围、内容和侧重点也不同。对于管理人员，考核的内容主要包括计划控制能力、分析决策能力、授权与激励能力、沟通协作能力、工作责任感与态度；对于普通员工，考核的内容偏重专业知识、工作态度、沟通能力、团队协作能力、工作责任。

（四）考核等级确定

员工考核之后，社会服务机构会评定考核等级（见表 7－3），人力资源部对初评结果进行复核，并将初评结果进行公示。各部门负责人就初评结果与员工进行沟通，并对员工的工作提出改进建议。员工若对结果不满意，可以申诉。

表 7－3　员工考核等级(示例)

考核等级	定　义　描　述
A	卓越的贡献者：工作取得杰出的成就；业绩明显高于其他(同级别/工作性质)人，超出甚至远远超出绩效目标；能为他人提供极大的支持和帮助，并表现出完全胜任其岗位所需的各项能力素质
B+	优秀的贡献者：工作范围和影响力超越其工作职责；绩效表现超过大多数同事，有发展的眼光及影响力；总是能达到或有时超出绩效目标；能为他人提供有力的支持和帮助，并表现出其岗位所需的各项典型能力素质
B	扎实的贡献者：能始终如一地完成工作任务；具有一定的知识、技能和工作积极性，基本能达到或有时超出绩效目标；为他人提供相应的支持和帮助，并表现出其岗位所需的各项技能
C	待改进的员工：不完全履行所有的工作职责，或者虽履行了工作职责但水平较低或成果较差；不能证明其具有一定水平的知识、技能，不能证明其工作的有效性和积极性
D	不合格的员工：不能证明其具备岗位所需的知识和技能，或不能利用所需的知识和技能完成其职责范围内的工作；不能执行其工作任务；在连续 3 次被定级为 C 级之后仍没有显著改善

(五) 绩效面谈

绩效面谈是就员工考核结果与员工进行深度沟通，以便更好地指导员工工作和激励员工。通常情况下，绩效面谈主要包括对员工工作业绩的肯定，关注员工的行为表现，提出未来改进措施，以及共同制定新的目标。

三、员工的从业动机与员工激励

(一) 员工的从业动机

员工的从业动机可分为利他动机与利己动机两种。利他动机是一种增加他人福利(如社会福利)的动机，利己动机是一种增加个人福利的动机。学者和实践者普遍认为，社会服务机构的员工更具有利他动机、志愿精神和亲社会行为等，更愿意去传递社会价值，对公共利益具有强烈的使命感，这种利他动机建立在有意愿作用于公共事务、服务于公共利益和追求社会公平之上。

然而，社会服务机构员工的从业动机是一种利己与利他的结合。如同一个硬币的两面，社会服务机构的员工在组织中实现利他、实现社会价值的同时也可以实现个人发展和职业追求，或者平衡工作和生活。在主动的利他之下，员工也实现了自觉的利己，或者在自觉的利己之下又收获了利他的满足感。为社会和公益做出贡献同依托组织来发展自身是可以并行的，并不一定要纠结到底是牺牲个人还是有意去帮助他人，最重要的是致力于一份既可以实现社会价值又可以实现个人追求的工作，而且这份工作恰恰是社会服务机构可以提供的。

（二）激励方式

社会服务机构激励员工的方式多种多样，有物质激励、精神激励、职位晋升激励、民主激励、调迁激励、许诺激励、荣誉激励等。从激励手段的货币性角度出发，这里将社会服务机构的激励方式分为货币性激励和非货币性激励两个方面。

1. 货币性激励

这主要指通过薪酬来激励员工。社会服务机构的低薪酬具有“反向筛选”的功能，机构的员工对高薪酬没有明显的偏好，并且由于受公益价值的影响，社会服务机构常对经济激励持有厌恶态度，不愿意通过高薪酬吸引和留住员工，更偏好采取以非货币性为主的内在激励方式。但是，为了保持人力资源的稳定性，在资源允许的情况下，社会服务机构有必要保证薪酬最基本的公平性，以及员工对保健因素的满足。

2. 非货币性激励

非货币性激励是组织采取以薪酬与福利为核心的货币性激励之外的激励手段。社会服务机构的非货币性激励一般可分为以下 4 类。

（1）个人成长激励。这主要是指促进员工个人发展的职业机会和工作特征方面的激励。个人成长激励一般可通过个人专长发挥、培训与学习机会、工作挑战性、管理决策参与、工作内容丰富化、工作经验积累等多种形式实现。它可使员工在技能与知识、职业发展和人际关系等方面有所收获。

社会服务机构较为典型的个人成长激励方式是管理决策参与。管理决策参与又称管理参与，是社会服务机构在不同程度上让员工参与组织决策过程和各级管理工作的策略。从组织层面来说，社会服务机构较少有官僚等级化倾向，其员工能够享有较好的民主决策机制和较多参与组织管理的机会。对认同组织宗旨的员工而言，他们更为关心组织是如何运作的，更期望参与组织管理，以实现自身的工作追求。

(2) 工作氛围激励。这主要是指通过对员工所面临的工作环境和境遇进行调整与创造来激励员工。社会服务机构的工作氛围激励可以通过对组织人际关系氛围、同事相处氛围、沟通渠道、信任与公平的氛围等工作环境方面的建构或改善来实现。

(3) 价值认可激励。这主要是指社会服务机构的员工因较佳的工作表现获得了组织、社会和他人对其工作价值的认可，以及与之相关的支持。例如，机构赋予员工在决策参与、时间安排、工作程序和方法等方面的自由，使员工感受到独立自主地工作所带来的责任感和自豪感。价值认可激励可以弥补低薪酬带来的激励不足。

(4) 生活促进激励。这主要是指能够促进员工平衡其工作与生活的人事激励策略。例如，社会服务机构允许业务能力较强的员工弹性工作，或采取任务导向的管理策略。这对女性就业者而言，可能是一个有吸引力的激励制度，因为她们可以在一定程度上灵活调配自己的工作时间，以便更好地协调工作与家庭的关系。

四、员工督导

(一) 督导的含义

社会服务机构的督导一般是指由机构内部或外聘的资深社会工作者发挥行政、教育和支持功能，通过定期和持续的监督与指导，对新进社会工作者、一线服务人员、实习生、志愿者及其他有需要的人员进行专业知识和技术的传授，以促进他们成长并确保服务质量的活动。督导是社会工作行政的重要一环，是保障社会服务品质、提升社会工作者能力的保证。

(二) 督导的内容

1. 行政性督导

行政性督导的目的是确保被督导者完成机构安排的工作，保证机构正常运行。行政性督导的主要内容主要包括如下方面：管理及说明机构的制度、行政程序和有关工作规定；协助被督导者解决在行政工作中遭遇的难题；向上级提出改进制度和服务程序等的建议；帮助被督导者了解机构行政方面的各种程序和规则，以便其能依循程序和规则有效率地完成服务工作。

2. 教育性督导

教育性督导以协助被督导者实现自我与专业发展为主要任务，目的是弥补被督导者在服务知识、技巧与信息等方面存在的不足。教育性督导的主要内容如下：教授有关服务对象群的特殊知识；传授有关社会服务机构的知识和有关社会问题的知识；指导有关工作过程；反思有关社会工作者自我觉醒的问题；提供专业性建议和咨询。社会工作督导重视培养社会工作者的专业道德和操守，确保社会工作者在价值观、行为上与专业标准相符合，注重社会工作者实务知识、技巧的扩展和专业能力的提升。

3. 支持性督导

支持性督导是为被督导者提供心理与情感上的支持，协助其应对、预防和工作有关的压力。支持性督导的主要内容包括情绪疏导，给予被督导者关怀与支持，协助被督导者发现工作成效，激发被督导者获得价值感、满足感和专业认同感。① 相对而言，行政性督导和教育性督导更强调工具性目标，而支持性督导更强调满足被督导者的情感性需要。被督导者情感性需要得到满足，工具性目标才有可能实现。

（三）督导的形式

1. 个别督导

个别督导是指由一位督导者对一位被督导者，以面对面的方式，通过定期、定时交流讨论进行的督导。这种督导经常是对人际关系、工作、人格倾向或被督导者所提出的相关问题进行讨论，了解并讨论被督导者需要学习或改进的地方。

个别督导能够凸显员工专业能力的发挥和成长的议题，不仅关注个别员工的经验和信心水平，而且关注一些在团体中无法得到满足或是在某一方面存在潜在危险的员工。在进行个别督导的时候，既可以讨论一些会影响工作的个人问题，也可以对被督导者的工作给予一定的称赞和鼓励。在社会服务机构中，个别督导是既定的工作，通常可以由一线的管理者来执行。

2. 团体督导

团体督导由一位督导者与数位被督导者以团体讨论的方式，定期举行讨论会的督导形式。会议内容大致包括个案讨论、角色扮演、专业知识讲解、介入技巧示范等。团体督导可能是让每位员工都得到所需支持的唯一方法。在进行团体督导时，每位员工都能够从他人的实践中学习到经验。团体督导不

① ［美］阿尔弗雷多·卡杜山、丹尼尔·哈尼克斯：《社会工作督导》（第四版），郭名倞、寇浩宁、汪蓓蕾等译，中国人民大学出版社2008年版，第174页。

仅可以强化团队建设，而且可以改变团队由上而下的主导形式。团体督导是目前我国社会服务机构运用较普遍的督导形式之一，其优点是组员可以分享、交流经验和相互学习。①

3. 同辈督导

与个别督导和团体督导不同，同辈督导没有明确的督导者，而且在整个督导过程中也不存在督导者与被督导者的区别，它倡导的是一种平等参与、相互支持的督导方式。同辈督导是由被督导者共同参与、相互学习的督导方式。同辈督导过程中没有固定的督导者，所有被督导者同时也是督导者，他们一起参与督导议题的选择、个人经验的分享和疑难问题的咨询。每位参与者在分享自己的专业经验的同时，也接受和学习其他参与者的专业经验。

4. 正式督导

正式督导致力于将被督导者的实务能力提升到最佳状态，并使被督导者在形式上对督导负责。正式督导在督导会谈中展开。督导会谈的任务焦点是被督导者过去所做的工作，为什么要去做，以及是如何完成的。其具体实施过程如下：(1) 描述，即发生了什么。这是确认督导过程要包含的内容，并且被督导者理解所要讨论的内容。(2) 澄清，即这代表什么意义。督导者理解被督导者如何看待所面对的情境。(3)分析，即我们如何理解它。根据相关知识、政策、法律和实务经验进行理解。(4) 实施，即目标是什么以及如何朝着目标努力。(5) 评估，即目标是否达成。

在督导会谈开始阶段，督导者应通过倾听与被督导者建立良好的关系，以确保对话的顺利进行；在督导会谈中期，督导者需要扩展议题的广度；在督导会谈结束后，督导者需要提供督导会谈的摘要。如果要实现督导目标，督导过程就要满足以下前提条件：(1) 督导工作能够有规律地实施，能够在不受干扰且保密的情况下实施，有足够的讨论时间(至少 60 分钟)；(2) 事先确定好督导内容，督导者与被督导者双方都要有适当的准备，以利于对所要讨论的内容进行有效沟通；(3) 基于督导者和被督导者彼此的相互尊重，人际关系的考量也同样重要，一个相互信赖的督导关系不但需要有清楚的责任及责任归属，而且要有机会开放地讨论实务工作、伦理困境和个人问题。

① 黄耀明：《融合与超越：社会工作督导发展困境与本土化路径》，载《社会工作与管理》2019 年第 6 期。

第四节　社会服务机构员工的留任管理

一、人才流动与人才流失率

（一）人才流动

人才流动是人才在地区、行业、岗位等方面的变动，是人才从一种工作状态到另一种工作状态的变化，是人才调节的一种基本形式，也是调整人才社会结构与充分发挥人才潜能必不可少的重要环节。行业内适当的人才流动能给社会服务机构带来活力，同时也能使社会工作者找准自己的定位，以更好地促进专业的发展。但过高频率的人才流动就会变成人才流失，会给社会服务机构管理造成混乱，最严重的后果是使社会服务机构的长期发展目标难以实现。

（二）人才流失率

一般而言，狭义上的人才流失率是指正式员工的流失率。但是，就广义而言，从雇用周期考虑，管理者还需要注意另外两种流失率：第一种是刚刚录用的、尚处于试用期阶段的新员工的流失率；第二种是已经通过面试但尚未录用的候选人的流失率。

新员工的流失率主要由入职管理决定。新员工的流失意味着招聘这位新员工所耗费的资金、时间、人力、物力全部白费，而且又会再次产生职位空缺，需要重新投入资源和时间做重复性工作。此外，由于新员工一般尚未产生实际的工作贡献，还处于岗前培训阶段，他们一旦离职就意味着机构这方面成本的巨大浪费，也意味着机构在这方面的投资回报率为负数，而大部分正式员工的投资回报率是正数。

候选人流失率和正式员工的流失率不同，除显而易见的与机构有无劳动契约关系以外，最重要的是，越优秀的候选人流失的概率越大。越优秀的候选人被其他机构通知面试、收到录用通知的概率就越高，也就是说他们的从业机会更多，这就导致其加入组织的可能性降低，因此决定候选人流失率的候选人体验管理至关重要。

当然，对一个组织而言，更重要的是留住优秀员工并继续发挥他们的能力。对任何组织而言，人员流动都是不可避免的。但如果流动率过高，组织就会面临内部知识的流失，以及无法实现组织目标的潜在威胁。越来越多的社会服务机构意识到这一点，因而将关键员工的留任作为人才管理的重要一环。

二、社会服务机构人才流失的原因

相较于政府和企业，目前社会组织的人才流动较为频繁。以广东省东莞市的社会工作发展为例，东莞社会工作实践始于2009年，当时首批专业社会工作者正式上岗，拉开了东莞政府购买社会服务的序幕，东莞率先建立社会工作财政保障机制并入选“全国社会工作领域十件大事”。据东莞市社会工作者协会的统计数据，2011—2015年，每年东莞的社会工作者离职率都超过了10％，2012—2015年离职率依次为14.6％、14.2％、13.5％与14.9％，2017—2018年离职率基本在16％～17％。研究者对16家社会工作机构的调研发现，其社会工作者的平均离职率为20％，已达到业内警戒线。① 而且，目前社会工作者离职率高位徘徊的现象也非东莞所特有，北京、广州、深圳等地的社会工作者离职率也比较高。社会服务机构中社会工作者离职率较高的原因主要有以下几点。

（一）社会服务机构层面

1. 薪资福利水平不高

关于社会工作者的薪资，并没有统一的标准。总的看来，社会工作者收入偏低，且未形成常态化的调整机制。与北京、上海、广东等社会工作发展较快的地区相比，中西部地区社会工作者的薪资待遇较低，且缺乏政策性保障。社会工作者以社会服务为职业，应当有适当的薪资待遇，以满足其物质与精神文化生活的需求。如果社会工作者的收入低，不能体现其劳动付出，不能维持一定的生活水准，就会给其造成心理落差和生存压力，即使有专业情怀的支撑，也难以长期接受低薪现实，因而容易流动到收入相对较高的行业。

2. 激励机制不完善

社会工作者的晋升渠道包括职业资格晋升、专业管理晋升、行政管理晋升3种。② 由于社会服务机构的规模普遍较小，且管理结构扁平化，因而社会工

---

① 原秋华、邱可航、李小玲：《社工行业发展的困境与出路探析——以东莞为例》，载《科技风》2019年第10期。

② 李昀鋆：《社工流失困境下的社会工作服务机构激励机制研究——基于双因素理论视角》，载《学会》2014第11期。

作者的职业发展路径过窄、晋升机会较少。当社会工作者的业务水平上升至一个新的台阶后，其必然希望获得积极的肯定，如拿到更多的薪水、获得更多的工作自主权、晋升到上一级岗位等。如果机构没有完善的激励机制，优秀员工的合理需求得不到满足，一旦外界给予其适当的条件，其便可能选择离开原机构。

3. 组织文化建设不够

一般来说，社会服务机构在薪资待遇、硬件环境方面不具有竞争优势，其常常需要靠工作氛围、专业价值等凝聚人心，所以，机构应当重视组织文化建设，使员工认同机构的使命和价值，愿意为机构愿景的实现而努力。如果机构缺乏具有自身特点且能够体现组织宗旨的服务理念、集体意识、制度规范，组织文化的导向作用、凝聚作用、激励作用就难以发挥出来，进而会影响员工对机构的归属感和忠诚度。这也为员工流失埋下了隐患。

（二）社会工作者层面

1. 职业规划不清晰

受就业形势影响，有些人可能把进入社会服务领域作为权宜之计，因此在进入社会服务机构前并没有认真评估自身的兴趣、能力、特质等是否与行业要求相匹配，对机构及其开展的项目也不了解。由于缺乏长远明确的职业奋斗目标，一旦其他行业有更好的就业机会，这些人就会选择离开。当然，有一些社会工作者是主动选择社会服务行业的，他们认同社会工作，希望发挥自己的能力并为社会服务机构创造价值。但是，在职业发展过程中，自我认知不准确、成长路径不清晰等因素都会导致人与职业不相匹配，职业发展与预期不相符，进而可能也会选择离开。

2. 职业倦怠问题较突出

首先，在现阶段，社会工作者尚难专注于特定的实务领域。他们往往因项目的要求提供不同的服务，所以不得不努力使自己成为“多面手”，这加大了社会工作者的身心负荷。同时，有些服务具有较高的难度和挑战性，如反家暴服务、精神卫生服务、毒瘾戒除服务、艾滋病防控服务等。其次，陷入困境的服务对象常常面临着多重问题，需要社会工作者链接和协调各种资源，并促使相关资源得到有效利用，这也加大了社会工作者的工作难度。最后，社会服务的对象常常是弱势人群、行为偏差人群，他们的人生经历和生存困境也往往会影响社会工作者的情绪。如果社会工作者感到自己难以胜任工作、付出没有得到应有的认可、无法面对工作带来的负面感受时，就难免产生职业倦怠感，甚至选择离职。

三、社会服务机构留住人才的策略

留住人才是一项系统工程，涉及组织内部文化、工作安排、内部晋升、员工培训、参与管理及职业发展规划等方面。社会服务机构留住人才的策略主要有以下几种。

（一）建立合理的薪酬制度

社会服务机构应以岗位绩效为导向、以规范化为基础、以制度建设为重点，不断提高薪酬管理的科学化水平，建立健全与机构发展相适应的薪酬管理体系。

社会服务机构应坚持注重效率与维护公平相协调，使员工既有平等参与的机会，又能充分发挥自身潜力，不断激发机构活力；坚持激励与约束相统一，按照社会服务机构从业人员承担的责任和履职的差异，做到薪酬水平同责任、风险和贡献相适应；坚持薪酬制度改革与相关改革配套进行，建立健全员工薪酬水平正常增长机制；坚持物质激励与精神激励相结合，提倡奉献精神，充分调动员工的积极性、主动性和创造性。

（二）加强内部建设，积极拓展资源

社会服务机构要积极拓展资源，如通过与各慈善机构、企业、公益机构等单位合作，整合相关资源，同时挖掘机构内部优势资源，增强自身的“造血”能力，这样才能使机构稳定发展。

社会服务机构要做好内部人才管理，保证人才队伍的稳定。在招聘人员时，要重点考察应聘者的发展潜力，包括专业知识、学习能力、领导能力等。机构管理者要做好人才梯队建设，合理规划社会工作者的职业生涯；合理制定人力资源规划，在出现岗位空缺的情况下，优先内部聘用，给社会工作者以职业生涯发展的机会。

此外，社会机构还要加强员工关怀和团队建设，明确机构的目标、宗旨和使命，并使其内化于心、外化于行，让社会工作者感受到机构的支持和力量，从而提升对机构的归属感和认同感。

（三）开展有效的专业培训

社会服务机构要注重学习型组织的建设，为员工搭建学习平台，提供成长

空间，不断促进员工的专业发展和综合素质提升。为此，社会服务机构要加大对社会工作者的培训力度，提高培训的针对性和实用性，推进社会工作者专业化水平的提高，特别是要增加针对不同领域、不同岗位的社会工作者特殊培训。例如，针对司法岗位的培训，要多从法律知识、家庭关系、信心塑造、情绪管理、社会认知等方面入手；针对妇联工作岗位的培训，要提供更多的家庭关系、心理知识、沟通技巧、妇女权益保障等方面的知识培训；针对教育岗位的培训，要多从行为心理学、教育学、青少年认知特点等方面入手。为保证培训的效果，一方面，社会工作者协会和社会服务机构要加大对培训的资金投入力度；另一方面，机构要提升培训导师的层次，多聘请实践经验丰富、专业素养高的培训导师，切实增强培训效果。

（四）完善激励机制

社会服务机构要打开人才晋升通道，健全机构内部人才晋升机制，拓宽员工的晋升渠道，注重对员工实施成长激励和精神激励。社会服务机构需要建立一套符合机构价值观的绩效评价体系和奖惩方法，不将薪酬作为员工个人业绩的唯一标准，而应将价值观融入员工的考核标准中，构建员工的"使命绩效"，促进员工提升绩效，并在此过程中找到自己的价值。

社会服务机构应在考核结果的基础上，帮助员工设计职业生涯规划，使其在相应的岗位上能充分体现自身价值，并对日后的发展充满期待[①]；要注重员工工作表现的结果和反馈，使员工的加薪、奖励、再教育、职业发展（晋升、调派、辞退）与其工作投入程度和工作成效相关联，让员工看到职业发展的可能性。

（五）提高社会工作的社会认知度

社会服务机构应加大宣传，提升社会工作的社会认知度、认同度和接受度，达成社会工作参与社会治理重要性的社会共识，营造鼓励、支持、赞许社会工作服务机构及社会工作者参与社会治理的社会氛围。国家应进一步制定政策、完善法规，建立促进社会工作健康发展的"晚辈"政策法规体系，为社会工作的职业化、专业化、制度化发展提供政策保障。

（六）提升专业素养，增强社会工作专业价值认同

社会工作者自身要适应大环境的需要，不断学习，关注社会工作行业动

---

① 沈黎、刘林、刘斌志：《社会工作者的职业倦怠与组织承诺状况研究——以上海青少年事务社会工作者为例》，载《青年探索》2011 年第 3 期。

态，学习政策法规，了解有效指导实务的理论方法，掌握各方面的知识，提高专业自信，培养自我效能感；适时对工作进行总结和回顾，在此过程中发现自身价值，提升职业成就感。

总之，社会服务机构在面对人才流失问题时，需要将内部微观策略和外部策略相结合，强调机构价值观与使命，关注员工的发展与价值，规范机构人力资源管理，加强机构内部沟通与互助，强调机构的公信力。社会服务机构要将人的发展摆在和组织的发展同等重要的地位，在人才流动的浪潮中不断完善自身的管理，并在实践中探索符合机构宗旨理念的发展模式，抓住社会工作人才流动带来的发展机遇。

复习思考题

1. 什么是人力资源与人力资源管理？
2. 简述社会服务机构人力资源管理的特点和内容。
3. 简述社会服务机构人力资源规划的步骤。
4. 简述社会服务机构员工招聘的方式与录用程序。
5. 简析社会服务机构员工培训、考核与督导的重要性。
6. 思考在社会服务机构管理中如何运用激励理论。
7. 讨论社会服务机构如何留住人才。

推荐阅读

1. 刘春湘：《社会组织运营与管理》，经济管理出版社 2016 年版。
2. 刘群慧：《社会工作人力资源开发与管理》，中国经济出版社 2016 年版。
3. ［美］彼得·德鲁克：《管理的实践》，齐若兰译，机械工业出版社 2018 年版。

第八章

社会服务机构的志愿者与实习生管理

除了员工之外，社会服务机构人力资源管理的对象还包括志愿者与实习生，他们也是机构宝贵的人力资源。本章重点讨论社会服务机构的志愿者管理与实习生管理。志愿者参与社会服务的过程也是其自身成长和社会价值实现的过程，只有这样，志愿者才能保持持久的工作热情和创造力。由于志愿者本身具有高流动性和随机性，因此，规范志愿者活动、对志愿者进行有效的管理尤为重要。很多社会服务机构具有很强的责任感，愿意与教育机构合作培养未来的社会工作者。培训和使用实习生不仅可以扩大机构的员工队伍，而且可以鼓励学生毕业后参与社会服务事业。

第一节 志愿者与实习生

一、志愿服务

在西方，志愿服务源于宗教组织的慈善服务。这种慈善服务因民间性和宗教性而具有良好的社会基础，后来逐渐成为一种服务社会的行动方式。特别是第二次世界大战以后，志愿服务更是走上了常态化、制度化、规范化的发展道路。在我国，志愿服务有着深厚的历史渊源与文化积淀。我国现代意义上的志愿服务发端于 20 世纪 80 年代后期。在当代中国，志愿服务是公民参与社会生活的一种非常重要的方式，志愿者在社会建设中也发挥着越来越重要的作用。志愿服务中人人参与、人人服务、人人建设、人人管理的精神，更是社会建设和社会管理的基础。

(一) 志愿服务的定义

2001年，国际志愿者协会(International Association for Volunteer Effort, IAVE)在荷兰阿姆斯特丹召开第十六届世界年会，通过了《全球志愿者宣言》(The Universal Declaration on Volunteering，以下简称《宣言》)。《宣言》对增强社会对志愿精神的认知，增进政府部门、民间社团、企业、学校及媒体对志愿服务的支持具有重要作用。《宣言》指出，志愿服务是公民社会的基石，它可以激发人类追求和平、自由、机会和正义。《宣言》还指出，志愿服务是个体为了增进邻里、社区、社会的福祉而进行的非营利、不求报酬、非职业化的行为。

2006年，共青团中央颁布《中国注册志愿者管理办法》(2013年进行了修订)，将志愿服务界定为，"志愿者不以物质报酬为目的，利用自己的时间、技能等资源，自愿为国家、社会和他人提供服务的行为"。《中国注册志愿者管理办法》指出，志愿服务主要领域包括扶贫济困、助老助残、社区服务、生态建设、大型活动、抢险救灾、社会管理、文化建设、西部开发、海外服务等。2017年8月，国务院发布的《志愿服务条例》中指出，志愿服务"是指志愿者、志愿服务组织和其他组织自愿、无偿向社会或者他人提供的公益服务"。

可见，志愿服务是一种非政府性质的组织行为和服务行动，是民间组织或个人出于自愿意志而非个人义务或法律责任，利用自己的知识、体能、技能或财富，通过行动去促进社会事业的发展，提高公共事务效能及增进社会福利，或者帮助有需要的社会群体及个人。志愿服务所体现的核心精神是人道主义。志愿服务是践行志愿精神的过程与结果，它通过个人和组织的社会活动来促进公益和公共领域的发展，为社会和广大民众的福利而服务。

(二) 志愿服务的特点

1. 自愿性

志愿服务以激发公民道义良知、同情心和社会责任感等内心行为动机为主要动员手段，公民参加行动的动力来自其本身，以自愿参加为前提，体现服务的主动性和自觉性。

2. 无偿性

志愿服务活动的动机是非营利趋向的，不以物质报酬为目的，明显有别于追求个人利益最大化的经济行为，这就保证了志愿服务的本质是奉献社会、服务社会。就志愿服务的参与者而言，其得到的报酬是精神层面以及能力方面的，以利他和公益为基本目标。当然，志愿服务的无偿性并不等同于完全免费，作为一种社会行为，志愿服务仍会占用一定的社会资源，即需要投入一定的成本。因此，志愿者可以得到一些补贴，如交通补贴、餐饮补贴。不过，这些补贴的价值远远低于志愿者实际付出所应该得到的回报。

3. 利他性

志愿服务最基本的动机是利他动机，即志愿者为他人和社会的福利自愿奉献爱心、时间和能力。利他性是体现志愿服务社会价值的源泉，当然，利他并不与利己完全对立。严格来说，志愿服务是一种助人自助的行为，在服务他人和社会的同时，志愿者个人在精神生活质量、实际能力、社会声誉等各方面都会得到提升。

4. 公共性

志愿服务是在一定的公共空间和特定人群中开展的助人或互助活动，一般以有组织的、公开的、社会化的形式开展，反映的是公共生活中人与人之间的关系。志愿服务不同于人与人之间的互相帮助，孤立的邻里间相互帮忙，或是日常生活中的好人好事，它具有明显的公共性和社会性。

5. 开放性

志愿服务立足于现实，着眼于未来，服务于社会，是一个开放的、动态的系统，无论是内容还是形式，都具有丰富的内涵和极强的吸纳能力。志愿者行动是一种面向社会、面向未来、面向世界的活动。它鼓励并需要人们大胆探索，勇于实践，不断创造、丰富和完善它的内容和形式；充分尊重和大力提倡各地各类服务组织在志愿服务方面的自主性和创造性，以形成丰富多彩、富有特色的志愿服务活动模式。

6. 教育性

志愿服务活动的开展发展了人的能力，提高了人的素质，陶冶了人的情操，完善了人的品格。志愿者在无私奉献的同时，也在不断地积累无形的收获，有对人生观、价值观的深层思考，也有对现实生活更透彻、更敏锐的感悟，还有个人专业能力的提升，以及优良道德的养成，等等。同时，志愿服务活动促进了社会保障和社会服务体系的建立与完善，促进了新型人际关系的形成和社会的稳定发展，弘扬了中华民族的传统美德和社会主义新风。更多的志愿者主动参与志愿服务，学会了奉献爱心，帮助他人，履行诺言，实践责任。因此，志愿服务彰显了突出的教育性特点。

综上，志愿服务是人们自愿贡献时间和精力，在不为获取物质报酬的前提下，本着自愿意志，为推动人类发展、社会进步和社会福利事业发展而提供的服务，所以，志愿服务活动具有自愿性、无偿性、利他性、公共性、开放性和教育性等特点。基于这些特点，任何人，不分文化背景、种族、宗教信仰、年龄、性别、社会阶层或经济条件，都享有自由参与志愿服务的权利。所有人都可以自由贡献自己的时间、才能、精力、金钱和物质资源去帮助他人，而且是不求物质报酬地去帮助他人。

二、志愿精神

（一）志愿精神的内涵

志愿服务是践行志愿精神的行动。联合国前秘书长安南在 2001 年国际志愿者年启动仪式上指出，“志愿精神的核心，是服务、团结的理想和共同使这个世界变得更加美好的信念”。中国青年志愿者协会将志愿服务精神表述为“奉献、友爱、互助、进步”。志愿精神表现在志愿者自觉、自愿地参与志愿服务，本着为他人、为社会分担风险的动机来提供服务，这种精神存在于志愿者的信念中。[①] 志愿精神是人类社会文化生活的重要组成部分，体现着社会的文明进步。

更具体地说，我们可以从 3 个角度解读志愿精神。第一，奉献精神。从志愿者角度看，志愿精神可以理解为奉献精神。这一点在中国志愿者的誓词中也有体现，即“尽己所能，不计报酬，帮助他人”。这种奉献精神是志愿精神的本质。第二，互助精神。从志愿者与服务对象的关系角度看，志愿精神可以理解为互助精神。志愿服务过程就是志愿者与服务对象相互关爱、相互交流和共同发展的过程。第三，人文精神。从人类发展的角度看，志愿精神可以理解为人文精神。联合国志愿人员组织指出，志愿精神体现为“个人对生命价值、社会、人类和人生观的一种积极态度”。志愿精神在影响志愿者和服务对象、作用于社会体系结构的基础上，最终可在全社会成员的心中得到内化，成为他们面对人生、社会和生命的一种态度。

---

① 周俊、张冉、宋锦洲：《社会组织与慈善组织管理》，北京大学出版社 2017 年版，第 272 页。

(二) 志愿精神的内容

中国青年志愿者协会认为,志愿精神既继承了中华民族扶贫济困、助人为乐的传统美德,也体现并塑造着社会主义市场经济下的新型道德观念,还是对人类先进文明成果的吸收。其对志愿精神的表述,可视为志愿精神的内容。

1. 奉献

它是指不求回报地付出。奉献精神是高尚的,是志愿服务的精髓。志愿者在不计报酬、不求名利、不要特权的情况下参与推动人类发展、促进社会进步的活动,这些都体现了高尚的奉献精神。

2. 友爱

志愿精神提倡志愿者欣赏他人、与人为善、有爱无碍、平等尊重,也即友爱精神。志愿者之爱跨越了国界、职业和贫富差距,是没有文化差异、没有民族之分、没有收入高低之分的平等之爱,它让社会充满温暖。

3. 互助

志愿者凭借自己的双手、头脑、知识、爱心开展各种志愿服务活动,帮助那些处于困难和危机中的人们。志愿者以互助精神唤醒了许多人内心的仁爱和慈善,使他们付出所余,持之以恒地真心奉献。助人自助可以帮助人们走出困境,自强自立。

4. 进步

进步精神是志愿精神的重要组成部分,志愿者通过参与志愿服务活动,使自己的能力得到提升,同时也促进了社会的进步。进步精神使人们甘心付出,追求社会和谐。

三、志愿者

(一) 志愿者的含义

在不同地区,志愿者(volunteer) 有不同的称谓:我国香港地区习惯于把志愿者称为"义工";台湾地区现在一般多称"志工",学术界也有人称"志愿服务者";内地(大陆)一般称"志愿者",深圳等南方城市受香港的影响,也多称"义工",如深圳地方志愿服务法规就是《深圳市义工服务条例》。

关于志愿者的含义,很多团体和部门都讨论过。例如,美国社会工作者协会对"志愿者"的界定是,"追求公共利益、不计报酬、本着自我意愿及选择而结合为志愿团体,参加此类团体的工作者即志愿者";我国台湾地区有关规定中对志愿者的界定是“对社会提出志愿服务者”；我国香港地区的义务工作发展局将志愿者定义为“在不为任何物质报酬的情况下，为改进社会而自愿提供服务、贡献个人时间及精神的人”；《中国注册志愿者管理办法》（2013 年修订版）将志愿者定义为“不以物质报酬为目的，利用自己的时间、技能等资源，自愿为国家、社会和他人提供服务的人”；《志愿服务条例》将志愿者定义为“以自己的时间、知识、技能、体力等从事志愿服务的自然人”。

综上，我们可以把志愿者定义为志愿服务和志愿精神的实践者，是指那些不为物质报酬，基于良知、信念和责任，为改善社会服务、促进社会进步，志愿为国家、社会、他人提供服务和帮助的人。从这一定义可以看出，志愿者具备以下几个特点：(1) 有奉献社会的志愿精神；(2) 从事志愿服务是自愿、自觉的；(3) 提供的志愿服务是不计报酬、不计私利的活动；(4) 提供的志愿服务是为他人和社会提供服务的行为，是利他主义的表现。

（二）社会服务机构应重视吸纳志愿者

在我国，政府部门和国有单位拥有较多的资源，非营利机构在提供服务的同时，普遍面临着资源短缺的情况，包括人力资源不足。可以说，资源的有限性与社会需要的多样性、复杂性成了社会服务领域的一对基本矛盾。以社会工作机构为例，虽然全国民办社会工作机构已有上万家，但大多数都是规模小、资源汲取能力弱的机构，常常面临生存危机。从现实情况看，不少机构长期在资金少、人手少、服务水准难以保证、业绩不突出、筹资困难的圈子里打转，成长缓慢。那么，在资源有限的情况下，机构如何提供更多、更好的服务呢？从人力资源的角度看，机构积极吸纳志愿者加入无疑是一个重要的发展战略。

一方面，社会工作与志愿服务有高度的契合性。从服务的性质看，社会工作与志愿服务在本质上有相通之处，那就是公益性。两者都致力于满足社会需要、增进社会福祉，因此，在很多时候，机构服务的目标与志愿服务的目标是可以达成一致的。从服务的手段上看，两者可以互补，因而能够更有效、更大规模地满足服务对象的需要。另一方面，志愿者的加入可以降低机构的服务成本，促进机构与社会、大众、社区和其他社会组织之间的沟通与了解，机构各有专长的志愿者可以使有需要的人得到更好的帮助。总之，志愿者是宝贵的人力资源和社会资本，社会服务机构应重视吸纳志愿者。

四、实习生

（一）实习生的含义

实习是一种特殊的学习方式，强调学生将学过的理论知识和一般性原则应用到特定的实践之中。实习生，顾名思义，就是到相关单位进行专业锻炼的在读学生。在现代社会，为了提高人才培养的质量，促进教育与实践的对接，高校都通过实训、实习等方式，对学生进行职业训练。这种训练有的在课堂教学中进行，有的利用第二课堂进行，有的通过专业实习进行。学生在学校人才培养方案设定的实习期内，到相关单位的具体岗位上参与实践工作，就是实习。实习是高校人才培养的重要组成部分。与正式员工不同，实习生的身份是学生。实习不等于就业，实习生与实习单位之间的关系不是劳动关系。

（二）社会服务机构应注重培养实习生

对社会服务机构而言，尽管实习生不具备职业经验，实习时间也比较有限，但这并不意味着可以对实习生放任不管，或者把实习生当作免费的劳动力。实习生也是机构的人力资源，他们可以承担一些辅助性工作，因而可以缓解机构人手紧张的状况。不仅如此，年轻人的加入也会给机构带来新鲜的观点、视角和方法，进而增强机构的活力。如果实习生在实习的过程中与机构彼此满意，那么他们极有可能成为机构的正式员工。所以，机构应重视实习生管理。当然，实习生管理应遵循简单、实用的原则，不能直接照搬对正式员工的管理方式。

在学生实习期间，机构可与其学校签订合作协议，与校方共同指导完成学生的实习工作，使学生通过实习提升实践能力，提高专业水准。社会服务机构应树立正确的实习生用人观，将实习生管理纳入人力资源战略中进行规划，视实习生培养为人才储备的重要方式，开发完整的实习生管理制度和培养计划；应加强对实习生的安全教育，在实习岗位设置、工作环境安全、岗前安全教育、安全护具配备、安全责任落实等方面将安全措施落实到位；应为实习生配备带教老师，带教老师除了传授业务技能外，还要培养实习生的职业素养，包括形象礼仪、职场心态、职业道德、沟通技巧等，以缩短实习生自己摸索求解的过程。①

① 杨良、王晓云：《老 HRD 手把手教你做员工管理》，中国法制出版社 2015 年版，第 223 页。

第二节　社会服务机构的志愿者管理

一、证件管理——招募与登记注册

为志愿者提供证件是其参与志愿服务工作的必要条件。社会服务机构对志愿者实行规范的证件管理意味着志愿者的身份得到了双重认同：一方面是社会服务机构对志愿者个人身份的认同，这在实用功能层面方便了志愿者提供志愿服务；另一方面是社会公众对志愿者身份的认同，这保证了志愿者接受社会认同与赞誉的权利。

（一）招募渠道

志愿服务项目负责人根据项目和岗位需求情况，将该项目所需志愿者数量、岗位要求、报名方式等具体招募信息报送社会服务机构进行审核，审核通过后，向社会公开招募志愿者。志愿者组织可以采取公开招募与定向招募相结合、经常性招募与阶段性招募相结合、面向个人招募与面向集体招募相结合等方式开展志愿者招募工作，建立健全高效、便捷的志愿者招募机制，使招募渠道保持通畅。

成为社会服务机构的志愿者需要具备以下基本条件：(1) 热心社会公益事业，具有“奉献、友爱、互助、进步”的志愿精神；(2) 具备民事行为能力，未成年或不具备民事行为能力的人应当经监护人同意；(3) 具备参加志愿服务所需的基本能力和身体素质；(4) 认可机构的宗旨，同时认同机构的文化和理念；(5) 参加机构安排的相关志愿培训活动。

（二）志愿者登记注册程序

凡符合志愿者注册条件并自愿从事志愿服务的个人，均可以通过网络、电话或直接到机构等方式提出申请，并填写《志愿者登记表》，机构对申请人进行审核，审核合格后，志愿者需要签《志愿者服务协议》。合格的志愿者要进行注册，以备志愿时长的记录，方便志愿者及时关注志愿服务信息。

二、日常管理

为了促进志愿者规范化管理，推动志愿服务事业持续健康发展，2017 年国务院颁布实施的《志愿服务条例》详述了志愿者的招募与注册、培训与考核、管理与服务、权利与义务、表彰与激励，为志愿者日常管理提供了依据，也为志愿者开展志愿服务提供了明确的指导和有力的保障。

（一）招募前的准备

社会服务机构在招募志愿者之前，要先定位，即机构需要什么样的志愿者，机构的内部环境和制度建设是否适合招募志愿者。对项目而言，有经验的长期志愿者可以根据活动性质和对项目的定位，确定所需志愿者的范围。

（二）志愿者的定位

社会服务机构要明确所需招募的志愿者是什么类型的，志愿者应该如何参与志愿服务；要确定志愿服务的具体内容，并根据志愿者的能力与风格进行分配。志愿服务应当与志愿者的年龄、知识、技能和身体状况相适应，让志愿者能够在服务活动中更好地发挥优势，完成项目。社会服务机构不得要求志愿者提供超出其能力范围的志愿服务。

（三）平等承诺

在社会服务机构中，领导者、管理者、职工、志愿者都是平等的，可以相互沟通交流。对志愿者来说，社会服务机构可以让他们在志愿服务的过程中发挥自主性，让他们有更多空间可以发挥自我的能力，为项目服务做贡献。

（四）公开招募，择优录用

根据项目的特殊性，社会服务机构在招募志愿者时，应当说明与志愿服务有关的真实、准确、完整的信息，以及在志愿服务过程中可能发生的风险；除了基本的专业能力考察外，还需要考察志愿者的道德修养、志愿精神、吃苦耐劳精神、成熟稳定的品质等。机构要坚持公平、公开、公正的原则，择优录取，筛选有正义感、有责任心、有能力的志愿者。

（五）教育与培训

社会服务机构都会对招募的志愿者进行教育与培训。社会服务机构在开展专业志愿服务活动时，应当执行国家或者行业组织制定的标准和规程。法律、法规对开展志愿服务活动有职业资格要求，因此志愿者应当依法取得相应的资格。经过指导与培训，志愿者可以了解自己的职责范围，确定自己的义务与权利，熟悉组织的工作环境和工作要求。从而能够更好地适应工作。培训的方式一般包括讲座、阅读、探讨、实地参观、观看录像、专题案例分析等。

（六）协调与协助

在社会服务机构中，志愿者之间的相互协调与协助是非常重要的。每一个服务项目都需要志愿者进行配合。尤其是项目性的志愿服务，很多志愿者在项目开展之前都相互不认识，也不清楚每个人的办事方式，因此在活动中，为避免发生冲突，志愿者之间应该多沟通。很多志愿服务都是长期性的、周期性的，因此有部分志愿者是有经验的，前辈可以在各方面对后辈进行指导，帮助他们更快地成长，也让他们能够在社会公益事业方面帮助他人的同时锻炼自己的协调、合作与交流能力。

（七）及时记录

志愿者提供志愿服务是在帮助他人、弘扬中华民族传统美德，同时对志愿者本身来说，也是他们参加社会实践以锻炼自己的具体体现。志愿者的活动记录、成长记录与个人总结会为之后的志愿服务提供有用的信息，非志愿者看到这些文献资料也可以更加真实地了解整个活动的流程与进程，久而久之，对机构的发展也是非常有好处的。同时，文献或图片资料也可以用来宣传志愿服务，吸引广大社会成员参与其中。

（八）提供必要的经费

毫无疑问，志愿服务活动需要一定的经费，全职志愿者需要固定的薪酬，临时志愿者也需要车费、食宿补贴等。尽管经费很少，但也能为部分志愿者提供参与志愿服务的必要条件。

（九）志愿者队伍的储备与保留

相对于志愿者队伍的招募和培养，对志愿者队伍的储备和保留更重要。因为这关系到机构规模的扩大和机构人力资源的稳定性。储备和保留志愿者队伍可以节省机构消耗在对志愿者进行培养方面的各种成本，也可以提高公众对机构的认可度。

三、考评管理与激励机制

除了让志愿者管理有章可循外，志愿者日常管理的重要内容还包括服务时间、服务次数和服务岗位的记录。尤其在专业的团队管理过程中，这些数据是进行管理评估的重要依据。回顾与评估可以反映志愿者的工作情况及工作体验，也可以鉴定其工作价值，方便对其进行管理和奖惩。社会服务机构应安排专人对志愿者的服务工作进行督导，及时了解志愿者的服务提供情况，对志愿者的工作技巧和态度进行指导，并及时对志愿者在工作中出现的问题予以解决。

从工作安排到服务时间的记录，再到志愿服务的回顾与评估，其中不可或缺的是对志愿者为社会服务机构做出的贡献予以承认和鼓励。社会服务机构在志愿者管理中，既要通过多种多样的激励机制回馈志愿者的付出，也要培养和保护志愿者从事志愿服务的荣誉感和使命感。对工作成绩突出的优秀志愿者，机构要适当给予表彰，肯定他们的辛勤付出，让他们保持工作的积极性和热情。

四、志愿者的权益保障

（一）志愿者享有的权利

根据《志愿服务条例》，志愿者享有以下权利：(1) 以志愿者的身份参与志愿服务活动；(2) 获得有关志愿服务真实、准确、完整的信息；(3) 获得志愿服务所需的条件和必要的保障；(4) 获得志愿服务活动所需的教育和培训；(5) 志愿服务组织帮助其解决在志愿服务活动中遇到的问题；(6) 有困难时优先获得志愿服务组织和其他志愿者提供的服务；(7) 对服务的项目进行监督，提出批评和建议；(8) 要求志愿服务组织出具参加志愿服务的证明；(9) 其他依法享有的权利。

（二）志愿者应当履行的义务

志愿者应当履行以下义务：(1) 遵守国家法律、法规的相关规定，不得违反国家法律、法规的规定，参与志愿活动期间不谈论关于政治、党和国家等敏感事件；(2) 提供真实、准确、完整的注册信息，若有信息变更则要及时联系修改；(3) 履行志愿服务承诺或者协议约定的义务，完成志愿服务；(4) 展示出积极、健康、奉献、阳光的精神面貌，不传播负能量；(5) 在志愿服务过程中不主动提及宗教信仰，不规劝他人信仰宗教；(6) 不得私自利用机构的名义，以任何目的向他人募集资金；(7) 自觉维护机构和志愿者的形象、声誉；(8) 在参与志愿服务活动的过程中，未经机构许可不得私自携带物品给服务对象，不承诺服务对象私下提出的要求，自觉维护服务对象的合法权益；(9) 退出志愿服务活动时，履行合理告知的义务；(10) 不得泄露在参与志愿服务活动过程中获悉的个人隐私、商业秘密或其他依法受保护的信息；(11) 不得向接受志愿服务的组织、个人索取或变相索取报酬；(12) 不得以志愿者的身份从事任何以营利为目的或违背社会公德的活动；(13) 服从工作安排，及时反馈志愿服务活动的情况，对项目实施过程中发生的重大情况及时汇报；(14) 其他依法应当履行的义务。

五、志愿者团队管理

（一）建立志愿者团队的规章制度

社会服务机构志愿者团队在成立之初，就要计划团队将来要做些什么、如何去做。其具体的措施就是建立志愿者团队的规章制度。志愿者团队的规章制度可以包括如下内容：名称，目标，服务范围或服务项目，成员来源及其权利、义务，各组分工及任务，负责人产生方式及职责，会议种类及召开方式，等等。其中，目标的设定必须符合 SMART 原则。只有这样，组织或团队成员才能有明确而一致的努力方向。

（二）依据志愿者团队的需要进行内部分工

就组织形式而言，志愿者团队的管理是集合众多志愿者的力量，通过分工合作的形式共同达成组织或团队的目标，因此在组织内部实施分工是必要的措施。然而，各个志愿者团队的规模大小不一，其志愿服务定位与志愿服务项目也不尽相同，所以志愿者团队内部结构应该依据工作需要加以分工，以便有效地进行各项志愿服务工作。例如，开展老人志愿服务的志愿者团队，可以依据志愿服务项目分为社区照顾、社会救助、交流关怀、休闲活动、居家服务、临终关怀等。必须注意的是，志愿者团队内部应该建立分工与合作的双重关系，以凸显团队的力量。

（三）以适当的方式推选志愿者团队的负责人

就用人而言，志愿者团队除了适应人力资源管理的需要在适当的时机招募适量的志愿者之外，更重要的是选拔适当的负责人作为管理团队的主力。一个志愿者团队的主要负责人一般由团队成员推选产生。被推选的负责人比较容易获得团队成员的支持，这有利于团队的管理。若以轮流担任领导的方式分派志愿活动的负责人，则不利于团队的管理。还有一些志愿者团队有一种不成文的惯例，凡是担任副职的负责人必须认真学习以准备接班，而卸任的负责人则被聘为荣誉顾问。这两种用人策略不仅有利于志愿者团队经验的传承，而且有利于团队内部的和谐。

（四）通过志愿者团队会议形成活动方案

志愿者团队的领导者一般由志愿参加服务的志愿者担任。志愿者团队的领导方式理论上比较适合采用参与式领导，而非专制式领导或放任式领导。

参与式领导就是让团队成员有参与决策的机会。志愿者团队的主体是志愿者，志愿者应有的权益，如干部的选举、方案的制订、活动的举办等，应受到绝对尊重。志愿服务活动方案一般可以通过会议讨论形成。事实上，志愿者通常只有在会议场合才有实际参与决策的机会，所以志愿者团队必须依据团队规章制度按时开会，并鼓励与会成员参加讨论、凝聚共识、达成协议，以利于活动的开展。

(五) 考核及奖惩力求公正

虽然志愿服务活动不像经济活动那样追求效益，但是志愿者团队仍然需要通过督导考核、绩效评量、激励等过程，及时了解团队服务绩效与预期结果之间有无差距。若有差距，则应采取必要的补救措施，及时引导或修正。然而，志愿者团队强调的是成员之间的同心协力，分担责任，所以对志愿服务过程的监控措施务必公正、客观。这样可以使志愿者团队的管理更加有效，以达到提升志愿服务效益的目的。

第三节　社会服务机构的实习生管理

社会工作专业实习是培养具有专业素质的社会工作者的重要环节，通过给实习生提供机会，让其了解社会服务机构的功能，在实务工作中体验真实与完整的社会工作服务。社会服务机构需要建立一套与机构实际情况相符合的实习生管理制度，从实习生录用程序、实习生培训、实习生考核、实习生督导等方面，规范实习生管理，保障实习生实践专业知识的机会，提升机构的服务质量。

一、实习要求与实习期待

(一) 实习要求

1. 学校方面

通常情况下，大部分社会工作专业学生的实习机构是按照自由选择的原则，根据自身感兴趣的领域，在与学校有合作关系的机构中进行选择的。学生需要完成学校规定时间的专业实习，开展个案、小组、社区等专业活动并提交相关的计划书、记录表、评估报告、实习总结等。学校一般会在学生实习前召开实习动员会，说明专业实习的意义、时间、任务、要求等。学校对于实习生的要求通常涉及知识运用、工作纪律、服务规程、材料报送等方面。学校希望实习生能够珍惜实践机会，努力提升能力，维护学校与实习单位的合作关系。

2. 社会服务机构方面

实习生虽然不是社会服务机构的正式员工，但其在实习期间要参与机构的运营活动，他们的工作投入与工作表现会影响机构的服务效果。因此，机构会对实习生提出一些具体要求，常涉及工作态度、纪律、工作任务、材料使用等，如按时上下班、服从机构管理、遵守职业伦理、执行服务标准、主动学习、维护机构形象等。

（二）实习期待

1. 机构对实习的期待

社会服务机构接收社会工作专业学生到机构实习，通常也有自己的期待[①]。第一，为机构管理者特别是中层以上管理者提供锻炼的机会。为了保障实习的效果，机构往往会为实习生配备督导人员，这些督导人员由机构管理者和资深员工充任。机构督导人员在指导实习生的过程中，一方面可以了解社会工作教育的现状，敦促自己补充专业知识；另一方面可以培养和提升自己的管理能力，为机构管理积累经验。第二，为机构储备专业人才。实习是机构与实习生相互了解的过程，如果双方彼此满意，那么实习生可能会把实习机构作为就业选择。

2. 实习生对实习的期待

一方面，实习生希望通过专业实习获得专业成长。实习是培养具有专业素质的社会工作者的重要途径，实习的目标就是在实务工作情境中提升专业素质，如巩固专业知识、学习实务技能、尝试实施社会政策等。另一方面，实习生希望通过专业实习强化专业认同，探索择业方向。实习生在机构督导人员的带领下，接触服务对象，参与服务过程，体会团队合作，切身感受到专业的作用，有助于强化其对专业的认同。同时，通过实习，学生可以发现自身的长处和不足，从而更理性地进行职业规划。

二、机构实习管理的内容

（一）实习准备阶段

1. 界定实习生任职资格

社会服务机构在招募时，需要对机构的工作岗位进行明确的说明，如岗位

---

① 罗观翠：《社会工作实习教育与指导手册》，社会科学文献出版社 2013 年版，第 87—88 页。

设置的目的、任务、职权、隶属关系，以及任职资格、工作规范等，以确定实习生的任职资格，如专业知识、经验、技能等。

2. 招募和筛选实习生

社会服务机构的实习生一般有如下来源：第一，基于与高校的合作协议，配合高校的人才培养工作，接收实习生到机构开展专业实践活动；第二，基于机构自身的需要，招募实习生，参与机构的管理与服务工作。

在实习生进入机构前，机构的实习管理工作主要如下：第一，与高校共同商定本轮实习计划，提出机构的要求，选派机构督导人员；第二，开展招聘宣传，如通过官网发布招聘公告、到高校进行宣讲等，让将要实习的学生了解机构；第三，通过分析实习申请材料，组织申请者面试，挑选合适的实习生，并发出录用通知。机构应设计科学、实用的实习申请表（见表 8－1），尽可能全面地搜集申请者的信息，为挑选合适的实习生做准备。

3. 筹备和组织欢迎会

在实习正式开始前，机构一般会举办一场入职欢迎会。在实习生到来前，机构可就欢迎会做些准备，如确定时间、地点、流程、与会人员，并准备好相关的物品和资料。欢迎会上，机构相关负责人要向实习生介绍机构的历史、规章制度、管理模式、组织架构、服务内容、服务范围等，尤其是实习生将要参与的项目和活动，以帮助他们熟悉机构的运作情况和基本要求。

4. 开展实习前会谈

实习前会谈通常由机构选派的实习督导组织，旨在促进双方相互了解，并对实习生提出具体的要求。督导可进一步了解实习生的情况及实习期待，并提醒实习生：尽快熟悉与实习工作相关的资源和环境，熟悉项目的运作方式和服务内容，尽快融入所在团队，注重在服务中进行专业反思，等等。

（二）正式实习阶段

1. 订立实习协议

实习协议由实习生和实习督导共同商定，内容包括实习督导和实习生的角色与职责、双方共同确定的实习目标和学习机会以及实习效果方法。实习协议成为整个实习开展的参考框架，并且在接下来的实习安排中被落实。订立实习协议需要注意以下事项。

（1）明确说明实习生的权利和义务。例如，机构是否为实习生安排培训、

表 8－1　实 习 申 请 表

<table>
<tr><td>姓　　名</td><td></td><td>出生年月</td><td></td><td rowspan="4">照片粘贴</td></tr>
<tr><td>性　　别</td><td></td><td>民　　族</td><td></td></tr>
<tr><td>政治面貌</td><td></td><td>专　　业</td><td></td></tr>
<tr><td>学　　校</td><td></td><td>年　　级</td><td></td></tr>
<tr><td>联系电话</td><td></td><td>实习方向意愿</td><td colspan="2"></td></tr>
<tr><td>E-mail</td><td></td><td></td><td colspan="2"></td></tr>
<tr><td colspan="5">拟实习时间(　　小时)　　　　年　月　日至　　年　　月　　日</td></tr>
<tr><td colspan="5">学习教育经历(高中以上)</td></tr>
<tr><td colspan="5">(×年×月—×年×月,××学校,证明人××)</td></tr>
<tr><td colspan="5">社会工作专业实践经历</td></tr>
<tr><td colspan="5">(×年×月—×年×月,××机构,工作内容××××)</td></tr>
<tr><td colspan="5">志愿服务经历</td></tr>
<tr><td colspan="5">(×年×月—×年×月,××机构,工作内容××××)</td></tr>
<tr><td colspan="5">所获奖励</td></tr>
<tr><td colspan="5"></td></tr>
<tr><td colspan="5">实习期望简述</td></tr>
<tr><td colspan="5"></td></tr>
<tr><td colspan="5">填表人签名:　　　　　　　　　　填表日期:</td></tr>
</table>

指派督导人员、购买保险、提供指定的实习平台和环境，实习生是否有报酬或津贴。如果服务机构给实习生提供报酬的话，实习协议上要明确说明实习报酬的支付标准和支付方式。实习津贴则涉及餐饮、交通差旅、通信等费用的补贴，如果机构提供相应的津贴，也应一并加以说明。一些地区的社会工作者协会出台了实习生管理办法，明确规定了实习生、社会服务机构各自的权利和义务。

(2) 约定实习岗位的工作内容和职责。实习前期，学生实习的具体目标和内容是经过学生和实习督导人员协商决定的（以实习协议的形式确定），是根据机构的需要而制定的，符合实习督导人员的要求以及学生自身的兴趣、能力和学习要求。一般而言，学生在实习期间应完成一定的工作量，完成一定的个案、小组项目，具体要求由学生同实习督导人员共同确定。社会服务机构与实习生应在实习协议中约定好实习生的工作内容和工作职责。这样做有两方面好处：一方面可以让实习生对自己的实习工作有一个准确、稳定的预期；另一方面有助于机构对实习生的实习工作进行考核和评估。

(3) 明确意外风险的法律责任。实习生通常没有相应的保险，对实习过程中的风险责任问题应该予以重视。在签订实习协议时，实习生要注意实习协议中关于风险责任的约定。在实习过程中，社会服务机构、实习生本人以及实习生服务的对象都可能存在一定的人身、财产安全方面的风险。例如，实习生在提供服务过程中因方法不当出现人身伤害（如采用了激进的服务方法，或者没有对服务对象的危险状况及时采取措施），实习生行为不当损害了机构的业务和声誉（如违反保密条款），实习生损坏机构的器材设备，等等。一旦发生相应的情况，责任由哪一方承担以及如何承担，都需要在实习协议中加以说明。[①]

2. 确定实习任务

在实习过程中，机构应尽可能给实习生学习机构管理与实务工作的机会。在专业实习方面，实习生在社会服务机构里的工作会涉及个案工作、小组工作和社区活动等。

在社会服务机构的环境中，社会工作专业实习生还需要完成辅助性的工

① 时立荣：《社会工作行政》，中国人民大学出版社 2015 年版，第 182 页。

作或者社会工作行政方面的服务，如负责活动新闻稿的撰写、微信公众号内容推送以及配合社会服务机构其他部门完成相关的任务。随着社会服务机构社会工作服务专业性的增强，不同社会服务机构的发展也都呈现出不同的特色。比如，有的社会服务机构与基金会之间的联系紧密，那么社会工作专业实习生在实习的过程中就会接触到与基金会进行项目合作的内容；有的社会服务机构驻点在社区里，因此实习生在实习过程中会接触到社区活动策划与宣传等方面。顺应时代发展趋势，结合社会文化背景特色，社会工作专业实习生的工作内容还在不断拓展中。

3. 协助学校对实习生进行督导

学生在实习期间会接受学校与社会服务机构两方的督导：学校的督导侧重于学生对理论知识的掌握情况以及学生的实习状况；机构的督导则是贴近实务情境，提供专业的知识和技术，以增强实习生独立解决问题的能力，给学生提供及时、有效的支持。

（三）结束阶段

在实习结束阶段，机构的实习管理工作主要涉及如下内容：指导实习生整理实习材料，进行实习评估和总结，出具实习鉴定意见，做好相关材料的归档，等等。其中，实习评估是最为重要的。

1. 实习评估

(1) 服务评估。这主要包括四方面的评估：服务效能、服务效率、及时性、所调用的资源。服务效能是指原先所制定的目标是否实现；服务效率是指成本与效能的比率是否适中；及时性是指服务能否在最短的时间内提供给服务对象；所调用的资源是指投入的有形或无形资源的数量。这四方面都是服务评估的重要指标，能使我们清楚地知道实习生开展服务的情况。

(2) 表现评估。这主要是确认、评估实习生表现的过程，包括如下方面：实习生在日常工作中有无迟到早退等不遵守实习纪律的情况；实习生在整个实习过程中的积极性及投入程度；实习生其他品质的表现情况以及与实习督导人员、机构和院系之间的互动频率。

2. 实习鉴定与材料归档

实习结束时，机构需要为实习生出具实习鉴定意见。机构可采取定性描述与定量评分的方式，对实习生的服务效果和工作表现做出评价。学生在实习计划书或实习协议中所确定的实习目的、目标与活动内容等，都可以作为实习鉴定的依据。机构可将之与学生的实际表现进行比较，得出评价结论。通常情况下，院系会提供一套设计好的实习评估表，要求机构针对每一项目给予评分。

实习结束时，机构还应组织总结会，了解学生的实习感受与收获，听取学生对机构的建议和意见。同时，机构应根据管理制度，将有关实习材料归档留存。

在学生实习的各个阶段，社会服务机构的管理工作如表 8－2 所示。

表 8－2　实习各阶段管理工作一览表

阶　段	管理活动	主　要　任　务
准备阶段	行政准备	与学校共商实习方案，准备好相关实习材料
	组织欢迎会	向实习生介绍机构相关情况，提出总体要求
	实习前会谈	机构督导人员进一步了解学生的情况，提出实习期望
实习阶段	订立实习协议	约定实习内容和职责，明确实习生的权利和义务
	确定实习任务	服务计划书、过程记录、评估报告等
	督导	就实习态度、实习纪律和专业表现等进行监督与指导
结束阶段	实习评估	服务评估、表现评估
	出具实习鉴定意见	实习评估表

三、实习生管理的注意事项

（一）实习协议要从实际出发

实习协议由实习生、机构督导人员和学校督导人员协商订立。其既要让实习生有信心去获取和拓展自己的知识与技巧，同时也必须合乎实际情况，如符合学生的实习场域、能力、过去的经验、实习时间有限等方面的情况。

（二）实习计划内容要全面

实习计划应当融合三种不同的教育目的与期待，包括学校社会工作课程的目标、实习机构和机构督导的目标、学生的目标。这些目标大致可以分为三类：知识、技巧和价值观。

社会工作的知识包括专业术语、事实、原则、概念、视角和理论。在学生实习过程中，机构要帮助学生学习如何将这些知识运用于真实的情境中。

社会工作的技巧就是实务工作中的各种行为，是社会工作者用来协助服务对象改善其社会功能的技巧与程序。一般来说，技巧的学习主要依靠观察和模仿实务工作者的行为。实习会给实习生提供学习并掌握社会工作技巧的机会。

价值观指的是一种个人强烈的喜好，它影响着人们的选择、决策和行动，且根深蒂固地融合在个人的信念与承诺之中。价值观决定了一个人认为什么是重要的、有价值的、正确的或错误的。实习有助于实习生更清楚地了解自身的价值观。

（三）加强实习督导

督导会谈每周要定期举行，在进行督导会谈之前，实习生要做好准备，带着自己的问题、观察以及期待获得的反馈进入督导会谈。在督导会谈中讨论问题是双方的责任，可以帮助实习生进入一个反思性的过程，以巩固专业知识、获取实务技巧。实习生如果能够积极投入督导关系，那么将会获得更多实务方面的技巧。

实习阶段不同，督导任务也不同。督导是一个互动过程，为了帮助改善实习生的实习表现，机构督导人员要在实习的每个阶段为实习生提供特定类型的协助。例如，在实习开始阶段，督导人员要给实习生提供机构介绍、训练、指引，给予实习生鼓励，协助实习生制订实习计划，并识别实习生的能力和不足。在实习中期，机构督导人员要监督实习生完成实习任务并提供反馈，帮助实习生积累经验，协助实习生整合理论与实务，帮助实习生承担更多挑战性的任务。在实习后期，督导人员要给实习生布置更多的实习任务，帮助实习生将学习到经验运用到其他领域与人群中。督导人员要扮演提供指导和给予反馈的双重角色，既要给实习生提供指导，也要提供建设性的意见，借此来帮助实习生更好地认识自己，更好地掌握知识和技巧。在实习结束阶段，机构督导人员要对实习生的表现进行综合评价，作为实习成绩的一部分。

请阅读《深圳市社会工作实习生管理办法(试行)》,从社会服务机构角度,讨论实习生管理需要注意的事项。

总　　则

第一条　为规范我市社会工作实习生的实习活动,维护实习生和社工服务机构的合法权益,保障实习的质量,根据深圳市政府购买、资助社工服务的有关要求和《深圳市社会工作者登记和注册管理办法》的相关规定,特制定本管理办法。

第二条　本办法所称实习生,是指在我市社工服务机构从事辅助性社会工作的未毕业高校大学生。包括在社工服务岗位、社工服务项目、社区综合服务中心、社工服务机构行政岗位等社会工作岗位及社会工作相关岗位从事辅助性社会工作的未毕业高校大学生。

第一章　社工服务机构使用实习生的程序规定

第三条　社工服务机构使用实习生需要由社工服务机构与实习生所在高校、实习生签订三方《实习协议》。协议中需明确各方的基本权利义务。

第四条　社工服务机构需在实习协议签订的同时为实习生购买人身意外伤害商业保险。

第五条　社工服务机构将《实习协议》、实习生的身份证和保险单复印件和该实习生照片,在实习协议签订的5个工作日内交市社会工作者协会(以下均简称为市社协),市社协在收到上述资料3个工作日内审核并颁发统一的《深圳市社会工作实习证》。

第六条　实习生须佩戴由市社协统一颁发的《深圳市社会工作实习证》上岗。

第七条　实习期满,社工服务机构需将该实习生的实习证交回市社协。

第二章　社工服务机构的权利义务

第八条　社工服务机构应当给实习生提供平等开放的学习氛围和必要的工作条件,并尽量让实习生能够参与社会工作专业实务工作和社会工作专业培训。

第九条　社工服务机构使用实习生必须按照本管理办法的程序规定,为实习生办理实习证。

第十条　社工服务机构不得让实习生在政府购买社工服务岗位和公益金资助项目和社区综合服务中心等社工服务岗位上独立上岗。

第十一条　社工服务机构应当为每个实习生安排有在深圳一年以上社会工作从业经历的注册社工为实习生的具体指导人员。

第十二条　社工服务机构可根据机构资金状况，参照市社协每年度发布的实习生津贴指导标准制定实习生补贴制度。

第十三条　有下列情形之一者，社工服务机构有权拒绝接受或提前解除实习协议：

1. 曾经受过刑事处罚的，但过失犯罪除外；2. 因涉嫌犯罪正在接受司法机关处理的；3. 身份不明；4. 未到法定工作年龄（年满18周岁）；5. 患有精神疾病、传染疾病或其他重大疾病；6. 严重违反《深圳市社会工作者守则》；7. 严重违反社工服务机构的规章制度；8. 给社工服务机构造成严重不良影响；9. 其他不适宜从事社会工作的情形。

第三章　实习生的权利义务

第十四条　实习生须遵守《深圳市社会工作者守则》，以社会工作的价值观、社会工作知识、社会工作专业方法为服务对象提供社会服务。

第十五条　实习生应当自觉遵守所属机构的规章制度，自觉维护机构形象，听从用人单位的工作安排。

第十六条　实习生在开展社会工作实务时只能从事辅助性工作，须在指导人员的指导下进行，不得单独从事社会工作实务。

第十七条　实习生在深圳实习期间，必须参加市社协统一举办的实习培训。若培训期满且考试合格者将取得实习培训合格证。毕业后继续留在深圳从事社会工作的，该合格证可视为岗前培训合格证。若未修满培训学时，或未通过考核的，已参加部分学时仍可折抵相应的岗前培训学时。

第十八条　实习生除了必须参加实习培训外，还可以参加社工服务机构和市社协举办的其他实习生社会工作培训。

第十九条　实习生的作息时间和请假制度按国家相关规定执行，社工服务机构不得强迫实习生加班。

第二十条　实习生在实习阶段发表与实习工作有关的报告、论文等文章，在发表前需经所在社工服务机构同意，社工服务机构享有该文章的著作权，实习生拥有署名权。

第二十一条　实习生可向所在社工服务机构反映实习中发现的问题，并可提出建设性意见与建议。

第四章　违规行为的处理

第二十二条　在我市社工服务机构实习的实习生和社工服务机构均应当接受市社会工作主管部门和市社协的管理和监督。

第二十三条　市社协实行实习生查访制度，建立实习生档案，并开展定期和不定期的查访。对于违反本管理规定的行为，将予以批评；对于严重违反本管理规定，将在行业内予以通报批评，并报请有关行政主管部门处理。

第五章　其 他 规 定

第二十四条　社会工作专业应届毕业生在毕业一年内未取得社会工作职业水平证书的，在政府购买服务、公益金资助项目以及社区综合服务中心等社工岗位上岗的情形，按照相关规定执行。

第二十五条　各社工服务机构应当制定机构的实习生管理制度，当机构的实习生管理制度与本管理办法相冲突时，以本管理办法为准。

第二十六条　本管理办法经深圳市社会工作者协会会员代表大会通过后实施。

复习思考题

1. 何谓志愿服务、志愿精神、志愿者？
2. 了解志愿者的权利与义务。
3. 简述志愿者管理的内容。
4. 如何加强志愿者团队的能力建设？
5. 简述社会服务机构对专业实习的期待。
6. 试述实习生管理的内容。
7. 实习生管理需要注意哪些事项？
8. 实习督导的作用有哪些？

推荐阅读

1. 陈盼：《志愿者管理与服务技能培训研究》，吉林出版集团股份有限公司 2020 年版。
2. 李伟梁、库少雄：《社会工作实习与督导》（第 2 版），华中科技大学出版社 2012 年版。

3. 罗观翠：《社会工作实习教育与指导手册》，社会科学文献出版社 2013 年版。
4. [美] Cynthia L. Garthwait：《社会工作实习》，吕静淑、何其多、王笛译，华东理工大学出版社 2015 年版。
5. [美] 克里丝蒂·范·霍芬、洛尼·韦尔曼：《招募与管理志愿者：博物馆志愿者管理手册》，庄智一译，上海科技教育出版社 2016 年版。
6. 魏娜等：《经验·价值·影响：2008 北京奥运会、残奥会志愿者工作成果转化研究》，中国人民大学出版社 2010 年版。
7. 徐荣：《社会工作实习教育研究》，华东理工大学出版社 2018 年版。
8. 周俊、张冉、宋锦洲：《社会组织与慈善组织管理》，北京大学出版社 2017 年版。

财　务　编

社会服务机构虽然不以营利为目标，但财务资源是实现组织目标的手段。为了实现宗旨、使命和具体的服务目标，社会服务机构需要有足够的资金支持。社会服务机构的资金主要来源于机构外部，为此，机构必须严格执行相关政策与制度，以确保资金使用的合法性、合理性和有效性。

社会服务机构为了行使其职能，依据相关法规制度，按照财务管理的原则，对机构经费进行筹集、配置、调节、监督和审计，以及处理财务关系的一项综合性经济管理活动，就是机构的财务管理。本编设计了两章内容，分别阐述了社会服务机构的资金筹集与资金使用情况。

第九章

社会服务机构的资金筹集

社会服务机构提供服务，需要投入相应的人财物资源，而机构本身并不创造和追求经济利润，因而需要从外部获得资金支持。社会服务机构可以从政府、企业、社会组织、公民等处筹集资金，以保障服务的开展和自身的发展。资金来源渠道越多样，社会服务机构的资金稳定性就越强，管理风险就越能得到控制。由于社会服务机构的资金筹集是财务管理工作的重要内容，所以本章先交代了社会服务机构财务管理的基本知识，接着分析了社会服务机构的资金来源及特征，最后重点讨论了社会服务机构的资金筹集工作。

第一节　社会服务机构财务管理概述

一、社会服务机构财务管理的含义与功能

（一）社会服务机构财务管理的含义

财务管理是社会服务机构行政管理的重要内容，任何机构职能的实现都要以财力的支持为保障。一般而言，财务管理指向财务活动与财务关系两个方面。因此，我们可以将社会服务机构的财务管理界定如下：社会服务机构为了行使其职能，依据相关法规制度，按照财务管理的原则，对机构经费进行筹集、配置、调节、监督和审计，以及处理财务关系的一项综合性经济管理活动。

（二）社会服务机构财务管理的功能

1. 机构的财务状况是机构宗旨的体现

评估一个机构的运营状况是否符合机构宗旨，可以通过机构的财务制度、财务报告直观地判断机构的性质、机构的活动与机构宗旨的匹配度。在国外，审计部门会通过审核机构的财务状况来确定机构是否具有免税资质。

2. 提高资金使用效率和决策准确度

由于社会服务机构具有非营利性，因而其周转资金量较小，严格的财务管理制度会提高资金的使用效率，避免浪费，机构决策者也会根据机构的财务状况进行决策。资金使用的效率和决策的准确性，直接决定了机构运营的安全性。

3. 有效杜绝腐败现象

财务是一个社会服务机构的命脉，一旦财务出现问题，机构的公信力就会大打折扣。规范的财务管理流程会影响机构工作人员的工作状态，让财务管理的每一个环节都公开透明，可以有效杜绝腐败现象。

4. 帮助理事会对机构进行监督

理事会的主要作用除了为机构筹集资金外，还要对机构的日常运作进行监督。机构的监事或监事会也会特别关注机构的财务问题。所以，不管是理事会还是监事会，监管机构的财务可以掌握机构活动的总体状况和资金使用情况，一旦发现问题就可及时纠正。

5. 帮助机构减免税款

由于社会服务机构自身的非营利性，世界各国为了扶持社会服务机构的发展，会制定相关的税收优惠政策，我国也有针对社会服务机构的免税政策。社会服务机构可以根据自身的情况去申请免税，但申请免税的前提是社会服务机构自身有严格、规范的财务管理体制。税务部门会定期审核机构的财务状况，一个财务管理混乱的社会服务机构获得税收减免的可能性非常小，

6. 预防危机发生

规范的财务管理可以让社会服务机构对可能发生的财务危机进行预警，通过财务预算和财务分析，对机构的资金基础、可能存在的风险进行评估，避免危机的发生，谋求机构长期、平稳的发展。

7. 提高机构公信力

健全、透明、规范的财务管理本身就是机构良好社会形象的体现。每个项

目结束后的财务报告，不仅向社会政府、出资方、大众展示了机构的良好工作风气，而且让机构的宗旨与使命得以展现。所以，规范的财务管理工作有助于提高机构的公信力。

8. 助力项目申报

政府或基金会发出项目邀请后，在面对诸多社会服务机构的申报时，首先看的就是机构在财务方面是否出现过问题。一旦机构在财务方面有“污点”，其申报项目就会受到直接影响。相反，如果机构的财务管理严格、透明、规范，在以往项目评估中取得了良好成绩，那么，对所参与的项目申报工作而言，就是一个重要的宣传点，有利于赢得出资方的信任。

二、社会服务机构财务管理的内容

（一）财务活动

关于财务活动，不同类型的组织有所差异。企业的财务活动一般包括资金筹集、投资、资金营运和利润分配 4 项主要内容。社会服务机构不存在利润分配问题，投资也较少，因而财务活动主要是资金筹集和资金使用。其中，资金使用又涉及预算、配置、支出、控制、监督、审计等财务活动。

（二）财务关系

社会服务机构在财务管理中会与各方形成财务关系。当然，每种关系所包含的工作要点和互动机制是不同的。例如，与出资方的财务关系应重点处理好信息披露问题，与登记管理部门的财务关系应重点证明资金使用的合法性、合理性与有效性。社会服务机构应根据组织的宗旨、使命与发展战略，妥善处理好与各方的财务关系。图 9－1 说明了社会组织与各方的财务关系，可供社服务服机构管理者参考。

三、社会服务机构财务管理的目标

社会服务机构是非营利组织，因而其财务管理应当基于非营利组织的财务特征展开。非营利组织的财务特征主要包括如下几点：第一，顾客不是主要的资金来源。非营利组织的收入主要来自公共部门的支持和社会捐赠。第二，不存在利润指标。非营利组织是不以获取利润为目的的、主要为社会提供服务的组织。第三，权力、责任与利益不是十分明确。由于不存在利润指标，管理者对各部门的职责履行情况难以准确考核，因此各部门的权力、责任与利

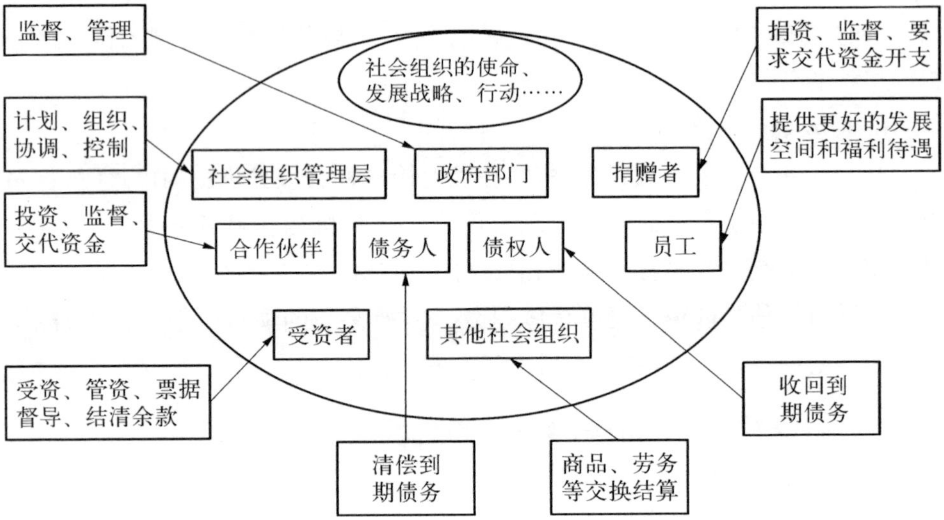

图 9－1　社会组织与各方的财务关系①

益也就难以明确。第四，所有权形式较为特殊。非营利组织的资金和财产属于组织本身，出资人不拥有所有权，因此也不存在企业管理中的“所有者权益”的问题。

基于上述特征，社会服务机构财务管理的目标应该包括：第一，力求组织的稳定和长期发展的目标。因为只有载体存在，才能履行机构使命、承担社会责任。第二，履行机构对社会和受益人的承诺的目标。这是指通过规范的财务管理体现机构的宗旨和责任，或者积极获取并有效使用资金，以最大限度地实现组织的社会使命。第三，行为目标。社会服务机构财务管理也应力求社会效益的最大化和经济效益最大化的有机统一，即在满足收支平衡的前提下实现财务资源产出最大化。第四，社会责任目标。这是指社会服务机构的财务管理活动在推动社会发展和社会进步方面所产生的积极作用。

表 9－1 比较了社会服务机构与企业在财务管理目标方面的差异。与企业不同的是，社会服务机构的财务管理不为追逐高额的利润，其以实现机构宗旨，履行社会责任为主要目标，追求的是机构的可持续发展。而企业是以股东或投资人的利益为先，追求短期、即时的利益。如果说企业财务管理的目标是

① 张玉玲、刘惠苑：《社会组织管理实务》，西北工业大学出版社 2017 年版，第 87 页。

生存、发展、获利，那么社会服务机构财务管理的目标就是生存、发展以及有效地提供非营利性服务。当然，社会服务机构与企业在财务管理上也有相同点，即都必须有健全的财务制度、规范的财务报账流程、战略规划意识和危机处置的相关措施。

表 9-1　社会服务机构与企业财务管理目标的比较

社会服务机构的财务管理目标	企业的财务管理目标
1. 组织的稳定和持续发展 2. 体现宗旨和责任 3. 行为目标 4. 社会责任	1. 利益最大化 2. 尽可能多地持股 3. 最大的边际效益 4. 行为目标 5. 社会责任

四、社会服务机构财务管理的理念

财务管理的理念反映了人们对财务管理活动的理性认识，是财务管理主体在实践中形成的价值取向，具有相对稳定性和指向性。基于非营利组织的财务特征和财务管理目标，社会服务机构的财务管理应当树立的基本理念包括社会效益优先、诚信、制约、透明。

（一）社会效益优先

社会效益优先理念是社会服务机构财务管理与企业财务管理的本质区别。社会服务机构具有非营利性，其以社会责任为导向，为社会大众特别是弱势群体提供服务。社会服务机构的财务管理应当坚持社会效益优先，力求通过一定的资源投入，取得最大数量和最优质量的社会服务，进而实现社会效益的最大化。当然，在追求社会效益的同时，也必须追求经济效益，即力求以尽可能少的资源取得尽可能多的成果，以尽可能少的钱办尽可能多的事。

（二）诚信

诚信是社会服务机构财务管理应秉持的最重要的理念。诚信即诚实、守信、践约、无欺，对自己的行为负责。诚信理念要求社会服务机构的财务记录和财务报告客观、真实、完整、公允，不说假话、不做假账、不出假报告。社会服务机构保持财务诚信，有利于树立组织的良好形象，赢得公众的认可和信任，也有利于留住和吸引人才，为机构发展争取更多的支持。无论在什么情况下，社会服务机构的财务管理都应当坚守诚信理念。

（三）制约

制约理念是指社会服务机构的财务系统不仅应当满足内部管理和内部控制的要求，而且要使机构的领导层得到有效的监督和制约。非营利组织没有利润指标，向特定社会群体提供的服务没有明确的市场定价，也不存在与消费者之间进行直接的等价交换关系，投入的资源能在多大程度上实现机构的目标也难以准确判定。因此，为确保机构合理、规范地使用有限的资源，避免无收益、无效率的运营活动，机构应当通过一系列的财务制度进行制约，保证机构朝着对服务对象有利的方向前行。

（四）透明

透明理念是诚信理念的自然延伸，也是制约理念的一种体现。社会服务机构的非营利性对财务透明提出了明确要求。出资方和主管部门有权了解机构资金的投向和使用效率。财务透明要求机构执行相关政策文件，借助各种传播媒介，通过各种渠道向公众提供透明度高的信息。信息披露在数量上要充分，对主管部门要求披露的信息要全部披露，其他信息由机构视情况，按照议事规则决定是否公开。信息披露在质量上应当满足可靠性、相关性、可理解性、重要性、及时性和可比性的要求。

第二节　社会服务机构的资金来源

一、社会服务机构的资金来源渠道

（一）政府资助与补贴

社会服务机构提供的是公共服务，这在一定程度上弥补了政府职能的不足，毕竟政府的核心职能是社会管理。然而，社会服务机构提供的服务并不是没有成本的，而是需要投入人财物资源的。为此，政府会通过一定的方式为机构提供支持，如使用财政资金向社会组织购买服务，或者给予其政策优惠和奖励。政府的资助和补助是社会服务机构最主要的资金来源渠道。

1. 政府购买服务

近年来，为了促进职能转变，改善公共服务的供给效果，政府部门依据《中华人民共和国预算法》《中华人民共和国政府采购法》等相关法律向社会组织购买服务日益普遍。按照政策文件的要求，政府购买服务应当突出公共性和公益性，重点考虑、优先安排与改善民生密切相关的项目。社会服务机构的性质与职能符合政府购买服务的方向，其是主要的服务承接方。政府购买服务，一方面促进了政府职能的转变，使其从直接的服务提供者变为服务的协调者、监督者和质检员；另一方面"让专业的人做专业的事"，更好地回应了社会需求，提高了财政资金的使用效率。

2. 政府补贴

政府对社会服务机构的补贴主要表现为如下方面：第一，给予税收优惠。例如，《中华人民共和国企业所得税法》规定，符合条件的非营利组织的收入可列为免税收入。其中，符合非营利组织免征企业所得税的收入包括取得的捐赠收入、不征税收入以外的政府补助收入、会费收入、不征税收入和免税收入产生的银行存款利息收入等。《中华人民共和国增值税暂行条例》规定，养老机构提供的养老服务、残疾人福利机构提供的养老服务等为免征增值税项目。《中华人民共和国房产税暂行条例》规定，对政府部门、企事业单位、社会团体及个人投资兴办的福利性和非营利性老年服务机构自用的房产不仅减免房产税，而且免征车船税。第二，为社会服务机构提供运营场所。目前，我国各地都通过社会组织孵化基地建设为社会服务机构提供办公场所和业务指导，街道和社区也积极为机构开展服务提供场地和设施。第三，政府通过评优、评先等表彰活动，为公信力高、社会影响大的社会服务机构和优秀社会工作者提供奖励。

（二）社会捐赠

社会捐赠是指公民个人、社会组织、企事业单位等的现金捐赠和非现金捐赠。例如，公民个人直接向慈善筹款机构捐款或向慈善执行机构捐款；企事业单位为社会服务机构提供物资、场地、设施设备、活动礼品等，或者参加机构组织的慈善募捐活动等。社会捐赠的形式有很多种，可以捐款、捐物，也可以无偿提供人力、物力；可以一次性捐助，也可以持续提供支持；可以定向资助，也可以不指定资金用途；可以现场捐赠，也可以网络转账。在国外，如美国社会捐赠的方式还有不动产或不动产所有权捐赠、有形资产捐赠、增值证券捐赠、寿险捐赠和信托捐赠等（见表 9-2）。

表 9－2　美国民众捐赠的主要方式①

捐赠方式	解　释　与　说　明
现金捐赠	小额现金直接给予受助者和公益慈善机构;大额款项主要是支票。网络捐赠逐渐流行,以适应互联网发展、慈善项目的全球化及公益慈善对效率与透明度的需求
有价证券捐赠	一年及以上有价证券的捐赠能获得减免税收资格;用有价证券的升值获利进行捐赠可以少交税;有价证券亏损,用卖掉证券所得的本金进行捐赠,可享受卖掉证券的减税和现金捐赠的免税政策
地产捐赠	美国地产买卖的资产收益税相当高,但如果选择用地产进行捐赠而不是卖出,就不再负有地产增值的偿付责任
个人实物捐赠	个人实物捐赠在美国有专门的减税规定
未来财产捐赠	个人通过拟遗嘱、找信托公司或直接与慈善机构签订合约等多种方式,实现未来财产(如人身保险、退休保障金、遗产等)捐赠
活期捐赠	设定一个期限,把财产"借"给慈善机构或交由慈善咨询公司管理。在期限内,慈善机构可以通过项目运作使捐赠人的财产增值,增值部分用于救助他人。财产到期后,慈善机构再把它还给捐赠人或其继承人
无形资产捐赠	捐赠个人的"体力"和"知识",最典型的例子是做志愿者。很多专家学者或教授捐赠自己的知识,如无偿提供其最新的研究成果和指导意见,向困难儿童提供免费教育等

在现代社会,随着公益慈善事业的发展,社会捐赠的活跃度和贡献度逐步提升。社会捐赠已成为社会服务机构一个重要的资金来源渠道。社会捐赠受到内在动机与外在影响的刺激。内在动机包括个人对社会责任的认知、个人对利他主义的态度、企业对树立良好社会形象的需求、社会组织履行社会责任的动力等。外在影响包括其他个人和组织的表现、利益相关者的期待、社会主流价值观的倡导等。社会服务机构应努力探查捐赠方的真实动机,尊重捐赠方的需求和意愿。

(三) 向其他组织申请资金

社会服务机构的资金来源渠道应当多样化,这对缓解机构资金压力,保障服务的持续供给非常重要。因此,除了积极参与政府购买、接受社会捐赠外,

① 彭小兵:《公益慈善事业管理》(第 2 版),电子工业出版社 2018 年版,第 191 页。

机构还应当主动接洽相关组织，寻求它们的资金支持。第一，向基金会申请服务项目。这里所说的基金会涉及企业基金会、社区基金会、家族基金会、一般基金会等类型。基金会有“散财”的职能，因而其愿意挑选优质的服务项目，提供资金支持。第二，向劝募型社会组织申请资金。现在有一些社会组织致力于“聚财”（筹款），然后再把资金分配给值得信赖的社会服务机构，由后者提供社会服务。所以，机构可根据劝募型社会组织的需求研发服务项目，争取获得资金支持。第三，向群团组织、企事业单位申请资金。申请资金能否成功，关键要看机构是否了解潜在出资方的需求，能否拿出高质量的项目方案。机构一旦获得资金支持，一定要按照约定，履行服务承诺和信息披露职责，自觉接受出资方的监督和指导。

（四）服务收费

随着社会服务机构开支的迅速增长，越来越多的社会服务机构意识到社会捐赠、政府资助等传统资金来源不仅不稳定，而且难以满足机构的资金需求，因此，一些机构不断寻求新的资金来源，如向服务对象收取费用。这种方式对机构获得稳定的收入、缓解资金压力是有利的，但机构应当遵守相关政策规定，资金使用不能与机构的宗旨和使命相违背。除了服务对象直接支付的费用外，服务收入还包括第三方支付的费用、经营营利性附属机构的收益、出售商品的收益以及特许经营和特许权使用费等。2018 年发布的《广州市社会工作服务条例》规定：“单位和个人可以购买社会工作服务，也可以通过项目合作、购买冠名权、提供赞助、捐赠等方式支持和参与社会工作服务。”这为机构收取服务费用提供了政策依据。国外一些社会服务机构的服务收入要占其资金来源的 20%～30%，甚至更多。获得服务收入实际上对社会服务机构提出了更高的要求，因为机构只有提供高质量的服务，才有可能得到支付方的认可。

（五）其他收入渠道

社会服务机构的其他收入主要包括如下方面。第一，会费收入，即面向会员收取的费用。会费是社团类非营利组织获得收入的一个主要渠道。社团类非营利组织每年获取的会费主要有两种使用途径：一是为会员服务，如行业协会和学会组织；二是为公众服务，如一些环保类社会组织。非社团类的社会服务机构是没有会费收入的。第二，利息收入，即机构存款所得的利息，包括财政拨款的未使用部分、事业收入、交换交易收入等暂存银行所得的利息。第三，投资收入。《中华人民共和国慈善法》规定，慈善组织是可以进行投资的，但投资取得的收益应当全部用于以慈善为目的的服务。社会服务机构依法筹集的资金可以按照合法、安全、有效的原则进行投资，以实现资金的保值和增值。

二、社会服务机构资金来源的特征

（一）资金支持具有无偿性

社会服务机构是非营利组织，它们不以营利为目的，通过参与社会治理来推动社会建设。社会服务机构为社会提供的服务往往是低价的，甚至是免费的，因此机构的各种消耗很难通过自身的运营得到补给，这在客观上决定了它们完成各项任务所需的经费须无偿获得。出资者为社会服务机构提供支持，不是为了获得经济回报，而是要求机构为相关人群提供服务。出资者在提供支持的同时已经放弃了资金的所有权和收益权，因此，社会服务机构的资金支持具有无偿性。

（二）过度依赖政府

近年来，在政策的引导和支持下，由民间力量发动成立的社会服务机构快速增加。但研究发现，社会服务机构的大部分资金主要来源于政府采购，这导致其过度依赖政府的财政投入。有研究者指出，深圳市龙岗区“体量较大的民办社工机构，98％以上的经费来源于政府资助”①。这种情况一方面导致机构发展可持续性力量严重不足，甚至容易引发恶性竞争；另一方面，如果政府购买服务不充足或经费不能及时到位，机构则容易陷入困境。过度依赖政府是目前我国社会服务机构存在的一个突出问题，这也在一定程度上反映了机构的资金结构不够合理。

（三）资金来源不稳定

以政府购买服务为例，政府的资金支持大多数是以项目立项的形式投放的，而项目周期一般以一年甚至更短的时间为限，因此，机构对每年可以募集多少资金是没有办法准确预估的。此外，政府对社会服务机构的资金投放也受经济增长、施政规划等因素的影响，本身也存在不稳定因素。在资源有限的情况下，机构越多，竞争就越激烈，资金来源就越不稳定。如果机构不能开拓更多的资金来源渠道，就会有生存之忧。有研究者指出：“自主筹资能力差，资

① 周文坤：《民办社工机构服务发展困境及对策探究——以深圳市龙岗区社工机构为例》，载《社会与公益》2020 年第 1 期。

金来源渠道较为单一已构成我国民办社工服务机构发展的硬约束，严重制约了其发展。”①

（四）筹资模式不成熟

尽管社会服务机构管理者意识到拓展资金来源渠道的重要性，但对于如何筹集资金常常感到束手无策。究其原因，一是我国社会服务机构尚处于发展初期，管理者对机构的运营缺乏丰富的经验，对筹资的理念和技术了解不多，羞于“谈钱”或不知如何“找钱”；二是机构往往没有专职的筹资人，理事会常常参与不足，管理者对筹资存在畏难心理且缺少有效的策略；三是我国公益慈善事业正处于快速发展阶段，相关政策制度还不完善，机构常常处于被动适应的状态，无力建构成熟的筹资模式。而实际上，筹资既是一门科学也是一门艺术。机构必须准确了解潜在捐款方的心理，明确表达自身的求助需求，设计个性化的筹资方案，并善于营销机构的优质项目。

（五）营利性收入争议较大

从运营的角度看，社会服务机构的资金来源不同于政府和企业。政府的资金来自税收，企业的资金是通过投资以及提供产品和服务得到利润而获得的。社会服务机构则需要靠自己去筹集资金。为此，有些机构试图通过提供有偿服务、适当开辟经营性活动等来弥补资金缺口。但机构这种“创收”行为也引起了不少争议。很多人以机构的非营利性质为据，认为机构提供的服务应该是公益性的、志愿性的，这使得机构不得不谨慎对待创收活动。有的机构在成立之初因为经费紧张而开展创收活动，结果对机构的声誉造成了一定的负面影响，以致后来不敢再考虑创收的问题。“收费就等于违规”的认识误区，让很多机构不敢在服务收费、资金增值等方面进行探索与尝试，从而放弃了一些发展的可能性。而实际上，社会服务也是有人财物成本的，非营利不等于不能营利，因为机构的营利不是目的，而是为了维持机构的生存和发展，以更好地达成宗旨和使命。

第三节　社会服务机构的资金筹集工作

从理论上说，社会服务机构的资金来源渠道应该是多样的。资金来源渠

① 陆士桢、郑玲：《浅论我国民办社工服务机构的发展》，载《社会工作》2013年第3期。

道越单一，机构的可持续性发展就越有风险。因此，机构应在法律许可的范围内，积极拓展资金来源渠道，除了参与各种形式的政府购买服务活动外，还要主动出击，努力“开源”。在现代社会，随着第三部门的发展与壮大，筹资已经成为一门系统的科学与技术，且正处于快速发展之中。本节主要就社会服务机构的资金筹集工作进行讨论。

一、资金筹集

（一）如何界定资金筹集

资金，这里主要是指货币资金，有时也包括实物资产和无形资产；筹，意指筹划、筹措；集，意指集中、聚合。资金筹集是指社会服务机构基于组织的宗旨、目标和实际需求，向企业、社会组织、公民个人等发起的筹措资金的活动。筹集资金可以简称筹资。

与筹资相对应的是捐款，捐款是指人们将金钱赠予他人，并自愿放弃其所有权和收益权的行为。捐款和筹资是紧密联系在一起的。筹资者需要寻找捐款人，募集所需资金，并将之用于组织目标和宗旨所要求的服务。捐款人也需要找到可靠的、有能力的筹资人，将自己捐出的金钱用在有价值、有意义的地方。因此，成功的筹资活动往往是筹资者和捐款者达成共识的结果。

当然，捐款人捐出金钱往往是希望自己的善举可以助人，他们虽然放弃了对金钱的所有权，但他们有权知道自己的捐款是如何被使用的。因此，对机构来说，一定要明确筹资的目的是开展服务，机构只是捐款人（委托人）和受益人之间的桥梁（代理人），没有权力侵占捐款，对捐款的使用必须遵守国家的相关法律、法规。

（二）筹资是谁的责任

1. 理事会的责任

有研究指出，非营利组织的理事会有 10 项基本职责：（1）确定组织的使命和目标；（2）任命首席执行官；（3）负责财务监督；（4）筹集资金；（5）确保组织守法、道德诚信，维系组织的公信力；（6）保证有效的组织规划；（7）吸纳新的理事会成员，评估理事会的绩效；（8）提升组织的公众形象；（9）审批、监测并改进组织的项目和服务；（10）支持首席执行官并评估其绩效。[①] 可见，持这

---

① NPO 信息咨询中心：《非营利组织的治理》，黎佳等译，中国书籍出版社 2008 年版，第 1—18 页。

种观点的学者认为筹资是理事会的主要职责之一，“有效的筹资能体现理事会的能力、奉献精神和影响力”。

2. 机构全体成员的责任

也有人认为，筹资不是机构中少数人的事情，而是机构中全体成员的共同任务。机构全体成员的素质也会直接影响机构的筹资工作。不管他们是否直接面对捐款人，他们的一言一行都会影响机构的形象和筹资效率。虽然筹资工作主要是由机构领导人或筹资人负责，但是机构能不能筹到资金、捐款人愿不愿意捐款，除了与领导人和筹资人有关外，还与机构其他成员有关。[①]

（三）如何认识筹资工作

1. 筹资是社会服务机构合理、合法的行为

由于不少人对“社会服务”“公益服务”“志愿者”等名词存在误解，很多时候会把“社会服务”“公益服务”界定为“免费服务”，把“志愿者”视为“免费劳动力”，因此，他们对社会服务机构的“筹资”“要钱”等行为不理解，甚至怀疑机构假借服务之名敛财。而一些社会服务机构的负责人对筹资问题往往也没有太多经验或有畏难情绪，在资助人面前一直放低姿态，或是耻于谈钱、不愿求人，以致在经费紧张时无能为力。这些都是社会服务机构在筹资时面临的挑战。从机构角度看，其负责人应该调整思想与认识。社会服务机构开展筹资活动不是丢人之事，社会服务资金“取之于民、用之于民”，是受法律保护的，也是合情合理的。

2. 筹资是一项需要技术和经验的工作

筹资是一门科学，其科学性意味着筹资人需要掌握筹资的技术。例如，如何制定筹资目标，如何划分和接近筹资市场，如何用准确的数据和语言向捐款人阐述社会服务的必要性和计划实施的过程。这些都要求筹资人具备良好的沟通能力，对资助方有深入的了解，对社会需求有准确的把握，能熟练运用各种筹资方法。筹资也是一种艺术，它意味着筹资人需要不断积累经验，不断调适心理与行动。成功的筹资往往是科学与艺术相结合的结果。

3. 诚信是筹资工作的基本要件

一方面，筹资人要明确自己想要什么、能做什么，在筹资过程中应尊重事实，不贬低自己的能力，也不夸大自己的成就，与捐款人在相互尊重的氛围中

---

① 徐本亮：《社会组织管理精要十五讲》，上海社会科学院出版社 2018 年版，第 144 页。

沟通交流。另一方面，筹资人要实事求是地介绍机构及其项目，说明资金的预算和用途，以及如何保障捐款人的权益。筹资人代表的是机构，其在筹资工作中展示的真诚守信的工作作风，以及对机构和项目的客观介绍，都有助于提高筹资的成功率。

二、筹资模式

（一）产品导向模式

这种筹资模式认为只要有好的项目，就能够得到支持，特别是那些富有同情心、热心公益事业、经济富裕的组织和个人的捐赠。因此，机构应将筹资工作的重点放在产品的提供或项目的设计上。但实际上，机构往往专注于对项目的论证，以及对服务产品或项目方案的研究。这种筹资模式的理念是“酒香不怕巷子深”。机构通常没有专职的筹资人，款项的获得常常来源于少数与机构有过合作经历且对机构较为了解和信任的捐款人。

（二）机构营销模式

随着资源竞争的加剧，一些社会服务机构发现仅仅专注于项目开发是不够的，于是它们开始采取以机构营销为主要手段的筹资策略。机构会安排专人负责筹资工作，他们精于游说艺术，善于包装和推销自己所在的机构；他们擅长在机构外寻找潜在的捐款人，并说服对方出资。这种筹资模式认为：第一，社会上有许多潜在的捐款人，包括富人和其他的社会成员；第二，筹资的关键是激发人们的向善之心，挖掘社会公益力量；第三，捐赠人愿意出资的前提是了解和信任机构，所以筹资人应注重营销机构，消除因信息不对称而产生的偏见和隔阂。

（三）捐款人需求导向模式

这一筹资模式主张，机构必须寻找那些与自身兴趣点一致的捐款人，设计出使捐款人满意的筹资计划，进而赢得捐款人的支持。在这种模式下，机构会细分捐款人市场，为市场开发制订计划、分配任务、投入资金。这种筹资模式的特点是深入研究捐款人并投其所好。但是，捐款人的偏好是经机构分析发现的，不是他们自己表达的，因而捐款人仍然处于项目设计和实施过程之外。

（四）战略合作模式

战略合作模式的筹资理念是“与捐款人一起设计和实施项目，并将这种合作长期保持下去”。因此，机构既不是守株待兔式地等待别人的捐助，也不是漫无目的地四处游说，而是着眼于机构的宗旨、价值观、特点、影响力等，分析潜在的捐款人在哪里，然后有目的地寻找那些可能认同机构宗旨的捐款人。通过邀请潜在捐款人参观机构、参与项目设计、监督项目执行等方式，赢得他们的认可。这种筹资模式致力于打造机构与潜在捐款人之间的战略合作关系，希望通过合作达到筹集资金、稳定资金来源的目的。

表 9－3 比较了 4 种筹资模式。每种模式的理念不同、导向不同、关注点不同、投入成本不同，捐款人的角色与功能自然也不相同。从"产品导向模式"到"战略合作模式"，从"直接捐款"到"全过程参与"，反映了捐款人角色的变化和参与程度的加深。但是，需要指出的是，这 4 种模式并不是按照从低级到高级的次序排列的。[①] 事实上，这 4 种模式各有所长，至于选择何种筹资模式，要视机构的具体情况而定。

表 9－3　4 种筹资模式的比较

筹资模式	关 注 点	专职筹资人	特点	捐 款 人
产品导向模式	以项目吸引捐款	无	被动	少，变数大，参与度低
机构营销模式	扩大机构的知名度	有	主动	多，变数大，参与度低
捐款人需求导向模式	满足捐款人的偏好	有	主动	少，变数可控，参与度低
战略合作模式	建立互信合作的关系	有	主动	相对稳定，参与度高

三、筹资的基本步骤

关于筹资的步骤，我们可以从两个角度予以分析。

（一）作为日常工作的筹资

如果将筹资作为机构日常工作的一部分，把筹资作为一项持续性、长期性的事务，筹资大致可分为如下步骤。

1. 研究潜在捐款人

机构相关人员需要通过调查研究掌握信息，分析哪些人可能会给机构捐

① 康晓光：《非营利组织管理》，中国人民大学出版社 2011 年版，第 92 页。

款,也就是说,要去研究潜在的捐款人。

2. 确定目标对象

通过评估分析,机构相关人员在若干个潜在捐款人当中确定最有可能给机构捐款的对象。

3. 培养可能的捐款人

确定对象以后,机构工作人员就要与其沟通、培养感情,使其将来有可能为机构捐款。

4. 介绍业务和项目

跟目标对象建立了联系、有了感情以后,机构工作人员就要向其介绍机构的业务和项目,让其做到心中有数。

5. 提出资助请求

提出资助请求的方法很多,可以通过电话、邮件、网络平台及口头提出等方式,也可以在一些专门的筹资活动中提出。对金额较大的资助,需要面对面地沟通。一般来讲,机构在提出资助请求时,要准备并递交项目计划书。

6. 对捐款人的认可和回馈

认可就是要对捐款人的捐赠行为给予肯定和鼓励,要向他们表示感谢。回馈是指履行对捐款人的承诺,也就是要按照捐款人的意愿来使用捐款。认可和回馈反过来又会影响捐款人以后对机构的资助。所以,这个环节在整个筹资中是非常重要的,但也是目前社会服务机构做得不够理想的地方。

图 9－2 描述了筹资的 6 个基本步骤,从中我们可以看到,筹资不是“一次性”的行为,而是一个循环往复的过程。当一位捐款人向机构捐赠第一笔资金后,如果机构做好了认可和回馈,就有可能获得该捐款人的持续捐赠,该捐款

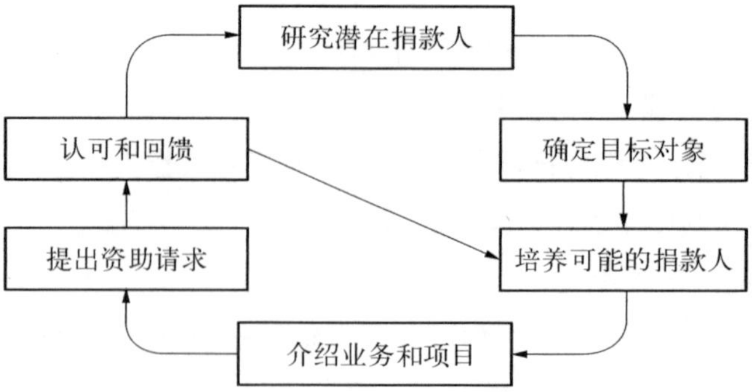

图 9－2　筹资的基本步骤

人甚至可能会成为大额捐赠者。机构在筹资的过程中，最重要的是要了解潜在捐款人的心理，并与之建立联系、培养感情，最终促成其捐赠行为。

（二）作为专项活动的筹资

如果机构的工作计划中包含了专项的筹资计划，这时的筹资就是一个有时限要求的、有特定任务的一次性活动。作为专项活动的筹资一般包括以下环节。

1. 成立筹资团队

这是筹资工作的第一步。只有拥有一支高效的团队，才有可能对筹资市场做出准确的分析，才有可能制订出切实可行的筹资计划。筹资团队一般由机构的主要负责人牵头，由大部分高层管理人员参加，以保证有效地动员组织内外的资源。同时，团队中要有宣传、文案、组织、公关等方面的骨干员工。

2. 确定筹资目标

筹资团队通过对机构战略、发展环境、计划任务、现有资源等进行分析，估算出机构运营所需的资金量，并以此为筹资目标。这种方法称为需求法。需求等于组织开展活动预计需要的资金减去目前组织拥有的且可以动用的资金。机构也可以采取机会法，即预测从各种渠道获得资金的概率及可能的数量，从而确定一个适合的筹资目标。

3. 分析筹资对象

筹资对象是筹资活动的目标群体，是有可能给机构提供支持的组织和个人。社会服务机构的筹资对象有个人、基金会、企业、政府等。分析筹资对象非常重要，是做出筹资决策的基础。分析筹资对象的相关工作包括如下方面：(1) 分析筹资对象的捐赠动机。捐赠动机可能有多种，如发扬利他精神、优化组织形象、寻找可靠的代理人等。(2) 分析筹资对象的捐赠意向、可能性与捐赠能力。这样可以了解目标群体的兴趣点和以往捐赠的情况。(3) 讨论机构要在每个市场付出多少努力，即判断筹资的投入成本与投入方向。(4) 讨论如何接近筹资对象，即分析通过哪些渠道联系和接触筹资对象。

4. 讨论筹资方式

筹资方式有很多种，包括信函（邮件）劝募、电话恳请、面谈劝募、网络募捐、活动募捐（如义演、义卖、义赛、筹资晚会、慈善晚宴等）、企业冠名等。捐款人捐助的主要是金钱，当然也有赠送物资和设备、提供场地和人力等方式。筹资团队应根据实际情况，组合采取多种筹资方式。另外，针对不同的筹资对象，筹资的方式也应有所差别。例如，对小额捐赠者，可以采取发邮件、寄募捐信的方式，这样虽然效果难以保证，但成本低；对比较固定的大额捐赠者，则应采取机构负责人登门拜访、当面洽谈的方式；对企业和基金会，则要提供内容充实、符合捐款对象兴趣的项目书，以引起对方的关注。

5. 制订和实施筹资计划

根据对筹资对象和筹资方式的分析，筹资团队要制订翔实的、富有操作性的筹资计划，将筹资所涉及的各项任务进行分解，并确定负责人、时间、地点、方式等。筹资也是一个特殊的活动项目，机构在制订筹资计划时，通常要撰写筹资文案，以便向潜在的捐款人说明：这是一家怎样的机构，机构计划开展什么样的项目，该项目具有怎样的意义，该项目将帮助哪些人，该项目的预期目标是什么，该项目需要多少钱，以及捐款人如何捐助、有何权益等。例如，腾讯公益发起的“99 公益日”网络筹资活动，规模大、参与度高、效果好，是社会服务机构登台亮相的重要平台。机构只有拿出优质的筹资文案，展示高质量的服务项目，才有可能得到网友的支持。筹资计划经过充分讨论和认真打磨后，筹资团队要依据计划开展相关工作，这是筹资活动的重点事项。

6. 总结筹资活动

筹资活动结束后，机构要及时总结筹资活动的收获与不足。一般而言，筹资活动结束后筹资团队要撰写筹资报告，说明筹资的目标、成本、活动安排、总收入、净收入，分析捐赠来源和筹资目标的实现情况等，并对筹资活动的组织、团队配合情况、工作效率、筹资效果、欠缺之处等做出总结。对筹资过程中出现的不尽如人意的情况，机构应分析原因，以吸取教训。另外，需要指出的是，虽然筹资的直接目的是为机构发展筹措资金，但其运作过程也是对机构管理能力的考验和对机构社会形象的塑造，所以，筹资团队应当以高度负责的态度和饱满的精神完成此项工作。

请阅读下面短文，思考社会服务机构筹资的意义。

近日，笔者的工作已经全情投入于一年一次的机构筹款活动当中，连绵不绝的工作令我忘记“辛苦”的感觉。笔者每天十分专注于把眼前的问题解决掉，就筹款目标而言，我们并没有定下高难度的目标，希望较去年有进步已是理想。对社会福利机构而言，筹款是不可或缺的，除了可以增加财政资源外，亦可提高机构的知名度，一举两得。

一系列筹款工作的关键在于“关系”二字。筹款工作需要发动大量的义工协助，发动时的力度及深度如何，便取决于职员及义工之间的关系是否良好。义工及居民全情投入筹款活动当中，可以成功形成一种氛围，让社会大众皆知悉机构的形象及服务内容。然而，如果机构能成功与商界及社会知名人士建立关系，通过不同的筹款方式，鼓励他们出钱出力，便可以有更为充裕的资源去协助贫苦大众。

——陈曦朗：《筹款之我感》，《社会与公益》2012 年第 12 期（有改动）

四、影响机构筹资的主要因素

（一）机构的公信力

公信力和筹资有着非常密切的关系。捐赠的基础是信任，捐款人希望将资金和财产等提供给值得信赖的机构。因此，社会形象好、影响力大、有服务品牌的机构通常会有较强的资源汲取能力。

（二）机构使命、愿景与战略方向

机构有清晰的使命、愿景和战略方向，可以让不熟悉机构的人了解机构的宗旨、使命、存在的价值、当前的发展状况、未来的蓝图等，让他们能很快地记住机构的形象。更重要的是，这也体现了机构对自身长期发展的理性规划，可以帮助机构建立良好的公众形象和提高信任度。

（三）机构的能力与业绩

捐款人非常关心机构拿到资金后有没有能力把项目做好，能不能取得预期的成果。所以，机构过去做的项目以及在开展社会服务方面有哪些业绩和成果，也是捐款人非常关注的。

（四）筹资团队的素质

机构应建立一个由员工、志愿者和理事组成的筹资团队，并让团队成员认识到，他们的言行，无论是代表个人的还是代表机构的，都会影响机构的声誉。

（五）捐款人的需求与目的

不同的捐款人所关注的服务对象和服务领域是不一样的。如果机构的服务领域与捐款人关注的领域是一致的，或者项目的服务对象也是捐款人所关切的，机构得到资助的可能性就会更大。

（六）财务的透明与规范

捐款人还会关注项目的预算是不是合理，机构有哪些制度可以保障资金得到合理、有效的使用。捐款人可能会通过机构的年报、财务报告、审计报告等判断机构的财务工作是不是规范、公开、透明。

复习思考题

1. 试述社会服务机构财务管理的功能。
2. 简析社会服务机构财务管理的理念。
3. 简述社会服务机构的资金来源渠道。
4. 试比较4种筹资模式。
5. 简述社会服务机构筹资的步骤。
6. 分析影响社会服务机构筹资的因素。

推荐阅读

1. 康晓光：《非营利组织管理》，中国人民大学出版社2011年版。
2. NPO信息咨询中心：《非营利组织的治理》，黎佳等译，中国书籍出版社2008年版。
3. 彭小兵：《公益慈善事业管理》（第2版），电子工业出版社2018年版。
4. 张彪：《非营利组织财务研究》，湖南人民出版社2010年版。
5. 张玉玲、刘惠苑：《社会组织管理实务》，西北工业大学出版社2017年版。

第十章

社会服务机构的资金管理

社会服务机构的财务管理主要涉及资金的筹集与使用问题。上一章重点阐述了资金筹集，本章则聚焦资金管理首先，简介了预算编制的内容与方法，分析了资金使用的一般原则与具体要求；其次，说明了财务报告的体系构成，分析了财务分析的目的、对象和存在的问题；最后，从财务透明度和审计的角度讨论了机构资金的监管问题。

第一节　预算编制与资金使用

一、社会服务机构的预算编制

（一）预算编制的功能

财务预算是指国家机关、企事业单位、社会组织运用科学的技术手段，对未来一定时期内的财务活动的内容与指标进行规划。所以，财务预算从本质上来说是一个财务计划。财务预算可以按照多种维度进行分类。例如，按照功能，可分为经营预算与管理预算；按照时间期限，可分为期间预算与项目预算；按照用途，可分为日常业务预算、专项业务预算、其他业务预算；按照内容，可分为资本预算、支出预算、现金预算、利润预算。

社会服务机构的财务预算是根据其具体使命和事业发展计划编制的，它需要更多地反映机构的事业发展规律和理财思想。社会服务机构的非营利性决定了其财务预算的主要问题是将服务对象的需求与有限的可用资源进行平衡。社会服务机构的财务预算具有以下功能：第一，可以将有限的资源合理分配到工作的每个环节中去，保证工作能够顺利进行；第二，提前规定了每个环节的资金使用额度，各个项目或环节的负责人在知晓资金额度的前提下调配资金，可以避免争议和矛盾；第三，预算也是一种参考，对社会服务机构未来申请项目或估算运作成本具有指导意义；第四，预算是社会服务机构项目评估或员工年终考核、机构年终考核的依据。

（二）预算编制的内容

1. 收入预算

收入预算一般以年为单位，是社会服务机构对未来一年预计产生的收入进行的预测。值得注意的是，收入预算是依据服务市场的需求量、客户的需求量、存在的机会和风险等做出科学的预测，并形成合理的预算。往年的收入额度只能作为参考，不能作为主要的预算依据，因为每年的政策形势、服务群体都存在较大的变数。

2. 成本预算

对社会服务机构而言，成本预算分为两种情况：一是对社会服务机构未来一年的运营可能发生的必不可少的开支进行大致的估算；二是对社会服务机构即将开展的项目成本进行估算。要特别指出的是，社会服务机构是人群服务组织，因而人力成本是预算的重要内容。

3. 资本预算

资本预算是关于获得资本资产的计划安排。资本资产是指使用寿命超过一年的资产，典型代表是房屋与设备。资本资产与长期计划密切联系，因为资本项目通常会持续多年。此外，资本支出通常是大额支出，也需要开展专项筹资活动，以获取资金。

4. 现金流量预算

现金流量预算是指社会服务机构正常运作所需的现金总量。现金流量是衡量社会服务机构财务状况的重要指标。

对社会服务机构而言，财务预算的主要内容是估算收入与支出。编制预算的基本要求是量入为出、收入与决算一致。机构的支出预算一般由业务活动、成本管理费用、筹资费用及其他费用等部分组成。预算编制完成之后，机构应赋予其权威性，机构管理者应号召各级负责人尽量遵照执行。当然，机构对预算做必要的调整是正常的，但如果是超过限度的调整，则需要经过机构负责人的批准。对于严重违背预算的行为，机构要予以惩罚。权威性可以让预算编制的作用发挥到最大，也能让机构的资金在可控制的范围内使用。

（三）预算编制的基本方法

1. 弹性预算

弹性预算又称可变预算，是指将未来发生的收支预算值视为一个概率比分布，并准备若干种方案。社会服务机构用弹性预算的方法编制成本预算时，要把所有的成本划分为变动成本与固定成本两大部分。变动成本主要根据机构的业务量来控制，固定成本则按总额来控制。这种预算编制方法适合发展尚处于不稳定阶段的社会服务机构。

2. 项目预算

项目预算只是针对机构承接的某一个项目进行的财务预算，是财务预算的子预算。一般来说，社会服务机构的项目都是单独进行核算的，项目预算对每个项目的评估是非常重要的。项目预算要结合机构宗旨、机构财务管理规定、项目服务内容、出资方的财务要求等来编制。项目预算是项目实施与评估的重要参考，项目负责人会根据预算确定服务的工作量及先后顺序，第三方评估单位也会依据项目预算判断项目资金使用是否合规、合理。

3. 零基预算

零基预算起源于美国，是指在编制预算时，不考虑基期状况或将基期设定为零，一切从零开始编制预算的一种方法。零基预算方法如果运用得当，可以使收支指标更加切合实际，也能在一定程度上反映资金分配的科学性和合理性。零基预算可以使社会服务机构在核定的限额之内安排资金，增强自身节约资金的意识，努力挖掘内部潜力，提高资金的使用效益。

4. 递增预算

递增预算是指机构在上一年度实际支出的基础上，考虑员工薪资、通货膨胀等因素，结合新计划所需的资金，计算出下一年度的预算资金。这是一个粗略的预算编制方法，只是用来预测开支的。由于这种预算编制方法操作简单，因此其在社会服务机构中被普遍使用。但需要注意的是，仅仅参考上一年度的预算是不够的，还应参考往年的预算和下一年度的工作计划来对预算进行修正。

二、社会服务机构资金使用的基本原则

（一）合法性

合法性，即机构在使用资金时一定要自觉遵守相关法律规定和制度规范，包括法律、法规、部门规章、规范性文件、行业标准中提出的关于非营利组织财务管理方面的具体内容。这是对社会服务机构资金管理的要求。社会服务机构的资金来自机构外部，这些资金的使用通常与解决社会问题、提升社会福祉相关联，因此，机构必须杜绝“公益腐败”，严格执行政策，规范使用资金。目前，针对社会组织财务管理工作的法规政策主要有《中华人民共和国会计法》《中华人民共和国审计法》《中华人民共和国慈善法》《中华人民共和国公益事业捐赠法》《民间非营利组织会计制度》等。其中，《民间非营利组织会计制度》对社会服务机构接受非现金资产捐赠、受托代理业务、注册资金、政府购买服务等如何记账，如何编制会计报告等，都有明确的规定，机构必须执行。在责信时代，合法使用资金是机构应该履行的义务和应该做出的财政交代。

（二）合理性

合理性，即资金使用符合实际情况，与服务需求和服务内容相匹配。这是对社会服务机构资金用途的要求。无论是政府资助还是社会捐赠，出资方都要求其给予的资金能够协助服务对象解决问题。因此，机构应当科学测算和分配资金，确保资金的使用既符合相关规定，又有助于完成服务目标。资金安排是否合理，在项目评审时是一个重要的观测点，在项目验收时也是重要的评估内容。合理使用资金往往能反映机构的管理水平，检验机构的履约能力和公信力。

（三）有效性

有效性，即资金使用是有效率、有效益的。这是对社会服务机构资金使用结果的要求。有效率，意味着产出和投入的比值是较为合理的。尽管社会服务的产出往往难以精确度量，但服务提供者仍要追求在既定的时间内，以更少的成本投入获得更广的受益面，取得更多、更好的服务效果。有效性反映了机构的服务品质。在项目验收时，评审专家会查证各种反映服务成效的指标，并据此判定机构的服务能力和资金投入的意义。有效益，意味着服务是有成效的，服务目标的达成度是令人满意的。对社会服务机构而言，资金使用的有效性就是拿着出资方的钱做了正确的事。社会服务机构不仅要合法、合理地使用资金，还要确保资金没有被浪费且实现了预期的服务目标。

三、社会服务机构的日常资金管理

（一）资金设置

1. 现金

现金是指库存现金，通常被设置为“现金日记账”，由出纳人员根据收付款凭证，按照业务发生顺序逐笔登记，日清月结。机构出纳人员要计算出当日的现金收入、现金支出、合计数和结余数，做到账款相符。现金管理制度规定库存现金不能超过规定的额度、不能“打白条”抵用、不能坐支现金。

2. 银行存款

银行存款是指机构存入银行的现金，应设置为“银行存款日记账”，由财务专员根据收付款凭证，按照业务发生顺序逐笔登记，日清月结。机构财务专员要将“银行存款日记账”与其开户银行提供的银行存款对账单进行核对，及时调节，还应当定期对银行存款进行检查，确定当期损失。

3. 其他货币资金

其他货币资金包括机构的外埠存款、银行汇票存款、信用卡存款、信用保证金存款、银行本票存款等。

4. 存货

存货是指在日常业务中持有以备出售的生产成品或商品，或者在提供服务的过程中所消耗的材料、物资、商品等。社会服务机构要建立合理的存货收付制度、仓储管理员制度、存货合理存放制度、存货盘点制度和存货减值制度。

（二）日常资金使用

1. 总体要求

机构理事会下设办公室负责机构的会计核算和资金监管，以保证资金的合理支配，杜绝资金流失；根据会计控制制度的要求，办公室分别设置会计岗位和出纳岗位，聘请品行端正、具有会计从业资格证的专兼职会计人员担任会计；机构设置统一账号，按国家有关财务会计制度设立账册，组织会计审核。

2. 收入管理方面

机构收入只能用于围绕宗旨开展业务的活动，以及支付专职工作人员的工资、福利、办公开支、调研费、差旅费和必要的业务招待费等，不得挪作他用。机构所有经费收入均由机构统一账号收取，如果付款方要求提供正规发票，机构就需要支付相应的税费。

3. 支出管理方面

机构的费用支出只有经过相关负责人审核和机构负责人审批，财会人员才能予以报销。所有凭证必须是正规的发票。机构聘请的专兼职工作人员由办公室考勤，财会人员根据办公室主任审核签字的考勤表为其发放工资、补贴。领款人必须履行签字手续或者有银行回单作为凭证。差旅费的支出应按照机构规定的标准进行报账。对于大额资金的预支（机构可根据自身情况制定标准），申请人需要提交预支资金申请表，写明事由，由秘书长签字后方可支出。

4. 会计核算

会计核算是指以货币为主要计量单位，通过确认、计量、记录和报告等环节，对特定主体的经济活动进行记账、算账和报账，为相关会计信息的使用者提供决策所需的会计信息。记账是指采用一定的记账方法，将特定主体的经济活动记录在账簿中；算账是指在日常记账的基础上，对特定主体在一定时期内的收支情况和某一特定日期的资产、负债、所有者权益等进行计算，以算出该时期的经营成果和财务状况；报账是指在算账的基础上，将特定主体的财务状况、经营成果和现金流量情况，以会计报表的形式向有关各方进行报告。例如，每月结束，社会服务机构的财务部门要结账、对账，在账账相符、账实相符的基础上编写“月度财务会计报表”，并在次月的 10 日前将上月的“月度财务会计报表”报送机构理事会审核；每年结束，财务部门要编写“年度财务决算报表”，并在次年的 1 月 20 日前将上年度的“年度财务决算报表”报送机构理事会审核。

对社会服务机构资金的使用情况，除了日常报账外，秘书长每年还要在理事会会议上向理事会报告一次上年度的预算执行情况，接受理事会的审议监督。办公室每年应根据民政部门的要求，撰写上年度年检报告，并自觉接受登记部门和业务主管部门的监督。根据国家协会管理的有关规定，理事会换届或更换法定代表人时，要对机构进行财务审计。机构办公室应根据审计结果编制本届理事会财务报告，并由负责人向本届理事会做出报告。财务人员离职时，必须做到钱清、票清、账清，并在秘书长的主持下办理交接手续。

四、社会服务机构的项目资金管理

社会服务机构项目资金的管理，根据项目性质和出资方的不同，具体要求也不同。这里以“中央财政支持社会组织参与社会服务项目——2018 年财务管理指引”为例，说明社会服务机构项目资金管理的一些要点。

（一）项目资金的使用原则

1. 合法性

项目资金的使用应当遵守国家法律、法规和政策的相关规定，符合项目资金使用管理办法的要求。

2. 专款专用

项目资金应以项目申报书确定的工作目标和承诺为依据，全部用于申报书所规定的受益对象和服务活动，不得挪作他用，也不得挪用其他项目资金。

3. 经济、合理

项目资金的使用和支出要厉行勤俭节约，应严格按照规定的范围和开支标准执行，力争做到经济、合理、高效。

（二）项目资金的预算编制

社会服务机构应当在做好调查研究、科学设计的基础上，合理编制项目资金来预算，以保证资金使用的规范性和有效性，在确定投入的配套资金金额时应量力而行。编制预算时，社会服务机构应在“项目简介”和“项目预算”中列出项目主要内容、实施区域、服务类型、受益群体、受益人数和次数、费用种类和标准。如果项目有配套资金，就要分别编制预算，并按“社会服务支出”“固定资产购置支出”和“项目执行费用”分类别进行明细列报。

（三）项目资金的支出

1. 开展服务支出

开展服务支出是指直接用于服务对象和开展社会服务活动的支出，包括开展服务活动支出和发放款物支出。值得注意的是，开展服务支出不能用于基建、研究、宣传、讲课、图书赠送、投资、户外活动、考察旅游、软件系统开发等。在列支服务支出时，除了提供正规发票外，还应附上相应的采购清单（加盖采购方公章）、物资签收单、实物照片、比价表等资料。如果向服务对象发放款物或资金，还应附上服务对象确认书。

2. 培训费

培训费是项目执行中对服务对象开展培训所产生的各项费用，包括住宿费、餐饮费、培训场地费、师资费、培训资料费、交通费及其他费用。在列支培训费时，应列明培训的类型或培训名称、次（期）数、每次（期）的天数和人数，并且按次（期）列明培训所需费用，同时，要单独列明师资费的标准和次数等。培训费的标准应按照国家相关文件执行。

3. 劳务费

劳务费是在项目执行中支付给在本组织无工资性收入的临时聘用人员的劳务性费用,包括专家咨询费、临时聘用人员劳务费和志愿者补贴等,不包括因对服务对象进行救助而发放给服务对象的救助款和补贴。关于各类别劳务费的标准,机构可参照国家或当地的政策文件确定。

4. 专业社会工作者费用

开展专业社会工作服务活动的项目可列支本组织专业社会工作者的工资性支出,费用按工作次数及时间计算,每天的费用标准应不高于当地社会平均工资。外聘专业社会工作者的服务费参照临时聘用人员劳务费的相关规定执行。列支的本组织专业社会工作者的工资性支出不得超过中央财政资金社会工作服务活动资金预算总额的30%。

5. 交通费

交通费是指项目执行过程中产生的专家、志愿者和服务对象的差旅费和市内交通费,其中,列支的交通费应与开展项目直接相关,并符合经济节约的原则。

6. 发放款物支出

拟发放的款物应是开展项目所必需的,包括发放给服务对象的救助款、补贴和物资,不包括开展活动的资料费等。项目执行单位购买的、符合预算且直接交付服务对象或捐赠给为服务对象开展服务的社会组织的、单项金额较大的资产,在明确产权归属并办理财产移交手续后,可作为发放款物支出。

7. 固定资产购置支出

固定资产购置支出包括购置办公设备的支出和开展社会服务活动所必需的服务设施支出。

8. 项目执行费用

项目执行费用包括执行项目所必需的交通、会议、宣传等费用,在配套资金中允许列支开展项目所必需的其他费用。

(四) 项目预算的调整

项目执行单位应按照申报的预算支出范围和标准使用项目资金,对预算支出内容不符合项目管理规定、方案不合理、使用范围发生变化或支出标准发生较大变化的项目可进行预算调整,未经批准,不得擅自调整资金使用范围。

五、社会服务机构的投资管理

所谓投资活动是指社会服务机构运用营运资金、固定资产、年度结余去投资并使资产增值的活动。目前，在我国社会服务机构的财务管理活动中，投资管理尚十分薄弱。其主要原因有以下几点：第一，社会服务机构普遍处于不稳定的发展阶段，资产规模小，生存压力大，人员少且流动性强，无法进行大规模的投资；第二，关于投资问题，各方还有认识上的分歧，为了避免麻烦，很多机构便采取观望的态度；第三，我国社会服务机构（包括一些大型基金会）的管理人员专业背景差异大，很多人不具备投资管理的基本知识和经验；第四，社会服务机构（包括一些大型基金会）的投资市场还不是非常清晰，盲目投资或委托投资的风险较高，机构不敢贸然尝试。

在国际上，有些国家通过立法对社会服务机构的投资行为进行了特别的规定。例如，美国的《统一谨慎投资人法》规定，基金会的投资行为应是在确保操作稳健、风险合理基础上的“投资”。此外，美国税法还规定，禁止基金会的“内部交易”（self-dealing），即基金会与“圈内人”发生的各种交易行为，包括买卖、租赁、借贷、资产及收益的使用或转移等，因为这些行为都会给基金会的声誉带来负面影响。

随着立法与政策的完善，社会服务机构可以尝试通过合理的投资，实现资金的保值和增值。但值得注意的是，社会服务机构的投资管理必须遵循 3 个基本原则：第一，安全性，即按期收回资金本金与收益的可靠程度，简单地说，就是投资要实现保值和增值；第二，流动性，即各种资产或理财产品变现的效率和难易程度，简单来说，就是机构需要用钱时能快速变现；第三，收益性，即投资获益水平的高低。根据这 3 个基本原则，社会服务机构的管理层可以拟定投资策略，对投资目标进行明确定位，对投资期、风险极限、流动性、回报率等问题进行科学评估。

第二节　财务报告与财务分析

一、机构编制财务报告的目的和要求

（一）编制财务报告的目的

财务报告是反映社会组织在一定时期内的财务状况、业务活动情况和预算执行结果的总结性书面文件。理解财务报告要注意3点：第一，财务报告应当是对外的报告；即向出资人、评估方等外部使用者进行报告；第二，财务报告应当综合反映机构的运营情况，包括某一时点的财务状况和某一时期的服务成果与现金流量等信息，也应当能反映机构财务的全貌；第三，财务报告必须形成一个系统的文件，不是零星的、不完整的信息。财务报告分为中期财务报告和年度财务报告。中期财务报告是以短于一个完整的会计年度期间（如半年度、季度和月度）为基础编制的财务报告。年度财务报告是以整个会计年度为基础编制的财务报告。

研究社会组织的财务报告，规范社会组织财务信息披露，有助于提高社会组织的透明度和公信力，从而促进社会组织的良性发展。社会组织要根据有关部门规定的财务报告的内容、格式、报送时间等，认真做好财务报告的编制工作。由于社会组织的特殊性，其编制财务报告的目的和企业编制财务报告的目的有一定差别。根据《民间非营利组织会计制度》的规定，社会组织编制财务报告的目的是如实反映组织的财务状况、业务活动情况和现金流量等信息，并且所提供的信息应当能够满足会计信息使用者（如捐赠人、会员、监管者等）的需要。

（二）编制财务报告的要求

我国社会服务机构大多按照《民间非营利组织会计制度》的要求编制财务报告，少量公办社会服务机构按照《事业单位会计制度》编制财务报告。事业单位财务报告反映的是事业单位财务状况和收支情况，是财政部门和主管单位了解机构运营状况的重要依据。财务报告是对预算执行情况的直观反映，社会服务机构应该保存完整的财务账簿、财务记录、财务报表、原始凭证等材料。

根据用途不同，财务报告可分为财务会计的对外财务报告和管理会计的对内会计报告。财务会计主要对外，为出资方、捐赠方、政府部门提供相应的财务信息。管理会计主要对内，向机构负责人、理事会准确提供机构目前资金的运转情况。机构在编制财务报告时必须做到：报表格式统一，填报的数字真实、准确，内容完整、齐全。

二、社会服务机构财务报告体系构成

社会服务机构的财务报告体系包括会计报表、会计报表附注和财务情况说明书。

（一）会计报表

会计报表应当至少包括资产负债表、业务活动表、现金流量表。

1. 资产负债表

资产负债表反映的是机构在某一特定时期（如月末、季末和年末）全部资产负债和所有者权益情况的会计报表，是社会服务机构经营活动的静态体现。表 10－1 可以从总体上反映机构年末的运营情况。

表 10－1　资产负债表（模板）[①]

截至×年 12 月 31 日　　　　单位：元

资　产	行次	年初数	期末数	负债和净资产	行次	年初数	期末数
流动资产：				流动负债：			
货币资金	1			短期借款	61		
短期投资	2			应付款项	62		
应收款项	3			应付工资	63		
预付账款	4			应交税费	65		
存货	8			预收账款	66		
待摊费用	9			预提费用	71		
一年内到期的长期债权投资	15			预计负债	72		
其他流动资产	18			一年内到期的长期负债	74		
流动资产合计	20			其他流动负债	78		
				流动负债合计	80		
长期投资：							
长期股权投资	21			长期负债：			
长期债权投资	24			长期借款	81		

① 选自《民办非企业单位 2019 年度工作报告书》。

续　表

资　　产	行次	年初数	期末数	负债和净资产	行次	年初数	期末数
长期投资合计	30			长期应付款	84		
				其他长期负债	88		
固定资产：				长期负债合计	90		
固定资产原价	31						
减：累计折旧	32			受托代理负债：			
固定资产净值	33			受托代理负债	91		
在建工程	34						
文物文化资产	35			负债合计	100		
固定资产清理	38						
固定资产合计	40						
无形资产：							
无形资产	41			净资产：			
				非限定性净资产	101		
受托代理资产：				限定性净资产	105		
受托代理资产	51			净资产合计	110		
资产总计	60			负债和净资产总计	120		

2. 业务活动表

业务活动表反映了社会服务机构在某一会计期间内开展业务活动的实际情况。业务活动表是一定会计期间的收入和同一会计期间相关的成本费用进行配比的结果，体现了社会机构的实际绩效，反映了机构净资产的形成内容。阅读业务活动表，可以了解机构的业务活动情况（见表 10－2）。

表 10－2　业务活动表(模板)[①]

截至×年 12 月 31 日　　　　　　　　　　　　　　　　　　单位：元

项　　目	行次	上年末数			本年累计数		
		非限定性	限定性	合计	非限定性	限定性	合计
一、收入							
其中：捐赠收入	1						
提供服务收入	3						
商品销售收入	4						
政府补助收入	5						
投资收益	6						
其他收入	9						
收入合计	11						
二、费用							
(一) 业务活动成本	12						
其中：人员费用	13						
日常费用	14						
固定资产折旧	15						
税费	16						
(二) 管理费用	21						
(三) 筹资费用	24						
(四) 其他费用	28						
费用合计	35						
三、限定性净资产转为非限定性净资产	40						
四、净资产变动额(若为净资产减少额，以“—”号填列)	45						

① 选自《民办非企业单位 2019 年度工作报告书》。

3. 现金流量表

现金流量表所表达的是社会服务机构在固定会计期间(通常是每月或每季)内现金(包含银行存款)的增减变动情况,按现金流入和流出的主要类别直接反映业务活动的现金流量(见表 10-3)。

表 10-3 现金流量表(模板)[①]

截至×年 12 月 31 日 单位:元

项目	行次	金额
一、业务活动产生的现金流量		
接受捐赠收到的现金	1	
提供服务收到的现金	3	
销售商品收到的现金	4	
政府补助收到的现金	5	
收到的其他与业务活动有关的现金	8	
现金流入小计	13	
提供捐赠或者资助支付的现金	14	
支付给员工以及为员工支付的现金	15	
购买商品、接受服务支付的现金	16	
支付的其他与业务活动有关的现金	19	
现金流出小计	23	
业务活动产生的现金流量净额	24	
二、投资活动产生的现金流量		
收回投资所收到的现金	25	
取得投资收益所收到的现金	26	

① 选自《民办非企业单位 2019 年度工作报告书》。

续　表

项　　目	行次	金　额
处置固定资产和无形资产所收回的现金	27	
收到的其他与投资活动有关的现金	30	
现金流入小计	34	
购建固定资产和无形资产所支付的现金	35	
对外投资所支付的现金	36	
支付的其他与投资活动有关的现金	39	
现金流出小计	43	
投资活动产生的现金流量净额	44	
三、筹资活动产生的现金流量		
借款所收到的现金	45	
收到的其他与筹资活动有关的现金	48	
现金流入小计	50	
偿还借款所支付的现金	51	
偿付利息所支付的现金	52	
支付的其他与筹资活动有关的现金	55	
现金流出小计	58	
筹资活动产生的现金流量净额	59	
四、汇率变动对现金的影响额	60	
五、现金及现金等价物净增加额	61	

《民间非营利组织会计制度》的第八章详细说明了资产负债表、业务活动表、现金流量表的编制方法，解释了大量专业名词，列出了各类项目的填写办法。社会服务机构的财务人员要熟悉相关要求，严格执行上述政策。

(二) 会计报表附注

社会服务机构的会计报表附注至少应当包括下列内容:(1) 重要会计政策及其变更情况的说明;(2) 董(理)事会(或类似权力机构)成员和员工的数量、变动情况及获得的薪资等报酬情况的说明;(3) 会计报表重要项目及其增减变动情况的说明;(4) 资产提供者设置了时间或用途限制的相关资产情况的说明;(5) 受托代理交易情况的说明,包括受托代理资产的构成、计价基础、依据和用途等;(6) 重大资产减值情况的说明;(7) 公允价值无法可靠取得的受赠资产和其他资产的名称、数量、来源和用途等情况的说明;(8) 对外承诺和或相关事项情况的说明;(9) 接受劳务捐赠情况的说明;(10) 资产负债表日后非调整事项的说明;(11) 有助于理解和分析会计报表需要说明的其他事项。

(三) 财务情况说明书

按照《民间非营利组织会计制度》,社会服务机构的财务情况说明书至少应当对下列情况做出说明:(1) 机构的宗旨、组织结构及人员配备等情况;(2) 机构业务活动的基本情况,年度计划和预算完成情况,产生差异的原因,下一会计期间业务活动计划和预算等;(3) 对机构运作有重大影响的其他事项。

三、社会服务机构的财务分析

(一) 财务分析的目的

社会服务机构的财务分析主要是指依据会计核算资料和其他有关信息资料,如会计报表、统计数据等,运用专门的方法对机构财务活动的过程和结果进行分析、研究和评价的一种方法。

通过财务分析,机构可以客观地总结财务管理的经验,找出存在的问题,进而改进财务管理工作。简单地说,社会服务机构进行财务分析的目的主要有如下几点:第一,为财务报表的使用者做决策提供客观、可靠的依据;第二,对资源配置和使用结果、资金流向和效益做出客观的评价;第三,促进机构改进和完善财务管理。

(二) 财务分析的对象

社会服务机构财务分析的主体是机构的财务人员和主管领导,客体是机构的财务状况和未来趋势,分析的依据是资产负债表、收入表、支出表、机构预算与财务计划等。

（三）财务分析存在的问题

多数社会服务机构规模偏小，财务人员不足，财务管理制度不健全，这导致其财务管理工作相对薄弱。有研究者分析了非营利组织财务分析存在的主要问题，这些问题也是目前社会服务机构普遍存在的。

第一，财务分析工作不规范。财务分析缺少相应的制度规定，空洞无物，没有按一定的方法针对机构的具体情况和具体事务加以分析。

第二，分析结论表面化。不少社会服务机构的财务分析往往是用财务数据计算出几个指标，然后便开始就指标论指标，就数据论数据，最后形成的结论就是今年比去年同期增长或减少了多少，并不能将指标数据与数据背后的政策背景和实际情况联系起来。

第三，分析角度片面化。财务分析报告一般都采用固定格式，如今年的指标是多少，实际执行情况是怎样的，完成百分比是多少，与去年同期比较如何，等等。这样的分析内容虽然有一定的科学性，但对所有的财务分析报告使用者而言，这种固定模式和内容是不能令人满意的。

财务规则的局限性及实际财务分析工作中存在的问题，导致财务分析无法为管理部门提供真正有用的决策信息。此外，财务分析通常只提供给机构领导和上级主管部门，并不对外披露，这也导致机构财务分析较为随意和主观，其作用未能得到有效发挥。①

第三节　财务透明度与财务审计

一、财务透明度的含义

1994 年，美国证券交易委员会时任主席阿瑟 · 莱维特（Arthur Levitt）第一次提出财务透明度的问题，他认为财务信息披露应该具有透明度。1998 年，巴塞尔银行监管委员会发布的研究报告《增强银行透明度》指出："公开披露可靠与及时的信息，有助于信息使用者准确评价一家银行的财务状况和业绩经营活动、风险分布及风险管理实务。"该报告认为信息披露本身不会必然实现透明，为实现透明，银行必须提供及时、准确、相关和充分的定量与定性信息，

---

① 张彪：《非营利组织财务研究》，湖南人民出版社 2010 年版，第 138—139 页。

且这些信息必须建立在完善的计量基础之上。

在社会服务领域，捐款人对捐款的使用非常关心。他们担心自己的捐款被贪污、被挪作他用，或者没有得到合理的使用，希望机构能够让自己了解相关情况。这就涉及机构财务工作的透明度问题。财务透明度是指机构充分披露与外部使用者相关的财务信息，并且这些信息是可靠的、详细的、及时的、容易理解的和可以比较的，以便公众能够了解机构活动的真实成本和收益、资金投向和资金使用的效率等受托业绩。[①] 社会服务机构应当按照相关政策法律的规定，认真履行财务信息披露责任，并对信息的真实性负责。

财务透明度是一个与信息、信用、责任等密切相关的概念。根据社会服务机构的财务透明度，公众可以考核、分析、评价善款及服务费用的使用情况，以此判断机构的资金使用是否符合公益要求，并选择是否继续支持该机构。所以，机构的财务信息透明度是获得公信力的关键。关注财务透明度是机构财务管理研究的需要，因为财务在机构中发挥着不可替代的作用。财务透明度的缺失会引发公众对机构的不信任，制约机构通过公众自愿捐款获取资金的能力，损害机构的公益形象，不利于机构可持续发展。因此，如何通过财务信息公开等措施来提高机构的透明度和公信度，实现机构的良性发展，已经成为社会服务机构管理的一项重要内容。

二、社会服务机构财务透明度的标准

透明度标准解决的是“让什么透明，如何才算透明”的问题，这是社会服务机构提高财务透明度的前提。一般来说，透明的信息要满足两个基本条件：其一，从质量上看，这种信息对双方来说是共同知识，且具有较高的质量；其二，从数量上看，披露方愿意提供的信息的数量等于使用方希望接收的信息的数量。也就是说，双方不存在信息不对称的问题。或者说，透明度高的信息必须有足够的信息含量。基于这一判断，我们可以从两个方面建构社会服务机构财务透明度的标准。[②]

（一）数量方面的标准

1. 充分披露

充分披露是指机构应该充分提供与外部信息使用者相关的信息，不能遗

---

① 时立荣：《社会工作行政》，中国人民大学出版社 2015 年版，第 204 页。

② 张彪：《非营利组织财务研究》，湖南人民出版社 2010 年版，第 190—194 页。

漏法规和制度要求必须披露的一切事项，要将机构的财务状况和运营状况向公众公布。这里的“充分”包括内容的充分和形式的充分。内容的充分要求披露的内容完整无缺，不能有任何人为的隐瞒和遗漏。形式的充分是指机构应当尽量使用规范的格式、方法和语言进行披露，应当在信息覆盖面比较广的媒体上进行披露。

2. 持续披露

持续披露即要求机构必须定期向公众披露有关财务状况、运营状况、绩效信息等法规和制度要求必须披露的信息。对财务状况、运营状况及公益服务绩效进行持续的、定期的计量，有利于机构动态评价自身的社会业绩。

3. 有限度地扩展披露

有限度地扩展披露即在前述信息披露的基础上进行有限度的内容扩展。之所以说“有限度”，是因为信息并非越多越好，而且也没有必要增加太多信息披露的成本。扩展披露的信息主要包括前瞻性信息和分析性信息。其中，前瞻性信息包括机会和风险管理部门的计划、实际经营业绩与以前披露信息的比较等；分析性信息是对机构财务与非财务信息进行剖析得到的信息，如财务数据发生变化的原因、关键趋势的特征等。披露有关前瞻性信息和分析性信息，可以帮助公众更全面地了解机构，这对提高机构的公信度是有益的。

（二）质量方面的标准

1. 可靠性

这是信息披露最基本的质量要求。一项信息的可靠性是由其真实反映、实质重于形式、中立性、完整性等因素共同决定的。

2. 相关性

这是指信息应当符合使用者的需求，提供的信息与使用者的需求之间必须存在一种逻辑关系。

3. 可理解性

高质量的信息必须是表述清晰的，让使用者可以理解的。可理解性要求信息以有组织的、清楚的、简洁的方式表达，并在简洁与充分之间取得恰当的平衡。

4. 重要性

这是指信息的提供者应当按照主要矛盾和次要矛盾的排序，对重要信息进行详尽披露，对次要信息进行简化处理，以免颠倒主次。

5. 及时性

这是指信息应当及时提供,注重时效。

6. 可比性

这是指机构应当对不同时间的所有相似事项,使用相同的披露原则和报告方法,以便使用者可以通过比较,做出评价和决策。

请阅读下列材料,思考慈善组织信息披露的重要性。

第三条　慈善组织应当依照有关法律法规和本办法规定,在民政部门提供的统一的信息平台(以下简称统一信息平台),向社会公开下列信息:

(一)本办法规定的基本信息;

(二)年度工作报告和财务会计报告;

(三)公开募捐情况;

(四)慈善项目有关情况;

(五)慈善信托有关情况;

(六)重大资产变动及投资、重大交换交易及资金往来、关联交易行为等情况;

(七)法律法规要求公开的其他信息。

第五条　具有公开募捐资格的慈善组织应当公开的基本信息还包括:

(一)按年度公开在本组织领取报酬从高到低排序前五位人员的报酬金额;

(二)本组织出国(境)经费、车辆购置及运行费用、招待费用、差旅费用的标准。

第六条　慈善组织应当按照有关法律法规规定的时限,将年度工作报告和财务会计报告在统一信息平台向社会公开。具有公开募捐资格的慈善组织的年度财务会计报告需经审计。

年度工作报告的具体内容和基本格式由国务院民政部门统一制定。

第十条　具有公开募捐资格的慈善组织,应当在慈善项目终止后三个月内,在统一信息平台向社会公开慈善项目实施情况,包括:项目名称、项目内容、实施地域、受益人群、来自公开募捐和其他来源的收入、项目的支出情况,项目终止后有剩余财产的还应当公开剩余财产的处理情况。

项目实施周期超过六个月的,至少每三个月公开一次项目实施情况。

第十九条　涉及国家秘密、商业秘密、个人隐私的信息，以及捐赠人、志愿者、受益人、慈善信托的委托人不同意公开的姓名、名称、住所、通信方式等信息，不得公开。

第二十条　慈善组织不及时公开应当公开的事项或者公开的事项不真实的，任何单位或者个人可以向民政部门投诉、举报。

——《慈善组织信息公开办法》(节选)

三、财务信息的披露方式

财务信息的披露方式实际上涉及两个问题：第一，机构的信息披露只有借助一定的载体，才能为公众所知晓；第二，公众总是要通过一定的方式获取机构披露的相关信息。那么，信息以什么样的方式披露才能使财务透明度得到最大限度的体现呢？

（一）传统方式

传统信息披露是以书面报告为载体的，原因主要有两点：一是它的披露成本比较低；二是通过印刷术传播的、现行的文本式和表格式报告，具有清晰、准确、保真度高等特点，也符合很多人的阅读习惯。但这种方式也有它固有的缺陷，如信息载量有限，不利于公众广泛、及时地获取这些信息。

（二）新兴方式

随着互联网技术的日益成熟和上网人数的急剧增加，网络已经成为人们获取信息的快捷通道。信息技术网络化为我国社会组织财务信息披露方式的创新提供了技术支持。网络时代以光纤为主要传输介质，其可以快速传输数据、文字、图片等内容，大大降低了信息披露的成本。而且，在互联网上披露机构财务信息既可以发挥电子媒体时效性强、容量大的优势，又可以解决以往信息使用者查阅机构财务信息不方便的问题。所有信息使用者只要在机构网站上点击，就可以获取该机构的财务信息。通过互联网及时、全面、准确地披露社会服务机构的财务信息，有利于提高机构的财务透明度。

不仅如此，我们还可以将机构财务信息的网络披露理解为一种大众传播活动。这种传播活动能够使机构的信息面对更大范围的群体，有助于社会公众了解机构的品牌项目、服务成效等，进而有利于提高机构的社会知晓度。有些机构在网络平台上开辟了专门的讨论区，允许公众就机构的财务报告提出疑问;有些机构开通了专门的咨询电话,回答社会公众提出的相关问题。这些做法提高了社会服务机构的开放程度,受到了公众的认可。

四、财务审计的概念与目的

(一)财务审计的概念

财务审计,通俗地说就是查账,是对财政收支和财务收支的真实性、合法性、效益性进行审查和监督。审计具有独立性、权威性和公正性,是监督机构履行财务诚信的一种重要机制。审计本质上是一项具有独立性的经济监督活动。

目前,我国社会服务机构的审计共分3种类型:一是国家审计,即国家机关和审计人员通过审查会计凭证、会计账簿、会计报表,查阅有关文件、资料,检查现金、实物、有价证券,依法对社会服务机构的财政收支和财务收支的真实性、合法性和效益性进行审查和评价的监督活动;二是内部审计,即机构内的审计部门和审计人员对本机构的财务收支及有关的经营活动进行内部审查和评价的活动;三是社会审计,即依法成立的社会审计机构和审计人员接受机构的委托,对该机构的财务收支及有关经营活动进行公证、评价的职业活动。

(二)财务审计的目的和目标

财务审计的目的是通过核查社会服务机构的财务票据、凭证、报表等资料,了解和反映社会服务机构的真实运作状况,发现社会服务机构的违规违纪现象,以维护社会公众的利益,推动社会服务机构的良性运行,促进社会公益服务的健康发展。

财务审计的目标包括:第一,证明机构运营的真实性,业务与会计的相符性,财务记录与业务的对应性;第二,检查机构是否存在账外资产;第三,审核机构运营和财务管理过程的合法性;第四,检查机构业务与对应财务记录的准确性;第五,核查机构各类报表的公允性,尤其是有钩稽关系的报表之间数值的一致性。

五、财务审计的一般原则

(一)政策法规性原则

这是指以国家的政策及有关法律、法规为判断和评估审计对象的标准,以促进机构提高服务与管理水平。

（二）客观公正性原则

这是指从实际情况出发，以审计证据为依据，客观、公正地对审计对象进行审查、分析、判断、评价和提出审计报告，维护审计的严肃性和权威性。

（三）独立性原则

这是指依照法律规定独立行使审计监督权，不受其他行政机关、社会团体和个人的干涉。这一原则是审计部门公正处理问题的组织保证。

（四）效益性原则

这是指以提高财政收支效益为根本出发点，通过审计监督来促进社会服务机构提高财务管理的效益和效用。

（五）质量控制原则

这是指会计师事务所为确保审计质量符合独立审计准则的要求而制定和运用的控制政策与程序，包括一般原则、全面质量控制政策和审计项目的质量控制政策。例如，进行审计风险评估，根据判断选择合适的审计程序。

六、财务审计的过程

（一）选择外部审计单位

当前社会中的很多会计师事务所都有审计的资质，但是有社会服务机构审计经验的会计师事务所相对较少。很多会计师事务所对社会服务机构的运营管理不熟悉，这会导致其在审计过程中把握不好标准，容易产生误判。因此，机构选择的外部审计单位除了要有良好的专业能力和职业道德外，最好有审计社会服务机构的经验。

（二）机构做好相关准备

机构的财务会计人员应提前做好相关工作，如使机构财务记录保持完整并依次整理好，以备审查。审计期间，机构财务负责人要配合审计单位，提供其所需要的财务资料。审计开始后，财务会计人员要协助审计单位开展审计工作，及时解答审计人员提出的疑问，并提供相应的证据材料。

（三）审计人员开展审计工作

审计人员的审计工作主要分为以下几步：第一步，审查财务报告。如果是项目审计，审计人员要依据项目合同、有法律效力的预算表，对财务报告进行审计，对其中不合理的地方提出意见和建议。第二步，审计财务原始凭证。对入账发票、报账流程及规范性进行审计，对不合理的地方提出意见和建议。

第三步，审计机构账户、所设科目，对不合理的地方提出意见和建议。第四步，对机构财务人员进行技术支持。第五步，审计机构的投资和捐赠记录。第六步，完成审计报告和建议。第七步，若有必要，可向公众公布审计结果。

复习思考题

1. 简述预算编制的功能与内容。
2. 列举预算编制的常用方法。
3. 试析社会服务机构资金使用的基本原则。
4. 简述财务报告的概念、编制要求与体系构成。
5. 简析财务透明度的概念与标准。
6. 试述财务审计的目标与原则。

推荐阅读

1. 中华人民共和国财政部：《民间非营利组织会计制度 2004》，经济科学出版社 2004 年版。
2. 莫冬燕：《非营利组织财务管理》，东北财经大学出版社 2018 年版。
3. 谢晓霞：《民间非营利组织财务管理理论与实务》，经济管理出版社 2013 年版。

监 管 编

在阐述了社会服务机构的事务、人力和资金管理后，本编转向社会服务机构的监管问题。监管是对社会服务机构的约束和问责，是促进社会服务机构自律和提升服务品质的重要手段，也是社会服务机构管理层面对的现实环境。社会服务机构的监管主要表现为对机构运营状况的监督和评估。因此，本编设置了两章内容：首先讨论了社会服务机构监督的特征、类型、意义，以及内外部监督的主要内容与形式；然后结合实践情况，分析了社会服务机构评估的理念、方法、指标。

第十一章

社会服务机构监督

社会工作行政不是在真空中进行的，社会服务机构的管理层必须基于机构所处的环境做出决策、采取行动，并及时回应机构内外的期待与问责。在社会工作逐步进入责信时代的今天，政府、社会、服务对象都希望社会服务机构在实施社会政策的过程中能够提高效率、节约成本、增进效能、彰显公平。本章关注的是社会服务机构的监督问题。监督是推动社会服务机构加强自身建设、提升服务品质的重要机制，也是目前社会服务机构相对薄弱的环节。本章首先梳理了有关社会服务机构监督的基本知识，然后重点讨论了机构内部监督与外部监督的实施问题。

第一节　社会服务机构监督概述

一、社会服务机构监督的内涵与特征

（一）社会服务机构监督的内涵

监督，顾名思义，即监控、督促、检查，是一种跟进、纠偏、问责的管理活动。监督应当是常态化、制度化和恒久性的。在管理实践中，人们对监督的理解涉及狭义与广义两个层面。从狭义上看，监督是有关机构或领导者依据管理权限，对机构和员工遵守法律、法规和制度规范情况，以及执行决策情况所进行的监察活动。从广义上看，人们认为一切组织都会同时受到组织内外部力量的监督，如行政机关、司法机关、利益集团和公众舆论等。

社会服务机构监督也具有两层含义：第一，若将机构视为监督的主体，则是指机构通过内部的治理结构和机制对运营状况进行检查与控制的活动，如监事或监事会对理事、理事会及其他职能部门日常运作的监督，机构管理层对行政人员、服务人员及其工作状况的监督等；第二，若将机构视为监督的客体，则是指主管社会服务的政府部门和相关职能部门、业务主管单位、行业组织、利益相关方、媒体、公民对各级各类社会服务机构，以及其工作人员的依法行政情况、执行决策情况、服务供给情况等进行的监察活动。

所以，简单来说，社会服务机构监督包括内部监督与外部监督两种形式，涉及自律与他律两种机制。内部监督是优化机构内部环境的重要举措，是社会工作行政的应有之义，因为机构管理必然会聚焦于工作效率、工作规范、服务品质等。外部监督是助推机构良性发展的保障性因素，是社会工作行政必须重视的环境因素。

（二）社会服务机构监督的特征

1. 监督主体多元化

社会服务机构的监督可以分为内部监督和外部监督两个方面。就内部监督而言，机构是监督主体，机构中履行监督职能的有监事（监事会）和管理团队。依据我国社会组织管理的相关政策，社会服务机构内部应设立监事或监事会，“监事会成员不得少于 3 人，并推选 1 名召集人”。监事会负责监督社会服务机构各项活动的规范性，督促社会服务机构公开必要的信息，确保社会服务公开透明。就外部监督而言，监督主体是多元的，包括政府部门、行业协会、出资人、服务对象等与服务供给有关的利益方，同时还包括社会大众、第三方机构、社会媒体等。社会服务机构的外部监督主体是开放的、多元的，随着网络媒体的发展，外部监督的范围越来越广，效率也越来越高。此外，外部监督是没有时限的，社会服务机构开展的活动及其资金使用情况，将长期接受社会各界的监督。

2. 监督内容广泛

社会服务机构监督的内容十分广泛。就内部监督而言，监事会可以监督社会服务机构是否按照章程开展活动，有权向理事会提出意见和建议，可以监督法定代表人的工作，有权检查机构的财务和会计资料。就外部监督而言，监督的内容不仅包括机构的设立、变更、终止过程的合法性与正当性，还包括机构的项目申请、活动安排、内部重大事项决策等。监督主体可以对项目运作的规范性和合法性进行监督，可以对法定代表人、负责人、理事履行职责情况提出疑问，可以获知机构依法披露的信息，也可以向业务主管单位、登记管理机关以及税务、会计主管部门反映情况。随着社会组织的发展壮大和社会服务项目的增加，社会服务机构监督的内容会越来越丰富。

3. 监督方式多样化

就内部监督而言，监督方式包括查阅资料、现场办公、监事列席理事会会议等。就外部监督而言，监督主体对机构的监督从登记环节就开始了。例如，业务主管单位要对机构的建立宗旨、服务范围、组织架构进行审核与指导，民政部门要对发起人提供的资料进行核查，指导其按照政策法规完成相关工作。机构获准成立后，政府的社会组织管理部门要对机构的业务开展情况、财务情况、人员与架构变动情况、信息公开情况等进行定期检查，并且通过等级评估推动机构规范管理、提升服务质量。评估方和服务对象可以通过评价服务的方式反映机构存在的问题。媒体可以通过揭露问题等方式对机构进行监督。公众可以通过查询机构信息等方式对机构进行监督。此外，对机构进行监督时可以采取行政、法律和经济等多种手段。

二、社会服务机构监督的类型

（一）内部监督

1. 理事会的监督

理事会是社会服务机构的最高权力部门，其除了为社会服务机构募集资金、维持机构的正常运营之外，还要定期对社会服务机构的业务开展状况、财务管理状况进行审核与监督。一旦发现问题，理事会要问责并监督相关责任人做出相应的改善行动。

2. 监事会的监督

在社会服务机构申请注册成立时，登记管理部门要求机构在内部设立监事会。监事会虽然不参与决策，但有权对监督事项中存在的不符合程序规定、严重损害机构利益及违反有关法律、法规的情况提出纠正意见，并向有关部门反映情况。

3. 内部审计委员会的监督

在国外，社会服务机构内部还常常设立审计委员会。其主要负责机构有关财务报表披露和内部控制过程的监督。这种内部监督机制有助于提高机构的公信力。

4. 内部党组织的监督

2015 年 9 月 28 日，中共中央办公厅印发了《关于加强社会组织党的建设工作的意见(试行)》，该意见提出，按照单位、行业、区域设立党组织，“凡有三名以上正式党员的社会组织，都要按照党章规定，经上级党组织批准，分别设立党委、总支、支部，并按期进行换届”。该意见要求本着“应建尽建”的原则，加大社会组织的党组织组建力度。社会组织内部的党组织对党员开展的教育和管理工作也是内部监督的一种方式。

(二) 外部监督

1. 党政机关的监督

在我国，目前直接对社会服务机构履行监督管理职责部门的是民政部门。民政部门对社会服务机构的监督是过程性的、全方位的，涉及机构的成立、运营、注销等环节。近年来，在党的领导和推动下，社会组织的党建工作得到了加强。《关于加强社会组织党的建设工作的意见(试行)》规定：“县级以上地方党委要依托党委组织部门和民政部门建立社会组织党建工作机构……党委组织部门对同级社会组织党建工作机构进行指导。上级社会组织党建工作机构对下级社会组织党建工作机构进行指导。”党组织对机构党员的纪律监察，对机构意识形态工作的引领，对机构党建与事业融合发展的推动，都有利于机构的健康成长。

2. 业务主管单位的监督

根据《民办非企业单位登记管理暂行条例(修订草案征求意见稿)》，我国社会服务机构的业务主管单位是国务院有关部门和县级以上地方各级人民政府的有关部门，以及国务院或者县级以上地方各级人民政府授权的组织。业务主管单位履行的监督管理职责如下：负责社会服务机构的设立、变更、注销登记以及章程核准前的审查；监督、指导社会服务机构遵守宪法、法律、法规、规章和国家有关政策，并依据章程开展活动；监督、指导社会服务机构制定年度工作报告、履行信息公开义务；协助登记管理机关和其他有关部门查处社会服务机构的违法行为；会同有关部门指导社会服务机构的清算事宜。

3. 行业协会的监督

随着我国社会服务机构的日益增多，全国各地各级行业协会组织也逐渐发展壮大。行业协会是一种自治性的社会团体，其主要职能是通过确定行业道德、制定行业规则、约束行业行为、促进行业交流、引领行业发展，对本行业提供的产品和服务、竞争手段、管理行为等进行规范和监督，以维护行业信誉，优化行业形象。行业规则是对相关政策和法规的重要补充。目前，行业协会的监督作用日益凸显。

4. 利益相关者的监督

社会服务机构的利益相关者包括资助方、服务方、合作方等。社会服务机构与资助方之间一般有相应的社会服务合同或协议，以此来约束双方的行为。社会服务机构是服务的提供者，有义务接受资助方对服务流程的督查和监管。服务方是资助方指定的受益对象，其有权要求社会服务机构为其提供合同规定范围内的专业服务。合作方对机构开展的服务有监督权。利益相关者的监督是社会服务机构外部监督中最直接的一种监督方式。

5. 社会监督

社会监督一般是指媒体和大众对社会服务机构的监督。社会服务机构的生存之本是其社会公信力，而社会公信力除了来自资助方和服务方对服务的评价外，还来自媒体和社会大众的评判。媒体通常运用报刊、广播、电视、网络等舆论工具反映问题，促进问题的解决。媒体可以通过正面宣传引导舆论，帮助机构树立良好的社会形象，也可以通过揭露、曝光对机构的行为进行批判。在信息渠道日益多元化的今天，媒体与公众的不定时监督应引起机构的充分重视。机构一方面要做好公共关系工作，努力提升社会信誉；另一方面要主动、自觉地披露信息，接受社会监督。

三、社会服务机构监督的意义

（一）防止资源滥用，保障服务对象的权益

与第一部门、第二部门相比，我国第三部门的发展较晚。第三部门关注社会问题的解决，是非营利的，但这绝不意味着第三部门就是透明的、公正的。事实证明，如果缺少监督，部分社会服务机构也会滥用资源，甚至损害服务对象的利益。从某种程度上看，对非营利组织的监督要更严格才合理，因为其关乎社会公益与弱势群体的保护，一旦出现腐败，影响更为恶劣。当前，由于政府购买服务的力度加大，资金额度日益增加，难免会被别有用心之人觊觎，利用社会服务之名牟取私利。加之社会服务的标准尚未统一，社会服务机构的服务规范性与有效性需要政府、社会、同行业人员的监督，以保证其在法律规

定的范围内运营，确保社会服务资金真正用到实处。

（二）改善行政执行，促进机构健康发展

监督往往是和检查、评估等联系在一起的。这种监督既有对机构遵纪守法、执行社会政策情况的监察，也有对其管理情况的监察，所以，它往往能够促使机构更合理地分配资源、健全治理结构、加强制度建设，从而使机构的行政执行情况得到改善，服务绩效得到提升。行政执行情况的改善、服务绩效的提升，又有助于机构获得外部认可。公信力的提升可以使机构有机会承接更多的社会服务项目，扩大机构规模，加强品牌建设，引领当地社会服务机构规范发展。

（三）优化人力资源，纯洁社会工作行政队伍

目前，我国社会服务机构的监督工作较为薄弱。不少社会服务机构的内部监督不能落到实处，它们虽设立了监事会，但是没有完善的议事规则，监事也不参与会议，只挂名、不议事；外部监督主要依靠登记管理机关组织实施，其他主体的参与不足，媒体与公众对社会服务机构的了解和关注也远远不够。进入社会服务领域的人员数量虽然在快速增加，但鱼龙混杂，以致服务供给的合法性、规范性、专业性、有效性等常常受到怀疑。社会服务机构加强内外部监督，有助于发现社会工作行政中存在的问题，如工作人员职业态度不端、职业能力不足、违法违规操作等。这些问题对于加强社会服务机构的人力资源管理、强化作风与行风建设、完善管理体制等都具有十分重要的意义。从更深层的意义上来说，监督力量的存在、监督体系的完备，能够规范从业者的职业行为，强化从业者的道德自律，提高从业者的职业道德素质，进而有利于优化社会工作行政队伍。

四、社会服务机构监督政策概览

（一）相关法律与法规

1.《社会团体登记管理条例》

该条例于 1998 年 10 月 25 日发布，根据 2016 年 2 月 6 日《国务院关于修改部分行政法规的决定》修订。修订版共七章、三十七条。修订版的第五章为“监督管理”，具体说明了登记管理机关、业务主管单位应当履行的监督管理职责。例如，登记管理机关履行下列监督管理职责：“负责社会团体的成立、变更、注销的登记；对社会团体实施年检；对社会团体违反本条例的问题进行监

督检查，对社会团体违反本条例的行为给予行政处罚。”此外，该条例还指出：“社会团体必须执行国家规定的财务管理制度，接受财政部门的监督；资产来源属于国家拨款或者社会捐赠、资助的，还应当接受审计机关的监督。”社会团体如果接受捐赠、资助，应当向业务主管单位报告相关情况，向社会公布相关信息，自觉接受业务主管单位和社会的监督。

2.《民办非企业单位登记管理暂行条例》

该条例于 1998 年 9 月 25 日经国务院第 8 次常务会议通过，共三十二条。其中，第三条规定："成立民办非企业单位，应当经其业务主管单位审查同意，并依照本条例的规定登记。”第十九条、二十条分别说明了登记管理机关和业务主管单位的监督职责。第二十一条第三款规定："民办非企业单位接受捐赠、资助，必须符合章程规定的宗旨和业务范围，必须根据与捐赠人和资助人约定的期限、方式和合法用途使用。民办非企业单位应当向业务主管单位报告接受、使用捐赠、资助的有关情况，并应当将有关情况以适当方式向社会公布。”第二十二条规定了民办非企业单位要接受财政部门和审计部门的监督。

2016 年 5 月，民政部公布《民办非企业单位登记管理暂行条例（修订草案征求意见稿）》，向社会征求意见。① 为了更准确地反映社会服务机构的定位和属性、与《中华人民共和国慈善法》的表述相衔接，该征求意见稿将“民办非企业单位”名称改为“社会服务机构”。对比 1998 年版本，该征求意见稿对理事会的构成、职责、议事规则，对监事或监事会的设立、监事的任职资格和履责要求，对机构开展需要行业审批的服务活动、涉外活动，对机构管理自身财产等，都提出了明确的要求。该征求意见稿将机构“年度检查”改为“年度工作报告和信息公开”，并明确了登记管理机关执法监督的具体方式。

3.《基金会管理条例》

该条例于 2004 年 2 月 11 日经国务院第 39 次常务会议通过，共七章、四十八条。2016 年 5 月，民政部公布《基金会管理条例（修订草案征求意见稿）》。该征求意见稿共八章、八十二条。其中，第十一条规定了“不得作为基金会的发起人”的 3 种情形；第十二条指出，“按照规定应当经业务主管单位审查同意

---

① 此次修订草案在征求意见后未发布正式文本。2018 年 8 月，民政部发布的《社会组织登记管理条例（草案征求意见稿）》明确指出："本条例所称社会组织，包括社会团体、基金会、社会服务机构。”可见，民政部意图将分别修订三大条例的思路调整为制定统一的“社会组织登记管理条例”。截至 2021 年年底，“社会组织登记管理条例”尚未发布。

的基金会，发起人还应当向登记管理机关提交业务主管单位的批准文件”；第十三条规定，基金会章程“不得规定使特定自然人、法人或者其他组织受益的内容”；第三十二条要求，“基金会设立监事或者监事会”；第三十四条规定了监事会、不设监事会的基金会的监事依法行使的职权，包括监督理事会、秘书处开展业务情况，检查基金会财务和会计资料，提出罢免或者解聘的建议，向登记管理机关、业务主管单位、税务、会计主管部门以及其他有关部门反映基金会异常活动情况，等等。该征求意见稿的第六章为“监督管理”，包含八条，明确了登记管理机关的监管职责与手段，业务主管单位的监管职责，年度工作报告、评估、信用记录、活动异常名录制度的实施要求；规定政府相关部门对基金会涉及本领域的事项履行监管职责；要求基金会加强行业自律，接受社会监督。

4.《中华人民共和国慈善法》

《中华人民共和国慈善法》于 2016 年 3 月 16 日经第十二届全国人民代表大会第四次会议通过，自 2016 年 9 月 1 日起施行，共十二章、一百一十二条。该部法律对慈善组织的成立、募捐、服务、信息公开等做了具体要求，有相当多的内容都涉及监督问题。其中，第十章专门阐述监督管理问题。第九十二条规定：“县级以上人民政府民政部门应当依法履行职责，对慈善活动进行监督检查，对慈善行业组织进行指导。”第九十五条规定：“县级以上人民政府民政部门应当建立慈善组织及其负责人信用记录制度，并向社会公布。民政部门应当建立慈善组织评估制度，鼓励和支持第三方机构对慈善组织进行评估，并向社会公布评估结果。”第九十六条规定：“慈善行业组织应当建立健全行业规范，加强行业自律。”第九十七条规定：“任何单位和个人发现慈善组织、慈善信托有违法行为的，可以向民政部门、其他有关部门或者慈善行业组织投诉、举报。民政部门、其他有关部门或者慈善行业组织接到投诉、举报后，应当及时调查处理。国家鼓励公众、媒体对慈善活动进行监督，对假借慈善名义或者假冒慈善组织骗取财产以及慈善组织、慈善信托的违法违规行为予以曝光，发挥舆论和社会监督作用。”

（二）民政部门文件

制定政策是实施监督的前提。改革开放以来，随着我国社会组织的快速发展，民政部门作为社会组织的主管部门，一直在努力探索和建立社会组织的管理体制，并不断根据社会组织的发展状况进行政策的制定与修订。这里选取几份与社会服务机构监督关联度较高的文件做简要介绍。

1.《民办非企业单位年度检查办法》

该办法于2005年3月29日经民政部部务会议通过，自2005年6月1日起施行，共十六条。根据该办法，民办非企业单位年检，是指登记管理机关对民办非企业单位，依法按年度进行检查和监督管理的制度。年检的主要内容如下：遵守法律、法规和国家政策情况；登记事项变动及履行登记手续情况；按照章程开展活动情况；财务状况、资金来源和使用情况；机构变动和人员聘用情况；等等。年检结论分为"年检合格""年检基本合格""年检不合格"3种。"年检基本合格"和"年检不合格"的民办非企业单位应当进行整改，整改期限为3个月。对"年检不合格"的民办非企业单位，登记管理机关根据情况可以责令其在整改期间停止活动。连续两年不参加年检，或连续两年"年检不合格"的民办非企业单位，登记管理机关应予以撤销登记并公告社会。

2.《社会组织抽查暂行办法》

该办法于2017年3月13日印发，共二十一条。第四条第一款和第二款规定："民政部负责指导全国社会组织抽查工作。各级登记管理机关负责开展对本级登记的社会组织抽查工作。"第五条第一款规定：" 抽查分为定期抽查和不定期抽查两种方式。"定期抽查是指登记管理机关按年度随机抽取本级登记的社会组织开展检查。县级、市级、省级登记管理机关对本级登记的社会组织的抽查比例分别不低于3%、4%和5%，民政部对本级登记的社会组织的抽查比例不低于10%。定期抽查的内容主要是年度报告、信息公开、内部治理、财务状况、业务活动等情况。不定期抽查的比例与内容根据实际情况决定，抽查的方式有书面检查、现场检查。第十五条第一款规定："社会组织应当配合检查工作，接受询问，如实反映情况，并根据检查需要，提供相关材料，不得以任何形式阻碍或者拒绝检查。"

3.《社会组织信用信息管理办法》

该办法于2018年1月12日发布，共二十六条。第四条规定："社会组织信用信息的管理应当遵循依法公开、统一管理、分级负责、信息共享、动态更新的原则。"第六条规定："社会组织信用信息包括基础信息、年报信息、行政检查信息、行政处罚信息和其他信息。"第九条规定："登记管理机关依据社会组织未依法履行义务或者存在违法违规行为的有关信用信息，建立社会组织活动异常名录和严重违法失信名单制度。"第十九条规定："社会组织的信用信息、活动异常名录和严重违法失信名单应当向社会公开。登记管理机关通过互联网向社会提供查询渠道。”第二十四条规定，对被列入严重违法失信名单的社会组织，登记管理机关可以采取或者建议有关部门依法采取下列惩戒措施：列入重点监督管理对象；不给予资金资助；不向该社会组织购买服务；不授予相关荣誉称号；作为取消或者降低社会组织评估等级的重要参考；实施已签署联合惩戒备忘录中各项惩戒措施。

4.《民政部关于进一步加强和改进社会服务机构登记管理工作的实施意见》

该意见于2018年10月16日发布。该意见指出，对于双重管理的社会服务机构，要切实将业务主管单位的管理职责压实、压紧；对于直接登记的社会服务机构，要建立各部门各司其职、协调配合的综合管理体制，加强综合监管。各级民政部门要通过年检、年度报告、随机抽查、财务审计、专项检查、信息公开、信用管理、等级评估等方式，加大对社会服务机构的监督检查力度；要积极引导和督促社会服务机构建立健全法人治理结构和运行机制，完善以章程为核心的内部管理制度，加强诚信自律建设；要完善社会服务机构举报投诉受理机制；要坚决落实中共中央办公厅《关于加强社会组织党的建设工作的意见（试行）》的精神，切实推动社会服务机构党的组织和工作实现有形覆盖和有效覆盖，同时督促推动新成立的社会服务机构及时建立党的组织，明确党组织隶属关系，开展党的工作，落实党建责任。

第二节　社会服务机构的内部监督

一、社会服务机构内部监督的内容

（一）理事会的运作情况

理事会是社会服务机构的决策部门，依法行使章程规定的职权。按照相关政策，监事或监事会应依法履行监督的理事会职责。监事任期与理事任期相同。监事不得由理事、秘书长、机构财务会计人员及其近亲属兼任，这样的人员构成保障了监督的独立性。监事依法行使下列职权：监督理事会和总干事遵守法律、法规、规章和章程的情况，以及开展业务的情况；检查机构的财务和会计资料；对相关人员提出罢免或者解聘的建议；列席理事会会议，有权向理事会提出疑问和建议；向登记管理机关、业务主管单位以及税务、会计主管部门反映情况。

（二）管理团队的工作情况

在机构内部，理事本身也是监管者。理事是对组织负有监管责任的一群人，他们由选举产生，在理事长的领导下开展工作，履行职能。理事会具有监管组织的职能，包括财务监督。理事会做出决议后，交由总干事（或秘书长、主任）领导的管理团队执行，所以，理事们要对管理者的行为表现进行检查和监督。例如，检查他们是不是落实了相关工作，有没有遵守机构章程，是不是合理、合法地使用资金，有没有践行机构的使命与价值观，等等。

（三）服务供给的过程与结果

以总干事为首的管理团队也是机构内部监督的主体。管理团队由机构的骨干员工组成，在总干事（或秘书长、主任）的领导下，负责落实理事会的决议，实现组织的战略规划，负责管理组织的项目、人力、财务、对外联络、宣传推广等。管理人员要监督机构员工的工作情况，检查他们是否履职尽责，检视其职业态度是否端正，并评估其工作的效率和效果。管理团队会跟进服务，以便及时发现服务方案是否存在问题、资源投入是否到位、服务供给是否协调等。这种对服务过程的监督具有指挥、控制等功能，可以降低机构的运营风险。同时，管理团队还要监督服务的效果，对服务成效进行评估。

二、社会服务机构内部监督的方式

（一）日常监督

日常监督是对机构日常运行情况进行常规、持续的检查。日常监督存在于各个层级的管理活动中，能较快地识别出问题。所以，一般来说，机构的日常监督越是全面、深入，其有效性就越高，对专项监督的依赖程度就越低。日常监督是机构进行内部控制的重要保证。日常监督的主体有理事会、管理团队、内部审计部门等。理事会可以通过理事会会议获取来自管理团队的信息，也可以通过内部审计、调查非管理层员工等方式，了解管理团队的工作状况。管理团队可以通过项目监测、任务抽查等方式监督服务的过程与效果。

内部监督的具体方法如下：第一，召开会议，了解工作进展、风险防控等信息，解决项目组或员工提出的问题。第二，分析内部执行的相关证据，如服务记录、服务方案、工作计划、会计报表等。第三，内外信息的印证。例如，与有关监管部门沟通，验证机构遵守法律、法规的情况；与服务对象沟通，验证服务的效率和效果；与审计部门沟通，验证机构财务管理是否科学、规范等。第四，处理投诉与举报事项，并在此过程中检视管理与服务方面存在的问题。

（二）专项监督

与日常监督相比，专项监督的指向明确，且有一定的时间范围。专项监督通常是指在机构发展战略、组织架构、业务流程、关键员工发生较大变化的情况下，对某些事项进行的有针对性的检查。例如，对项目整改工作的跟进与检查，对新业务流程和服务标准的调研，等等。尽管日常监督可以持续发现和解决问题，但针对特定事项的专项监督也必不可少。可以说，专项监督是日常监督的有效补充。为了增强专项监督的效果，参与专项监督的人员应当具备相关的专业知识和工作经验。

专项监督的范围和频率取决于以下因素：第一，风险评估的结果。重要业务事项和高风险领域所需的专项监督频率通常较高。对于新拓展的业务、发生重要人员调整的服务项目、存在一定风险的重要项目，社会服务机构可实施专项监督。第二，变化发生的性质和程度。当内部控制要素发生变化，可能对内部控制的有效性产生较大的影响时，机构应当实施专项监督，专门就该变化的影响程度进行分析。第三，日常监督的有效性。如果日常监督扎实、有效，可以迅速应对环境的变化，机构对专项监督的需要程度就比较低；反之，就比较高。

三、社会服务机构内部监督的策略

内部监督是第一道防线，是社会服务机构的自律机制，也是社会服务机构监督的核心。有效的内部监督能够及时发现执行层面存在的问题，并从制度建设、方案设计、程序优化、资源调配等方面加以解决。内部监督应当是持续性的、常态化的，应贯穿于机构的日常管理中。为了增强内部监督的效果，社会服务机构可将以下工作作为抓手。

（一）标准化治理

1. 标准与标准化

2017 年修订的《中华人民共和国标准化法》指出，标准“是指农业、工业、服务业以及社会事业等领域需要统一的技术要求”。可见，标准的核心特征是统一尺度、明确要求。标准可以广泛应用于经济和社会发展的各个领域。标准是标准化的产物，标准化是“为了在既定范围内获得最佳秩序，促进共同效益，对现实问题或潜在问题确立共同使用和重复使用的条款以及编制、发布和应用文件的活动”。也就是说，标准化旨在通过制定统一的、共同遵守的规范，以获得最佳秩序、实现最佳效益。标准化工作是一个过程，包括制定、发布、实施和监督等一系列管理活动。①

2. 社会工作标准化

社会工作标准是指社会工作领域需要统一的技术要求。标准化对于我国现阶段社会工作的专业化发展是有益的。自 2006 年以来，尽管我国社会工作发展迅猛，但人们对社会工作专业性与规范性的质疑也一直存在。毋庸讳言，在发展的过程中，我国社会工作行业的确存在着从业人员良莠不齐、服务机构各行其法、干预效果不能令人满意等问题。社会工作行业入职门槛偏低、人员流动性强、项目存续周期短等因素也会导致上述问题的发生。为此，有关部门需要通过制定和实施社会工作标准，为从业人员提供指导，促使他们遵循专业的服务理念、采用专业的服务方法、规范记录和保存服务资料。

社会工作标准化已被纳入社会工作发展的国家战略之中。2013 年 11 月 13 日，全国社会工作标准化技术委员会成立。2014 年，《儿童社会工作服务指南》与《社会工作服务项目绩效评估指南》的发布，标志着我国社会工作标准化迈出了实质性的步伐。2016—2017 年，民政部先后发布《老年社会工作服务指南》《社区社会工作服务指南》《社会工作方法　个案工作》《社会工作方法　小组工作》。2019 年，共青团中央、民政部联合发布《青少年社会工作服务指南》。至此，由国家标准化主管机构和社会工作主管部门发布与推荐的社会工作行业标准已达 7 个。此外，据不完全统计，2013—2018 年，全国各地正式发布的社会工作推荐性标准有 20 多个。标准化是管理精细化的体现，无论是技术标准还是服务标准，其意义都在于提升产品、过程和服务的适用性。可见，标准化对于社会工作行业的发展具有引领作用，对于社会服务机构的管理具有规范作用。

3. 社会工作行政中的标准化治理

社会工作行政是社会服务机构的管理活动。站在机构的角度，标准化治理既能强化内部监督，又有利于提升服务质量。所以，机构可以将标准化引入管理中。具体来说，首先，机构管理者可以要求员工在服务中执行已有的标准，特别是一些普适性标准。在现阶段，由于社会工作机构良莠不齐、从业人

① 赵怀娟、刘瑶：《我国社会工作标准化：现状、争议与思考》，载《江汉大学学报（社会科学版）》2019 年第 5 期。

员来源芜杂，普适性标准对社会工作行业的健康发展和社会工作专业化具有重要的保障作用。其次，机构管理者可以根据机构的业务范围，选择一些适用的标准，并要求员工遵循。例如，某机构的重点服务对象是儿童，那机构管理者可以引导员工学习和执行《儿童社会工作服务指南》《农村留守儿童社会工作服务指南》等。最后，机构可以根据实际需要，制定内部工作规范，如社会工作者保密要求、督导工作指南、社区服务规范等。机构制定的服务标准要有利于管理，同时要满足实用性与适用性的要求。

（二）绩效监测

1. 绩效监测及其功能

不同学科对绩效的理解有差异。从管理学的角度看，绩效是组织期望实现的目标，是组织为实现目标而展现在不同层面上的有效输出。绩效输出的层次可以体现在个人、部门和组织 3 个层面上。绩效监测是指组织借由适当资料的搜集、整理、分类、分析、诠释和分享，以测量过去活动的效率和效能的过程。由此可见，绩效监测可以使管理者清楚机构的工作进展，发现需要改进的地方；可以为实施奖惩提供依据，帮助机构更合理地配置人力资源；可以帮助管理者检视绩效管理是否将愿景、使命、组织目标与个人需求相结合。所以，绩效监测是机构内部监督的重要手段。

具体来说，绩效监测有如下功能：（1）透明。绩效监测可使组织“透明”，这种透明本身就是一种价值，它意味着协议的目标是公开的。（2）学习。受惠于绩效监测所造就的“透明”，一个组织可以学习到哪些是做得好的及哪些是需要改善的。（3）评核。（4）赏罚。（5）预防，即预防组织陷入科层僵化。（6）责信。绩效监测能够因其透明公开而展现出机构的外部责信。（7）品质。绩效监测的结果有助于决策者了解政策的执行状况，进而改善其政策和决策的品质。①

2. 绩效监测的内容

社会服务机构应当确立相关制度和程序，保障管理层能够实施绩效监测。绩效监测的内容包括但不限于：（1）对服务方案实施情况的跟进；（2）对各个层次目标的实现情况的监测；（3）对机构风险的预判；（4）对法律、法规和其他规定要求遵循情况的检查；（5）对信息收集、资料使用与档案保存情况的督

① 黄源协：《社会工作管理》，华东理工大学出版社 2018 年版，第 221—222 页。

查;(6) 对服务过程、工作场所和实际操作进行常规安全行为与管理水平的检测;(7) 对设备、设施安全性的检查;(8) 对服务流程、方法与水平的评价;(9) 对失败案例的分析。绩效监测的结果要运用于管理工作中,以促使机构对管理与服务所涉及的制度、流程、标准等进行改进,进而提升服务品质。

(三) 品质管理

1. 品质管理的意义

品质意味着质量,即产品或服务能够满足使用者的需求。所以,品质管理是指社会服务机构为了确保服务供给的质量而实施的管理活动,如设置品质标准、控制服务过程、核验服务质量等。谁来评价服务品质?对营利组织而言,服务品质主要由顾客或购买者决定,除非顾客觉得其所支付的费用是值得的,否则他们便不会购买某项服务。对非营利组织而言,服务的购买者与使用者是分离的,且往往互不相识,因而对服务品质的评价会显得相对复杂。服务使用者因为不付费、不参与购买决策,所以常常存在着"感恩"的心理或"有总比没有好"的心态,即使服务品质并不尽如人意,他们也可能会对所获得的服务给予较高的评价。政府、基金会等购买方因为本身不使用服务,所以往往只能在协议中规定服务的成本和数量,并提出笼统的质量要求。正因为如此,在社会工作行政中,很多社会服务机构更关注如何在规定的时间内完成任务,尤其是数量层面的任务。

但即便如此,社会服务机构仍须重视品质管理。一方面,品质管理关乎机构对价值观、使命和愿景的践行。提供专业化、有质量的社会服务是机构对社会的承诺,也是机构存在的价值。另一方面,品质管理关乎机构的生存和发展。随着购买服务日益普遍以及机构之间关于资源的竞争日趋激烈,机构的利益相关者越来越关注服务的绩效。评估方对服务质量的评价、对机构绩效的评估都直接影响机构获取人财物资源,进而影响机构的生存和可持续发展。事实证明,重视品质管理的机构往往有自己的品牌项目,有良好的社会评价,也有较强的资源汲取能力。

2. 社会服务机构品质管理的策略

黄源协在《社会工作管理》中专门讨论过社会服务的品质管理问题。他认为,"追求社会服务品质所涉及的层面是相当复杂的,它不纯然是一个组织内部的问题"[①]。在他勾勒的社会服务品质管理策略图(见图 11-1)中,品质是核

① 黄源协:《社会工作管理》,华东理工大学出版社 2018 年版,第 243 页。

心，是机构的承诺，高层管理者、团队领导者、员工、服务对象等都是品质管理的参与者。他们都对服务品质做出承诺，并基于自身职责参与品质管理的过程。例如，员工应当不断提升业务能力，对自己的服务负责，保证服务供给的专业性。他将社会服务品质管理的策略归纳为专业与管理文化的改变、新式服务体系的建构、利害关系人的参与和承诺、对员工的投资。

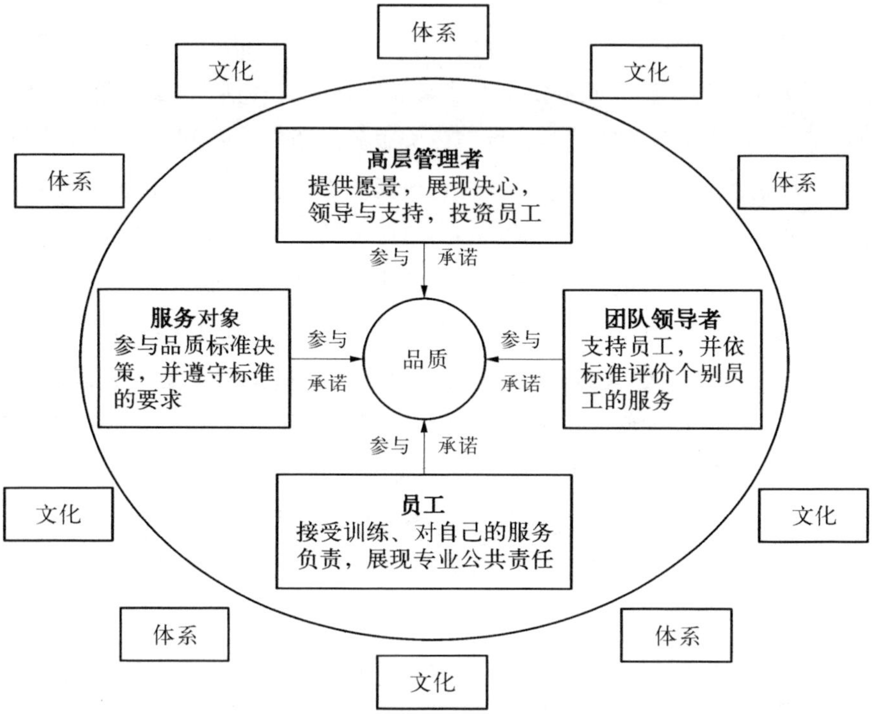

图 11 - 1　社会服务品质管理策略图①

如果从内部监督的角度看，品质管理就是机构领导者或管理层的工作。因为提升服务品质，使机构得到出资方与服务对象的认可，是管理的重要目标。为了实现这一目标，机构领导者或管理层要做到：(1) 在愿景中对品质做出承诺，使员工明确机构发展的蓝图以及机构追求服务质量的决心；(2) 开展品质文化教育，向员工灌输提高品质的理念，使员工认识到品质管理对他们自身和组织的影响，认识到提高品质的必要性；(3) 为服务投入足够的资源，确保服务能够顺利开展；(4) 重视对员工的投资，将员工发展作为机构成长的基

① 黄源协：《社会工作管理》，华东理工大学出版社 2018 年版，第 244 页。

础；(5) 提出品质标准，并通过有效的督导确保标准得以贯彻；(6) 配合培训与考评等，强化奖惩机制，使业务能力强、服务成效好的员工得到应有的回报，问责工作表现不佳、服务质量不高的员工。

四、社会服务机构内部监督存在的问题

(一) 监事会形同虚设

设立监事会是社会组织内部治理的客观需要，其目的在于对理事会和管理层形成有效的监督和制约，但从实际情况看并不理想。监事会的问题主要表现在如下方面：一是很多机构的监事会并没有掌握足够的组织信息，因而很难对理事会和管理层的工作做出客观的评价；二是监事们常常缺乏财务、法律等方面的专业知识，以致监督过程常常流于形式；三是监事或监事会的活动受到理事或理事长的控制，独立性不足，不能有效发挥作用。不少机构虽然设立了监事或监事会，但其只是停留于章程层面，并没有真正参与机构的治理工作。

(二) 理事会作用有限

健全社会服务机构内部治理的核心问题是发挥理事会的作用。目前，很多社会服务机构为了满足注册登记的要求，虽然设立了理事会，但理事会并没有在机构的日常运作中发挥作用，如不能按照要求召开会议，部分理事很少参与机构的活动。这导致机构的决策权实际上集中在少数人手中，这显然不利于机构的长远发展。此外，不少机构由于规模偏小、治理能力不足等，在实际运作中，理事会和执行层的界限也不是非常清晰，决策权与执行权常常集中于少数人手中。如此，理事会的监管职能就受到限制，机构实际上处于个人化控制的状态。

(三) 内部监督效果不佳

由于很多社会服务机构规模小、生存和发展的压力比较大，加之组织自身变动较快等，目前我国社会服务机构的内部监督总体上仍十分薄弱。其主要表现在如下方面：管理者对内部监督不够重视，有些机构甚至没有健全的组织架构；有些机构缺乏问责机制，以“凭良心办事”取代应有的监管手段；有些机构存在着监事“空挂名”、理事“不理事”的状况；日常监督不够深入、全面，专项监督常常面临压力，至于标准化治理、品质管理等，更是很多机构管理层未曾深入思考过的问题；内部的党组织建设也存在着宽、松、软和形式化等问题，党建工作缺人才、缺经费、缺场地的问题比较突出，作用发挥不够明显。总体来看，当前

大部分社会服务机构尚未建立健全以章程为核心的独立自主、权责明确、运转协调、制衡有效的内部治理机制，履行自律承诺的意识与能力也都较为薄弱。

第三节　社会服务机构的外部监督

一、社会服务机构外部监督的内容

（一）业务主管单位和登记管理机关的监督内容

业务主管单位的监督内容前文（本章第一节）已有介绍，这里不再赘述。登记管理机关的监督内容如下：

(1) 负责社会服务机构的成立、变更、注销登记、备案和章程核准。

(2) 督促社会服务机构履行信息公开责任，并随机抽查。

(3) 对社会服务机构依照法律、法规和章程开展活动的情况进行监督检查。

(4) 开展制度建设，推动社会服务机构健康发展；建立社会服务机构评估、信用记录、年度工作报告、活动异常名录制度，并通过统一的信息平台向社会公开社会服务机构的相关信息，使之接受社会监督。

(5) 对非法机构进行查处。例如，对未经登记擅自开展活动的、被撤销登记后仍以机构名义活动的机构，给予责令解散、依法取缔、没收非法财产、对责任人罚款等处置；对构成犯罪的机构，依法追究刑事责任。

《民政部关于进一步加强和改进社会服务机构登记管理工作的实施意见》要求，各级民政部门严格依法履行登记管理职责，解决登记审批不严格、日常管理不规范、执法监察不落实等问题。该意见附有《社会服务机构登记管理工作自查自纠指南》（见表 11－1），要求各级民政部门对照 35 项内容进行自查和整改。《社会服务机构登记管理工作自查自纠指南》可视为对登记管理机关履行监督职能的具体要求。

（二）行业协会的监督内容

(1) 对机构及其从业者的职业行为进行约束。行业协会应当针对行业特点与发展状况制定行为准则，并要求协会成员共同遵守。行业规则是对国家立法和政策规定的重要补充。2016 年，国家发展改革委、民政部等十部门发布《行业协会商会综合监管办法（试行）》，鼓励行业协会建立自律公约，发挥其在社会信用体系建设中的积极作用。

表 11－1　《社会服务机构登记管理工作自查自纠指南》

自查项目	序号	具　体　内　容
依法办理社会服务机构登记	1	按双重管理设立的，须取得业务主管单位审查同意文件或有关部门依法审批的执业许可证书
	2	按直接登记设立的，须符合直接登记范围及相关文件要求
	3	有规范的名称
	4	开办资金数额符合规定，达到本行业要求最低限额，且与实有资金一致
	5	活动场所产权证明或一年期以上的使用权证明
	6	举办者和负责人符合规定
	7	章程内容符合《民办非企业单位登记管理暂行条例》的相关规定，并经过登记管理机关核准
	8	按照规定发放、补发、换发登记证书
	9	按照规定刻制、更换印章
	10	社会服务机构银行账户经登记管理机关备案
	11	法定代表人或负责人变更的，依法进行财务审计
	12	办理成立登记、变更登记、注销登记、章程核准时，接受社会服务机构提交的材料符合要求
加强社会服务机构日常监督	13	依法对社会服务机构实施历年年度检查，根据检查情况做出年检结论并在《民办非企业单位登记证书》(副本)加盖年检结论戳记
	14	对年检中发现问题的社会服务机构，视问题性质及情节轻重给予“基本合格”或“不合格结论”，并且责令其整改
	15	对年检中存在的问题已经涉及违法的单位、应参检但未参检的单位以及拒不整改问题的单位，按照执法程序处理；对连续两年不参加年检或者连续两年年检“不合格”的，按照相关程序予以撤销登记的行政处罚并公告
	16	2017 年后按照有关规定对本部门登记的社会服务机构进行“双随机、一公开”抽查，将抽查发现的问题告知被检查单位，并依法向社会公开
	17	向社会公布投诉举报渠道，登记投诉举报并妥善保存投诉举报原始材料

续 表

自查项目	序号	具　体　内　容
加强社会服务机构日常监督	18	对于日常管理中发现问题线索的社会服务机构进行调查
	19	对调查、抽查核实的问题,视问题性质及情节轻重,通过责令整改、执法等方式处理,对问题涉及其他有关部门管理职能的,及时向有关部门通报情况
	20	在社会组织信用信息管理系统真实、准确、完整、及时录入社会服务机构信用信息
	21	按照有关规定将社会服务机构列入移出活动异常名录和严重违法失信名单
加强社会服务机构党的建设	22	2016年9月后新登记的社会服务机构登记时同步开展党建工作
	23	按照《民政部关于在社会组织章程中增加党的建设和社会主义核心价值观有关内容的通知》要求,指导社会服务机构在章程中增加党的建设相关内容
	24	在年检、评估等日常管理工作中督促社会服务机构加强党的建设
依法调查处理社会服务机构违法行为	25	对涉及社会服务机构的违法线索,属于本机关管辖的,及时受理并调查处理,其中可能构成行政处罚的,及时立案调查,填写《立案审批表》;对不属于本机关管辖的,及时移交有管辖权的机关,或者告知举报人该机关名称
	26	由符合要求的办案人员依照规定调查取证,按照合法性、真实性、关联性的要求收集各类证据材料并登记和保存,制作证据目录。调查终结后,办案人员是否制作《案件调查终结报告》上报
	27	登记管理机关负责人根据违法行为性质、情节轻重做出行政处罚、不予行政处罚、不得给予行政处罚、移送司法机关等决定。较重处罚经登记管理机关负责人集体讨论决定作出
	28	作出行政处罚决定前,按规定制作《行政处罚事先告知书》,告知当事人处罚的事实、理由及依据,告知当事人享有陈述、申辩、举行听证等权利
	29	决定给予行政处罚的,按规定制作《行政处罚决定书》并送达当事人,并制作“送达回证”
	30	对于责令停止活动的,封存其登记证书、印章;对于撤销登记及吊销登记证书的,收缴其登记证书、印章
	31	依法公布行政处罚结果

续　表

自查项目	序号	具　体　内　容
其他要求	32	按照《社会组织登记档案管理办法》对社会服务机构登记管理工作中形成的具有查考、利用价值的文件材料进行归档
	33	办理登记、管理、执法等手续，履行了内部审核、报批程序并记录
	34	向社会公告社会服务机构成立登记、变更登记、注销登记、年检结论、行政处罚结果
	35	登记管理工作中，工作人员依法行政，不滥用职权、徇私舞弊

(2) 监督机构履行服务承诺，如提出服务标准、细化服务项目、优化服务流程等，以提高本行业的服务质量，推动社会服务行业的内涵建设。

(3) 对机构的从业资格进行审查。行业协会如果受政府委托，具有资格审查、签发证照等职能，应当公正地做好“把关”工作，推动社会服务行业的健康发展。2020 年 11 月，深圳市人民政府办公厅发布《深圳市关于提升社会工作服务水平若干措施》，要求社会工作行业组织建立从业人员准入和退出机制，加强从业人员专业伦理和职业规范建设。

(4) 实施奖惩制度，维护行业信誉。行业协会应当对社会服务的过程、质量、作风等进行监督，优化行业生态；组织针对社会服务机构的第三方评估，完善会员信用评价机制；对违法违规行为进行处理，端正行业风气。例如，2012 年深圳市成立了社会工作纪律委员会，处理社会工作行业投诉案件。

(三) 利益相关者的监督内容

(1) 监督机构的履约情况。出资方委托机构的监督职能主要体现为对服务项目的监督。项目一旦获批，机构就必须按照协议，保质、保量地提供服务。出资方或接受出资方委托的社会组织，可以通过查看项目进展报告、开展中期检查、调查服务对象等方式了解机构的履约情况，对项目实施过程中出现的问题提出改进意见。

(2) 评价机构的服务效果。服务使用者的监督作用主要体现为对服务的评价。例如，如实陈述所获得的服务、描述服务对自己的影响、服务带来的主观感受等。如果机构提供的服务不足，或者在服务中侵害了服务使用者的权益，服务使用者就可以向有关部门投诉。

(3) 检举机构的违法违规行为。在社会服务的过程中，有关单位、项目落地的社区可能是机构的合作者，合作者如果发现机构有违法违规行为，就应当向有关部门反映，防范公共资源被滥用。

(四) 媒体与公众的监督内容

(1) 媒体的舆论监督。舆论监督是新闻媒体对社会服务行业存在问题的揭露和批评。舆论监督主要有批评报道、新闻评论等途径。

(2) 公众的批评建议。关注社会服务的公民可以通过合法途径了解机构的基本信息、年度工作报告、财务工作报告、年检结论等，可以对机构存在的问题进行检举、批评、建议。在信息化时代，意见领袖的观点常常能影响舆论的走向。

总之，社会服务机构的外部监督主体是多元的，除了上述主体外，财政、税务、审计、金融、公安、国家安全等部门也应当在其职责范围内履行对社会服务机构的监管责任，并做好信息的互通和共享工作。

二、社会服务机构外部监督的方式

(一) 定期检查

定期检查是业务主管单位和登记管理机关履行监督职责的一种方式，主要方式是开展社会组织年检。年检要求机构在规定时间内提交年度工作报告、财务报告、审计报告等。定期检查的内容主要是机构的内部治理情况、财务状况、业务活动开展情况、信息公开情况等。

根据相关政策法规，参检的社会服务机构如有下列情形，情节较轻的，年检结论为“基本合格”；情节严重的，年检结论为“不合格”：(1) 违反国家法律、法规和有关政策规定的；(2) 违反规定使用登记证书、印章或财务凭证；(3) 应建未建党组织；(4) 本年度未开展业务活动，或者不按照章程规定进行活动；(5) 无固定住所或必要的活动场所；(6) 内部管理混乱，不能正常开展活动；(7) 拒不接受或者不按照规定接受登记管理机关监督检查或年检；(8) 不按照规定办理变更登记，修改章程未按规定核准备案；(9) 设立分支机构；(10) 财务制度不健全，资金来源和使用违反有关规定；(11) 现有净资产低于国家有关行业主管部门规定最低标准；(12) 侵占、私分、挪用民办非企业单位的资产或者所接受的捐赠、资助；(13) 违反国家有关规定收取费用、筹集资金或者接受使用捐赠、资助；(14) 年检中隐瞒真实情况，弄虚作假；(15) 已不具备法律、法规规定的成立条件;(16) 未按要求报送年检材料,或者逾期不参加年检。

（二）随机抽查

2017 年 3 月,民政部印发的《社会组织抽查暂行办法》要求各级登记管理机关负责开展对本级登记的社会组织的抽查工作,以促进社会组织健康、有序发展。登记管理机关可以联合业务主管单位、行业管理部门、相关职能部门开展抽查,也可以委托会计师事务所、税务师事务所、律师事务所等专业机构开展审计和咨询等相关工作。抽查可以采取书面检查、现场检查等方式。登记管理机关应当将抽查发现的问题告知被抽查的社会组织,并依法向社会公开。抽查中如果发现社会组织存在违法违规行为,登记管理机关应依法处理或依法移交相关部门进行处理。该办法指出,社会组织不得以任何形式阻碍或者拒绝接受检查。随机抽查的结果既可以作为社会组织评估等工作的重要依据,也可以作为相关部门开展购买服务、税收优惠、资格认定、评优评先等工作的参考因素。

（三）专项检查

专项检查即对机构实施专项执法检查,以规范其组织行为。这种检查一般由业务主管单位与其他有关部门(如公安、税收、财政、工商、审计等)联合开展。专项检查的重点包括但不限于:(1) 对社会服务机构财政、财务、会计等法规政策执行情况的监督检查;(2) 对社会服务机构非营利性的监督;(3) 对社会服务机构资金往来特别是大额现金支付的监管,以防范和打击洗钱、非法侵占、私分、挪用、转移资产等违法行为。各级民政部门要按照《社会组织登记管理机关受理投诉举报办法(试行)》的要求,对受理的投诉举报分门别类予以调查和处理;对涉嫌违反社会组织登记管理法规的社会服务机构,要依法调查核实,经调查属实的,依法查处;对未经登记的各类非法社会服务机构,及时依法予以取缔。

各级民政部门要高度重视社会服务机构的执法监察工作,配备专职执法人员,推动建立联合执法机制。在专项检查中,登记管理机关有权采取下列措施:(1) 约谈机构负责人及相关工作人员;(2) 对机构住所和违法行为发生地进行现场检查;(3) 要求机构负责人做出说明,查阅、复制有关材料,对可能被转移、销毁、隐匿或者篡改的文件、资料予以封存;(4) 向有关单位和个人调查询问与监督管理有关的情况;(5) 经本级人民政府批准,查询机构的账户;(6) 法律、行政法规规定的其他措施。

（四）信用管理

2018年1月，民政部发布《社会组织信用信息管理办法》。信用管理是登记管理部门强化日常监督职能的重要手段。该办法指出，社会组织信用信息包括基础信息、年报信息、行政检查信息、行政处罚信息和其他信息。其中，行政检查信息是指登记管理机关及政府有关部门对社会组织开展监督检查形成的结论性信息；行政处罚信息是指社会组织受到的行政处罚种类、处罚结果、违法事实、处罚依据、处罚时间、作出行政处罚的部门等信息；其他信息是指社会组织评估等级及有效期限、获得的政府有关部门的表彰奖励、承接政府购买服务或者委托事项、公开募捐资格、公益性捐赠税前扣除资格等与社会组织信用有关的信息。登记管理机关应当将社会组织的信用信息录入系统，并确保信息的安全。

社会服务机构若有下列情形，则会被列入活动异常名单：(1) 未按照规定时限和要求向登记管理机关报送年度工作报告；(2) 未按照有关规定设立党组织；(3) 在抽查和其他监督检查中发现问题，发放整改文书要求限期整改，但未按期完成整改；(4) 受到警告或者不满5万元罚款处罚；(5) 通过登记的住所无法取得联系。

社会服务机构若有下列情形，则会被列入严重违法失信名单：(1) 被列入活动异常名录满两年；(2) 弄虚作假办理变更登记，被撤销变更登记；(3) 受到限期停止活动行政处罚；(4) 受到5万元以上罚款处罚；(5) 三年内两次以上受到警告或者不满5万元罚款处罚；(6) 被司法机关纳入“失信被执行人”名单；(7) 被登记管理机关作出吊销登记证书、撤销成(设)立登记决定。《社会组织信用信息管理办法》还规定，登记管理机关应当向社会公开社会组织的信用信息、活动异常名录和严重违法失信名单，并通过互联网提供查询渠道。

对严重违法失信的社会服务机构，登记管理机关应当采取下列惩戒措施：(1) 将其列为重点监督管理对象；(2) 不给予资金资助；(3) 不向该机构购买服务；(4) 不授予相关荣誉称号；(5) 作为取消或者降低该机构评估等级的重要参考；(6) 实施已签署联合惩戒备忘录中各项惩戒措施。

对信用良好的机构，登记管理机关可以采取下列激励措施：(1) 优先承接政府授权和委托事项；(2) 优先获得政府购买服务项目；(3) 优先获得资金资助和政策扶持；(4) 优先推荐获得相关表彰和奖励等；(5) 实施已签署联合激励备忘录中各项激励措施。

（五）等级评估

2010 年 12 月，民政部印发的《社会组织评估管理办法》提出，各级民政部门应设立社会组织评估委员会和社会组织评估复核委员会，负责开展社会组织等级评定工作。《社会组织评估管理办法》规定，社会组织评估结果分为 5 个等级，由高至低依次为 5A 级、4A 级、3A 级、2A 级、1A 级。民政部门确认社会组织评估等级、发布公告，并向获得 3A 以上评估等级的社会组织颁发证书和牌匾。获得评估等级的社会组织在开展对外活动和宣传时，可以将评估等级证书作为信誉证明出示。评估等级牌匾应当悬挂在服务场所或者办公场所的明显位置，自觉接受社会监督。

根据《社会组织评估管理办法》，获得 3A 以上评估等级的社会组织，可以优先接受政府职能转移，可以优先获得政府购买服务，可以优先获得政府奖励。获得 3A 以上评估等级的基金会、慈善组织等公益性社会团体，可以按照规定申请公益性捐赠税前扣除资格。获得 4A 以上评估等级的社会组织在年检时可以简化年检程序。地方各级人民政府民政部门应当将获得 4A 以上评估等级的社会组织报上一级民政部门审核备案。省级人民政府民政部门应当在每年的 12 月 31 日前，将本行政区域内社会组织等级评估情况及获得 5A 评估等级的社会组织名单上报民政部。《社会组织评估管理办法》自实施以来，对规范和引导社会服务机构的健康发展起到了积极作用。可见，等级评估也是社会服务机构外部监督的重要方式。

三、社会服务机构外部监督存在的问题

（一）监管法律体系不完善

目前，我国对社会组织监管的立法主要是“三大条例”和《中华人民共和国慈善法》。“三大条例”分别对应社会团体、民办非企业单位和基金会三类组织。条例是行政法规，法律位阶低，强制力不足。此外，“三大条例”对三类组织的监管，主要强调的是登记管理机关和业务主管单位的监管职责，对其他主体的监督少有提及。在实践中，由于业务主管单位的权责不匹配，难以真正履行监管职责。《中华人民共和国慈善法》对应的是慈善组织，其提出的监管内容也主要指向登记管理机关。目前我国还没有一部统一的法律（如“社会组织法”）对社会服务机构的监管问题做出明确规定，这导致在实际工作中各部门往往各自为政、缺乏协同、监管不力等。

（二）过分依靠登记管理机关

目前，相关政策法规都明确规定了登记管理机关的监督职责，要求其对社会服务机构实行全过程、全方位的监督，如要监督机构准入、运行、终止的各个环节，要组织年检、抽查、评估等各项工作；而对其他监督主体的责任，则往往表述得笼统含糊，缺乏操作性规定。这导致在实践中社会服务机构监管过于依靠登记管理机关，其他监督主体往往将社会服务机构监督视为民政部门的分内之事，不愿参与或只是被动应付，部门协同、联合执法难以实施。而从登记管理机关的角度看，社会服务机构的管理部门人财物资源有限，无法真正掌握本级政府登记的社会服务机构的实际情况，因而也难以真正承担监督职责。如此一来，很多政策规定便难以落地实施，登记管理机关有时只能以翻阅书面材料、召开工作会议等方式监督社会服务机构，工作往往流于形式。

（三）行业自律作用发挥不足

近年来，随着我国本土社会工作的发展，各地纷纷成立社会工作行业协会。作为第一部门与第三部门之间的桥梁和纽带，行业协会具有沟通、协调、监督、咨询等功能。但是与企业协会相比，社会工作行业协会的功能发挥还十分有限。由于大部分社会工作行业协会成立的时间不足10年，资源动员能力较弱，对政府部门的依赖性较强，因此其在行业内的影响力不大。加之，我国社会工作发展原本就存在着明显的区域不平衡问题，中西部的不少地方还没有社会工作机构和行业组织。据统计，截至2018年年底，全国社会工作行业协会共计867个。对照我国各级行政区的数量可见，约有三成市级、八成县级行政区尚未成立社会工作行业协会。总的来看，已经成立的社会工作行业协会虽然在宣传社会工作和党的政策方针方面做了一些努力，但是在加强行业管理和行业监督方面还显得力不从心。

（四）第三方评估影响有限

目前，我国对社会服务机构的第三方监管主要是第三方评估，所依据的文件是《社会组织评估管理办法》。该办法是民政部门制定的规章，法律位阶低，在实践中，不执行该规章的社会服务机构不在少数。加之部分行政机关执法不到位，一些社会组织不参与评估照样可以开展活动。[①] 此外，主管部门也存在着依靠行政许可、行政处罚等刚性执法措施的情况，对第三方评估不够重

① 戚枝淬：《社会组织法律制度研究》，知识产权出版社2018年版，第163页。

视，往往只是在部分项目评估中使用第三方监督。目前具有良好的公信力、纯粹的第三方机构还非常少，社会服务机构也常常将第三方评估视为额外的负担，因而第三方评估的结果难以对社会服务机构起到规范和警示作用。

（五）社会监督效果不佳

虽然社会公众和媒体可以对社会服务机构开展社会服务活动的情况进行监督，如反映问题、投诉举报等。但从实践情况看，真正关注和参与社会服务的普通民众非常有限，除非利益相关，否则民众很少主动去监督社会服务机构的行为。媒体是公众获取信息的主要渠道，其监督具有及时、全面、影响大等特点。媒体主要通过报道、揭露、评论或抨击违法违规行为等方式对社会服务机构进行监督，因此媒体应当实事求是、全面客观地反映问题。目前，媒体监督不力主要表现为两个方面：其一，不了解机构的实际情况，但出于私利为机构宣传造势，从而影响民众对机构的认知；其二，为了吸引眼球、增加流量，刻意放大负面信息，对机构造成恶劣影响。

复习思考题

1. 试述社会服务机构监督的特征与类型。
2. 简析社会服务机构监督的意义。
3. 了解社会服务机构监督的相关政策法规。
4. 简述社会服务机构内部监督的内容与策略。
5. 试述社会服务机构外部监督的方式。
6. 讨论社会服务机构监督存在的问题与对策。

推荐阅读

1. 李向前、刘川云、唐美：《社会组织实务宝典》，四川大学出版社 2015 年版。
2. 戚枝淬：《社会组织法律制度研究》，知识产权出版社 2018 年版。

第十二章

社会服务机构评估

随着我国社会工作专业化与职业化的快速发展，如何评价社会服务的绩效，如何考量社会服务机构的管理品质，已逐渐引起各方关注。社会服务机构评估包括“对社会服务机构的评估”和“社会服务机构的评估”两个部分，即外部评估和自我评估，本章主要讨论外部评估。对社会服务机构的评估是推动社会服务健康发展的要求，也是社会服务机构提升服务质量的需要。本章首先阐述了社会服务评估的内涵与构成、意义、理论、类型，其次分析了社会服务机构评估的组织过程及各阶段的主要任务，最后介绍了当前实践中使用的几种社会服务机构评估指标体系。

第一节　社会服务评估概述

一、社会服务评估的内涵与构成

（一）评估

评估，顾名思义，即评价、估量，是指运用一定的方法对评估对象进行评价的活动。评估广泛存在于各行各业中，人们通过评估发现问题、实施监管、区分良莠。我们可以从 3 个视角出发界定评估：第一，从目的视角看，评估是收集和分析资料的活动，以便进行科学决策；第二，从过程视角看，评估是一个结构化的过程，是评估主体在特定时间内实施的各种活动的统称；第三，从价值视角看，评估是指评估主体对评估客体的价值大小的评价、判断、预测的活动，它是人们认识、把握某些事物或某些活动的价值行为。

（二）社会服务评估

社会服务评估是评估的一种特殊形式，它是随着现代社会服务行业的发展而出现的。相较于企业所实施的产品评估和市场评估活动而言，社会服务评估是一个新的应用领域。社会服务评估的任务是保证和改善服务质量，使服务更具针对性和有效性，能够更好地满足服务对象的需求。社会服务评估可以在不同的维度上进行，如评估组织、评估项目，或者评估结果、评估过程，或者评估效率、评估效果、评估影响等。社会服务评估介于社会工作实务与研究之间，是一种聚焦于社会福利服务机构组织绩效和社会服务方案绩效的评估过程和工具。[①] 在本书中，社会服务评估是指在科学理念的指导下，运用一定的原则、方法和技术，对社会服务机构或某项社会服务进行综合性评价的活动。

（三）社会服务评估的构成要素

1. 评估主体

评估主体回答的是“谁来评估”的问题。社会服务评估的主体包括社会服务机构、利益相关者、利益无关者。如果机构是评估主体，这种评估就是机构内部评估，其目的通常是检查某项服务的实施过程和结果，检视机构管理方面存在的问题。利益相关方包括资助方、监督方、服务对象等。资助方评估一般是为了掌握资金的去向、使用效果，以及资金使用是否合理，并据此决定是否继续给予机构资金支持。监督方评估旨在评价服务的提供是否依据合同和规范进行，服务效果是否达到预期目标，是否回应了公众需求，是否解决了社会问题。服务对象的评估往往涉及对服务满意度的评价，如服务是否满足了自身的需求，是否解决了自己遇到的难题，工作者的态度、能力和技巧如何，等等。利益无关者评估可以称为第三方评估，是指由服务委托方、服务提供方和服务对象之外的，独立的第三方机构对社会服务展开的评估。[②]

2. 评估对象

评估对象回答的是“评估谁”的问题。社会服务评估的对象是承担社会服务的社会组织。社会服务机构作为接受政府和社会组织资助的主体，是社会

---

① 王思斌：《社会行政（第二版）》，高等教育出版社 2013 年版，第 181 页。
② 吴帆：《社会服务评估实用教程》，高等教育出版社 2018 年版，第 17 页。

服务的承担者,也是被评估的对象。当然,除了社会服务机构外,服务项目和社会工作者也可能接受评估。

3. 评估内容

评估内容回答的是“评估什么”的问题。评估内容通常是以评估指标体系的形式出现的。目前,针对社会服务机构的评估内容一般包括基础建设、专业管理、人才管理和财务管理等方面。基础建设评估侧重于评价组织的机构设置、制度建设、内部治理架构和信用信息建设等方面;专业管理评估主要涉及服务设计、项目管理和项目成效等方面;人才管理评估主要是对人才队伍建设方面的评估;财务管理评估主要是对资金的合理使用、财务的透明度等进行评估。针对项目的评估一般包括成本、产出、服务对象满意度、社会影响等。

4. 评估方法

评估方法回答的是“怎么评估”的问题。评估方法是指收集、整理和分析评估资料的方法。例如,通过问卷调查、个别访谈、焦点小组、座谈会等方法收集评估所需的材料,通过统计分析、案例分析、文献分析等方法处理评估资料。社会服务评估通常采取定性和定量相结合的方法。评估主体应多渠道收集、分析与评估相关资料,并正确处理资料,以保障评估的科学性和有效性。

5. 评估结论

评估结论回答的是“评估发现了什么”的问题。实施评估是为了得出结论,并且要将结论运用于决策和管理之中。评估主体应当实事求是,出具全面、客观、明确的结论,既要充分肯定社会服务所取得的成效,也要指出其存在的问题,并提出改进建议。

二、开展社会服务评估的意义

(一)是检验服务绩效的重要手段

社会服务机构实施服务项目是有预期目标的,如果缺乏客观的评价,就无法判断社会服务的效率和效果。实施评估活动,对照服务计划,评估主体可以判断机构是否完成了合同约定的任务,可以考量服务方案设计是否服务于项目目标,可以考察服务效果是否与预期相符合,可以估量服务的投入产出比。此外,评估也是确认社会服务是否真的具有效果的科学方法。

(二) 是合理配置资源的重要依据

随着社会服务机构数量的快速增加,社会服务领域的资源竞争也日趋激烈。无论是政府购买服务,还是社会提供公益支持,都需要关注福利资源的配置是否合理的问题,毕竟出资方不可能同时支持多项服务。所以,如何有效率地运用有限的福利资源,提供符合大众需求的高质量的社会服务,就成为政府和社会关注的议题。究竟一项服务该投入多少资源?如何确定资源投入的顺序与比例?这些都需要通过评估来回答。同时,通过评估,评估主体可以对比以往的资源分配情况,这也有利于优化社会福利资源的结构。

(三) 是决定发展方向的重要考量

评估服务项目可以帮助机构厘清服务发展的方向,进而制定科学的战略规划。社会服务的发展方向一般分为 3 种情况,即服务的持续、服务的调整、服务的终止,无论是哪种情况,都必须建立在科学、系统的评估之上。而对社会服务机构进行评估,也会促使其在制度建设、规范管理、诚信运营等方面做出改革,使机构的发展方向更清晰,不断提高社会工作行政的水平。正如比格斯塔夫所说,评估是机构的内在责任,"评估直接影响着机构的目的和运作"。[①]

三、社会服务评估的理论

(一) 3E 评估理论

3E,即经济(economy)、效率(efficiency)和效果(effectiveness)。其中,经济是指以最低的成本供应与采购维持既定服务品质的公共服务。它关心的是投入的数量,如某个项目在特定时间内究竟花了多少钱、工资成本是多少、花费是否与预算一致等。效率是指投入与产出的比例。效率指标通常包括服务提供的水准、活动的执行、每项服务的单位成本等,如某个项目单位投入的产出是多少。效果是指公共服务目标的实现程度。效果指标通常只关心目标或结果。

3E 评估理论是当前国际上较为流行的非营利组织评估理论之一。经济、效率、效果是政府与社会组织等普遍关注的问题。应该说,从 3E 评估理论的角度出发对社会服务进行评估有助于提高社会服务机构的绩效,如可以考察

① Marilyn A. Biggerstaff, "The Administrator and Social Agency Evaluation," *Administration in Social Work*, 1977: 71.

社会服务机构的资金使用效率，促使其积极寻找高效使用资金的途径。从横向上看，评估主体可以考察社会服务机构内部管理费用占总费用的比例，督促其降低管理成本，提高服务资金的使用效率；从纵向上看，评估主体可以通过对比上一年度与本年度的费用情况，审核费用降低幅度，从而激励社会服务机构主动降低费用、提高效率。

（二）3D 评估理论

虽然 3E 评估理论处于主流地位，但它也受到了一些学者的批评。这些学者认为，非营利组织的利益相关者是多元的，既包括捐赠者、社区领导人、志愿者、非营利组织的管理人员，也包括服务对象。由于不同利益相关者关注的角度不同、价值判断的标准不同，甚至存在冲突，因此，很难简单地根据经济、效率与效果来评价。此外，非营利组织的目标往往较为宏观和模糊，没有特别明确的绩效标准，且常常随外部环境的变化而变化；社会服务项目的实施结果除受政策、计划或项目本身影响外，往往还受许多其他因素的影响，也就是说其因果关系实际上并不明确。[①] 基于此，这些学者主张社会服务评估理论应当从 3E 向 3D 转变。

3D，即诊断（diagnosis）、设计（design）与发展（development）。其中，诊断是指管理者和领导者能够正确地判断、识别组织与项目所面对的或即将面对的新情况和新问题，尽可能综合考虑所有影响因素，综合平衡相关群体的需求与利益。设计是指为解决上述问题而进行的战略调整与结构优化。发展是指解决项目实施过程中遇到的实际困难，并根据不同的实施阶段进行管理变革与创新。可见，3D 评估理论注重通过评估推动非营利组织自身的能力建设，使其不断学习并完善自身的服务。在社会服务机构评估中，评估主体可以从机构管理能力建设、内部管理、人力资源等维度设置相应的评分指标，考量机构的制度建设、服务水准、创新能力与可持续发展能力等。

（三）CS 评估理论

CS 是英文 customer satisfaction 的缩写，意为顾客满意度。20 世纪后期，企业界开始关注顾客满意度，并据此调整自己的营销战略。所谓顾客满意度，是指顾客感受到的服务质量达到其期望值的程度（见图 12 - 1）。可见，CS 评估测量的是服务使用者的主观感受。该理论认为，有 3 个因素会影响顾客满

---

① 车峰：《非营利组织管理》，中央民族大学出版社 2015 年版，第222 页。

意度，即经历的服务质量、预期的服务质量、感知价值。简单来说，如果一个顾客经历的服务质量与其预期一致，甚至好于预期，那么他会认为自己为服务所做的投资是非常值得的，进而会对服务方产生较好的印象。如果服务方能够有效维护这种满意度，就会赢得顾客的忠诚；反之，服务方可能会遭到顾客的抱怨，进而导致顾客流失。实践表明，对企业而言，赢得顾客的满意是一种行之有效的经营战略，它可以为企业带来宝贵的无形资产，增强企业的竞争力。

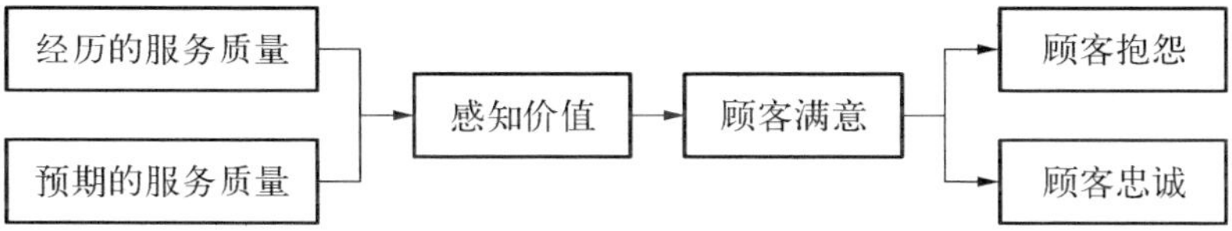

图 12－1　顾客满意度的心理分析

无论是 3E 评估还是 3D 评估，它们都是一种自上而下的评估方式。这种评估方式强调评估的权威性。随着新公共管理思潮的兴起，一些研究者和实务工作者提出，社会组织具有回应社会需求、解决社会问题的职能，其核心工作是为公众提供优质的社会服务，因此，评估的导向应当是自下而上的，即以顾客满意度为焦点。在评估中，评估主体要了解服务方是否迅速、准确地回应了服务对象的需要；服务人员是否具备提供服务所需的知识与技能；服务人员是否尊重服务对象，态度是否谦虚有礼；服务方是否值得信赖；服务对象的隐私保护与反馈途径是否得到保障；等等。当然，在当下的社会服务评估中，CS 评估只能作为一种辅助手段，要实施全面、客观的评估，还应该注意从多个维度展开服务。因为服务使用方不付费，他们可能会存在“有总比没有好”的心理，或者担心承受其他外部的压力，进而一味地叫好，从而导致评估结论有失客观。

（四）APC 评估理论

我国学者邓国胜分析了 3E 评估理论、3D 评估理论和 CS 评估理论在非营利组织评估实践中的缺陷，认为应当开发出适合中国社会组织发展现状的评估理论及其指标体系。他带领的课题组在大量的问卷调查与个案研究的基础上，提出了 APC 评估理论。该理论主张从问责、绩效和能力 3 个维度对非营利组织进行评估。其中，问责是指非营利组织对其使用的公共资源的流向及使用效果的社会交代。通常情况下,问责评估主要包括非营利组织的治理结构、活动是否与组织宗旨一致,组织的有关信息是否进行了必要而准确的披露,组织的财务是否透明,等等。问责评估是确保非营利组织公信力的一种制度安排。绩效评估是对非营利组织的效率、效果、顾客满意度、社会影响等进行的评估。能力评估是对非营利组织开展活动和实现宗旨的技能和本领进行的评估。

APC评估框架下的非营利组织的问责、绩效与能力是密切相关且相互作用的。问责评估是保证非营利组织公信力的制度体系,有助于增强非营利组织的责任意识,提升其声望与合法性,而这些是非营利组织实现可持续发展的必要条件;绩效评估是保证非营利组织有效使用稀缺资源的制度安排,有助于保证非营利组织正确地去做事;能力评估是保证非营利组织提升组织能力的管理工具,是非营利组织持续提升组织的问责性与绩效的基础。只进行组织绩效评估,容易导致评估流于形式和评估结果难以发挥作用,组织的能力也难以得到相应的提升;只进行问责评估,也容易出现组织能力不足的情况,或者虽然组织内部没有贪污腐败现象,但是资源的使用效率不高;只进行能力评估,也容易导致组织能力虽然提升了,但是组织没有做正确的事或没有正确地做事。①

四、社会服务评估的类型

(一)依评估主体划分:自我评估与外部评估

1. 自我评估

自我评估是指社会服务机构对照相关指标或要求,对自身的治理情况、管理水平、服务能力、项目绩效等进行评价。自我评估有如下优点:(1)评估者对机构内部结构与运行情况较为了解,对项目、计划或政策实施的整个过程较为熟悉。(2)成本较低,时间上有弹性,在项目、计划或政策实施的每个阶段都可以进行评估,有利于及时发现问题、解决问题。(3)评估结果或建议容易在执行过程中得以运用。这是因为,一方面评估者本人就是项目、计划或政策的执行人,另一方面评估者对评估过程中发现的问题有切身的体会。当然,自我评估也存在一些局限,包括评估可能流于形式,评估结论可能不够客观,或

① 邓国胜:《非营利组织"APC"评估理论》,载《中国行政管理》2004年第10期。

者即便是实事求是的评价，也可能会受到外界的怀疑。

2. 外部评估

外部评估是指由利益相关者和利益无关者对机构及其社会服务开展情况进行评价的活动。外部评估有如下优点：(1) 评估形式较为规范和科学；(2) 集中时间进行评估，效率较高；(3) 评估结果易于被公众接受。其缺点如下：(1) 成本较高，时间上缺乏弹性；(2) 外部评估者对机构的历史、现状、服务过程、当地的社会经济文化背景并不十分了解，又需要在较短的时间内完成评估，因此可能会使评估流于形式；(3) 评估结果落实的难度相对较大。

(二) 依评估对象划分：机构评估与项目评估

1. 机构评估

机构评估是指以社会服务机构为评估对象，由具有管理权限的政府部门、具有一定资质的社会组织或具有一定资历的专业人员，基于特定的要求，运用科学的方法，对机构开展评价的活动。例如，政府的社会组织管理部门对机构的年检和等级评定，民政部门或出资方委托第三方机构开展的社会服务机构评估。对机构的评估通常包括基础条件、内部治理、业务活动、诚信建设和社会评价等方面，其中对业务活动的评估主要涉及对服务状况和服务效果的评估。

2. 项目评估

项目评估是指评估主体依据项目合同，运用科学的方法，对社会服务项目的计划、实施、调整和效果等进行的推测、诊断和评价。评估主体对项目的评估主要聚焦于两个方面：第一，出资方的资助是否"价有所值"，即服务的成本和效益是否令人满意；第二，服务的专业性是否得到体现，即服务效果是否令人满意。换言之，项目评估重点关注的是成本控制系统和服务质量保障机制。

(三) 依评估内容划分：努力评估、成果评估、效率评估与影响评估

1. 努力评估

努力评估即评估机构为实现服务目标所付出的努力情况。例如，服务方案是否按照原定计划实施，目标实现的程度如何，受助者是否得到了适当的帮助，等等。其具体的操作形式分为方案监察、特别研究和记录分析。努力评估也被视作为服务提供的反省机会，因此它具有监督的功能。

2. 成果评估

成果评估是指将评估的焦点集中于干预的效果上，特别是干预是否产生了预期的成效，即检验服务对象接受干预后达成的结果，并且确认方案成果目标的达成程度。也就是说，成果评估将焦点放在服务对象的改变上，它要考察服务对象在行为、人格、感觉、适应力、技巧和知识等方面的变化。在社会服务中进行成果评估，可以对服务对象进行访谈和问卷调查，也可以使用标准化的评估工具对服务效果进行测量。

3. 效率评估

在社会服务中，效率评估主要是指服务方案产生的效果与耗费资源之间的比例关系，通常按照会计学的原理和方法计算成本与产出的关系。一般来说，成本的投入比较容易判断，但是社会服务的效果往往难以精确计算，需要借助一定的方法进行度量。

4. 影响评估

影响评估即从社区、社会层面分析服务的效果，如服务是否对社会环境产生了积极的影响。评估结果往往通过服务对象的评价、媒体报道等反映出来。

（四）依服务环节划分：需求评估、方案评估、过程评估与结果评估

1. 需求评估

需求评估属于事前评估，是指社会工作者或社会服务机构对潜在的或实际的服务对象的需求进行的判断。它是社会服务的出发点，也是服务方案开发、计划执行和总结评估的基础。通过需求评估，机构不仅可以了解服务对象所遇到的困难的性质和程度，还可以了解服务对象的需求没有得到满足的原因，进而确定机构是否应该及如何提供这些服务。

2. 方案评估

方案评估也属于事前评估，是指根据科学性、可行性和有效性等原则，在众多备选方案中进行选择的活动。服务方案的形成既要紧扣服务对象的需求，又要顾及机构的资源条件和特色优势，并充分考虑实施层面的可行性。

3. 过程评估

过程评估与方案开发相衔接，又称形成性评估，是在服务提供或项目执行过程中开展的一种评估活动，旨在考察服务项目的实施过程和进展情况，从而发现服务或项目执行过程的优缺点。过程评估涉及项目执行阶段的主要方面，如活动的覆盖面、活动的质量、活动的产出等。

4. 结果评估

结果评估属于事后评估，是指评估主体在服务结束后开展的评价活动，所以又称总结性评估。一般来说，结果评估可分为效果评估、影响评估和效率评估。结果评估是总结性的、全面的，它对评价社会服务的绩效、改善服务方式、提升服务质量、保证服务目标顺利实现都具有重要的意义。

第二节　社会服务机构评估的组织过程

一、评估的准备

在准备阶段，评估主体要回答为什么评估、评估什么、如何评估等一系列问题，即明确评估目的、评估内容和评估方法。此阶段的重要产出是制订一份科学可行的评估计划，并据此与委托方签订评估协议。

（一）明确评估目的

机构外的评估主体实施评估一般都是受委托方的邀约。委托方包括社会服务项目的出资者、购买者、监管者和执行者等。[①] 评估主体在接受委托后，应明确此次评估的具体目的。一般而言，评估的目的大致分为两种：一是改进服务或改善管理。例如，对机构实施的项目进行中期评估，评估主体希望通过评估改善项目执行情况，以提高服务质量和管理水平。以此为目的的评估一般也称形成性评估。二是总结项目或评定机构等级。在这种情况下，项目一般已经结束或临近结束，委托方想通过评估对项目进行全面的总结，或者是评估主体在全面核查了相关材料后对参评机构做出评价。以此为目的的评估一般称为总结性评估。

（二）确定评估内容

评估主体应当根据委托方的要求，在初步了解项目情况的基础上，确定评估内容。

1. 项目绩效评估

如果是在项目结束时评估项目的绩效，那么评估内容一般包括以下方面。

（1）项目方案。其包括：项目策划是否专业规范；服务计划是否具有逻辑

① 顾东辉：《社会工作评估》，高等教育出版社 2009 年版，第 45 页。

性和可操作性，是否回应了服务对象的需求和项目目标；对服务对象的界定是否符合项目要求；需求调查是否准确，是否能根据需求合理界定服务的覆盖范围和目标指向；预算是否体现目标相关性、政策相符性、经济合理性、公益导向性的原则。

（2）项目实施。其包括：专业人员配备是否适当，是否分工明确、优势互补、团队协作；物资配置是否合理；专业服务价值理念是否得以体现；是否正确运用了专业服务理论；专业服务方法运用是否适当。

（3）项目管理。其包括：项目行政管理；专业规范性管理；项目进度管理；服务质量体系与督导；风险管理与应急预案；项目资金管理。

（4）项目成效。其包括：目标实现程度，如合同规定的服务目标达成情况，合同规定的服务数量完成情况，合同规定的服务对象改善情况，合同规定的服务组织及其专业团队从项目实施中得到成长与发展的情况；满意度，即服务对象、购买方、项目执行方对社会服务过程与成效的满意度；社会效益，如社会反响、决策影响、资源整合等。

2. 管理能力与服务水平评估

如果是评估机构的管理能力与服务水平，那么评估的内容一般包括如下方面。

（1）基础条件。其包括法人资格、办公条件、机构章程等。

（2）治理能力。其包括理事会、监事会、执行机构、人才队伍、财务工作、信息披露、档案管理、印章管理等。

（3）服务成效。其包括服务的规范性与专业性、风险管控、履约情况、品牌建设等。

（4）社会影响。其包括诚信建设、社会资源整合、影响力、可持续发展等。

评估的类型不同，评估的内容必然会有一定的差异。评估的重点和难点在于评估内容及标准的确定。[①] 在实践中，有些评估项目在开始时关注的焦点并不清晰，委托方只能提出一些疑问，这就需要评估主体不断地聚焦评估内容，甚至需要设计评估指标。设计评估指标可以将评估的内容具体化。评估主体可以根据服务合同设计评估指标，也可以着眼于服务的过程逻辑设计评估指标，或者直接采用或适当改编现有的评估指标。

---

① 郭锦萍：《社会工作机构的运作与管理》，北京大学出版社 2015 年版，第 315 页。

（三）确定评估方法

1. 收集资料的方法

收集评估资料可以采取多种方法，如观察法、访谈法、问卷调查法和焦点小组访谈法等。观察法是评估者有目的、有计划地观察评估对象的行为，并由此判断服务成效或机构的管理能力。访谈是指研究性的交谈，是以口头交流的方式向评估对象了解情况、收集信息。访谈法运用范围广、针对性强、灵活可靠，是常用的一种评估方法。问卷调查法也是评估中经常使用的一种方法，它可以快速收集信息。问卷调查法以问卷为工具，因此问卷设计的质量会直接影响调查效果。问卷设计应紧扣评估目标，将评估内容转化为具体的问题，并提供适当的选项。近年来，焦点小组访谈法也得到了越来越多的使用。焦点小组访谈应该由经验丰富的主持人组织，小组成员的经济社会地位应大体相同，他们应具有特定的知识或经验，可以就某个特定的话题提供相关的信息，且总人数是有限制的。

2. 分析资料的方法

评估资料可分为定量数据和定性资料，其需要采取不同的分析方法。对于定量数据，评估主体可采取描述性统计和推论统计的分析方法。描述统计的主要任务是将资料以一种方便的、可使用的、易懂的方式呈现出来，如描述频次分布、集中趋势等。推论统计回答的是样本反映的情况能否推论到总体，其通常可以采用卡方检验、T 检验、因子分析等考察变量之间的相互关系。定性资料的分析一般包括 3 个步骤，即资料的整理和初步分析，资料的归类与深入分析，资料的解释和理论建构。

（四）制订评估计划

在明确了评估的目的、内容和方法之后，评估主体应制订一份具有操作性的评估计划，对评估任务进行分解。首先，确定紧凑有序的时间进度表，确保各个步骤或环节的顺利完成；其次，进行合理的经费预算，确定评估总费用及各项任务所需的开支明细；最后，合理分配人力资源，确保各个步骤或环节都有合适的人力投入。

（五）签订评估协议

一般而言，在评估的准备阶段，评估主体还要与委托方签订评估协议（见表 12－1）。签订评估协议可以进一步明确评估的目标、类型、焦点和问题，明确委托方和评估主体之间的权利和义务，确定评估的时间进度和经费预算等问题。

表 12－1　委托评估协议(示例)

委托方(甲方)：
受托方(乙方)：
兹有甲方委托乙方对________________进行评估。双方经协商达成以下约定：

一、委托评估事项

(一) 评估的主要内容(略)
(二) 评估的时间要求　开展时间自____年____月____日至____年____月____日。
(三) 费用及付款方式
1. 本协议的评估费为人民币________(大写)元，该费用包括完成评估工作的所有运作资金、人员工资等有关费用。
2. 付款方式：甲方应在本协议签订后 20 个工作日内向乙方预付____%项目评估费，其余____%项目评估费在乙方提交评估报告后付清。
经费划拨至如下账号：
开户行：__________；开户名：__________；开户账号：__________

二、双方的权利和义务

(一) 甲方的权利和义务
1. 甲方的权利
(1) 甲方对乙方的评估及报告撰写过程享有指导权，对乙方撰写的评估报告成果享有知识产权。
(2) 甲方有权对乙方在评估工作开展过程中各项工作目标的完成情况、评估经费使用及各项评估指标落实情况进行监督，必要时提出修改意见和建议。
(3) 对于监督过程中出现的问题，甲方有权对乙方提出整改要求。乙方在整改后仍不能满足开展评估工作条件的，甲方有权终止协议并向乙方追讨全部经费。
2. 甲方的义务
(1) 按照合同规定如期向乙方拨付评估工作经费。
(2) 协调各业务主管部门、各项目承办机构，尽力解决评估工作中遇到的问题，为乙方提供必要的支持和帮助。
(二) 乙方的权利和义务
1. 乙方的权利
乙方按本协议规定获得评估工作经费；为完成本次评估工作，可以向甲方提出给予必要支持的要求。
2. 乙方的义务
(1) 按照约定完成项目评估工作，出具真实、完整、专业的项目评估报告。由于受项目评估工作性质的约束，以及受项目执行单位内部控制制度的固有局限性和其他客观因素制约，存在着某些重大错报可能未被发现的风险，因此，乙方的评估责任并不能替代、减轻或免除项目执行单位的项目管理责任。
(2) 对执行业务过程中知悉的项目执行单位的组织机密严加保密。除法律另有规定外，未经项目执行单位同意，乙方不得将其知悉的组织机密和项目执行单位提供的资料对外泄露。
(3) 根据项目实际完成情况和甲方要求，分期分批出具评估报告(如因项目执行单位未能及时提供评估资料等造成延期的，另行商定)。

续　表

三、违约责任
(1) 任何一方未按约定履行，另一方有权要求对方履行或终止本协议，并保留要求对方赔偿损失的权利。 (2) 对于甲方原因造成乙方工作进度延期，甲方不得追究乙方责任。对于乙方因自身原因未能及时有效地履行本协议，甲方有权不支付相应的评估费用，直至终止协议。 (3) 甲乙双方均应按照《中华人民共和国合同法》承担违约责任。 (4) 本协议一式四份，甲乙双方各执两份，具有同等法律效力。
甲方盖章　　　　　　　　　　　　乙方盖章 年　月　日　　　　　　　　　　　年　月　日

二、评估的开展

(一) 进入现场

签订评估协议之后，评估主体应依据计划安排及时开展评估。虽然评估有时采取看材料、听汇报的形式，但科学、严谨的评估最好在进入现场后进行，以实地观察机构的运作并收集资料。评估主体进入现场后，首先要争取得到机构相关部门的信任、支持和配合。建议举行一个正式的启动仪式，由委托方向机构介绍评估方，由评估方说明评估的目的、内容和计划，阐明评估对改进服务和管理的重要性。评估方应秉持真诚的态度、客观的立场，说明自己的期望，争取得到机构相关部门的理解和支持。评估方进入现场后还要进一步了解机构的基本情况，重新审视自己在准备阶段制订的评估计划，必要时，应进行适当的修改和完善。

(二) 收集资料

在准备阶段，评估主体已经确定了评估所要使用的方法。因此，在进入现场后，评估主体应按照计划，有目的、有意识地收集评估所需资料。例如，开展问卷调查，观察机构的运作和服务实况，查阅机构的档案材料和服务记录，对行政管理者、服务投递人员、服务对象等进行访谈，组织焦点小组讨论等。收集资料的方法很多，评估主体要组合使用不同的方法，力求收集的资料是全面的、真实的、相关度高的。

在收集资料时，评估主体必须恪守评估伦理。其主要包括如下方面：第一，个人品质或素质要求，如正直、尊重、能力、责任等。第二，不伤害服务对象及其他利益相关者。当评估主体面向他们收集资料时，他们应享有知情权、隐私权和决定权。第三，不伤害社会公正。评估是为了促进社会服务的有效提供，是为了帮助服务对象提升福祉，因此，评估主体在评估的过程中，不能伤害服务对象及其他利益相关者的利益，也不能违背社会公正原则。[①]

（三）分析资料

分析评估资料通常使用定量与定性相结合的研究方法。在定量研究中，资料分析方法主要是统计方法，如整理所收集的数据后直接进行统计分析，或将收集到的文字资料进行编码转换后再进行统计分析。常用的统计分析包括描述性统计和推论性统计两个部分。前者旨在对总体或样本的特征进行统计，分为单变量统计、双变量统计或多变量统计。单变量统计包括频次与频率统计、集中与离散趋势统计等，双变量或多变量统计包括相关系数测定、回归分析等。例如，在调查服务对象对机构的满意度时，选择“满意”的人数和比例属于单变量统计中的频次和频率统计；如果让服务对象对满意度打分，其均值和标准差就属于单变量统计中的集中趋势和离散趋势统计。后者旨在利用统计值来推论总体参数值。

在定性研究中，资料分析有两种思路：一种是“化繁为简”，即对庞杂的文字资料进行编码简化，提炼出主题，然后根据要回答的评估问题，将这些主题联系在一起；另一种是“由浅入深”，即对文字资料进行反复阅读，读出字里行间的含义，然后进行阐释和呈现。一般而言，在定量研究中，评估者先收集资料，再进行资料分析；在定性研究中，评估者可以边收集资料边分析，并且可以根据初步分析结果进一步收集资料。所以，评估资料的收集和分析未必仅仅是一种简单的线性过程，也可以是一种双向的互动过程。

三、评估的完成与反馈

（一）撰写评估报告

1. 评估报告的结构

评估主体完成评估资料的收集和分析工作之后，就可以进入撰写评估报告阶段。评估报告为书面报告，通常包括以下内容：

（1）标题。标题应简洁明了、直奔主题，如××评估报告。

---

① 吴帆：《社会服务评估实用教程》，高等教育出版社2018年版，第22页。

(2) 摘要。简要陈述评估的目的、内容、方法和结论，提出对策与建议。

(3) 目录。

(4) 引言。介绍评估的背景和目的，陈述评估的问题。有时，还可以简要介绍评估报告的结构。

(5) 评估方法。介绍评估采用的研究策略及具体方法。

(6) 评估发现。这是评估报告的主体部分，应围绕评估内容解读评估资料，详细报告评估发现。

(7) 结论与建议。总结评估发现，并据此提出对策与建议。评估结论应客观、公正、实事求是、简洁明了，所提出的对策与建议应具有针对性和可操作性。

(8) 参考文献。列出评估过程中所参考的各类文献资料的名称和出处。

(9) 附录。附录是对报告正文的补充或更详细的说明，包括数据汇总表等原始资料，还可以附上调查问卷、访谈提纲等参考性材料。

2. 评估报告的评价标准

评估报告基本上都会包括上述部分的各项内容。除了结构合理、内容完整、表述流畅等要求外，我们还可以通过回答以下问题来评价一份评估报告的质量：(1) 评估的目的和问题是否陈述清楚？(2) 评估设计是否科学、合理？(3) 对评估过程是否做了详细描述？(4) 收集的资料是否充足和可信？(5) 对资料的分析是否准确到位？(6) 评估发现是否基于收集到的资料？(7) 评估结论是否基于评估发现？(8) 对策与建议是否具有针对性和可操作性？(9) 评估报告是否包含了必要的参考文献？[①]

(二) 反馈评估结论

评估报告撰写完成以后，评估主体要及时将其报送给委托方审核。委托方会先向被评估的社会服务机构进行反馈，机构无异议后予以发布。如果机构有异议，委托方应允许其申诉。评估主体应针对机构提出的疑问进行回应，或者据实修改评估报告的相关内容。评估报告的发布可以采取多种形式。例如，在委托方的官网上正式发布评估报告文本，供关注此事的各方阅读或下载；在报纸、杂志等传统传播媒介上公告评估结论；召开发布会，邀请媒体、公众、服务对象代表、管理机构代表、社会服务机构代表等参加；将发布评估结果与举行研讨会相结合。

评估结论的发布，意味着它得到了委托方和评估对象的共同确认。评估结

① 时立荣：《社会工作行政》，中国人民大学出版社 2015 年版，第 227 页。

论不仅是对机构过去一段时间内管理与服务水准的评价，而且会影响机构的未来发展。[1] 从机构的角度看，评估主体在评估过程中发现的突出问题是机构在今后的运作中要优先关注和解决的问题，因此评估结论是机构决策的重要参考。例如，机构可能需要重新审视自己的宗旨和使命，着力提高服务人员的业务水平，或者努力提高资金的使用效率等。从委托方的角度看，评估结论也是重要的参考依据。例如，根据评估结论决定是否继续给予机构资金支持，基于评估结论客观总结购买服务的经验与教训，或者基于评估结论完善管理体制与机制，等等。

（三）进行评估总结

评估工作既是事务性的，也是研究性的。当评估工作告一段落时，评估主体应进行评估总结。评估团队要回顾整个评估过程——审视评估方案设计是否科学、评估过程是否规范、评估结论是否客观。通过总结，提炼有效的经验，发现存在的问题，从而为今后承担和开展评估工作打下良好的基础。

第三节　社会服务机构评估的指标体系

进入21世纪以来，我国第三部门不断发展壮大，并与人民生活和社会公共事业紧密相连，在政治、经济、文化、教育、科技等领域发挥着日益重要的作用。随着第三部门的快速发展，对社会组织开展评估也被有关部门提上了日程。社会服务机构是社会组织，也是民办非企业单位，具有非政府性、非营利性、志愿性等特征，因此，对机构进行评估，可以使用民间组织评估指标体系、社会组织等级评估指标体系，或者针对性更强的社会工作服务机构评估指标体系。在过去的十几年间，科研机构、政府主管部门、社会工作行业协会都在积极探索和构建符合中国国情的社会服务机构评估指标体系。这些指标体系界定了评估的主要内容和观测点，在规范机构管理、推动机构成长、提高机构社会知晓度等方面发挥了重要的作用。

一、APC评估指标体系

（一）科研机构的探索

1998年，清华大学成立非政府组织（NGO）研究所后，开始将国外公民社

① 评估结论的应用虽然非常重要，但从逻辑上说，它并不是评估过程的构成部分，而是评估产生的影响，所以，本书对评估过程的分析始于评估准备，终于评估总结。

会研究的相关成果引入国内，并着手调查国内民间组织的发展状况。2001年，邓国胜等基于国内调查与研究的发现，参考国外学者的评估理论，提出了NGO绩效评估体系的四模块框架，即非营利性评估、使命与战略评估、项目评估、组织能力评估。2004年，邓国胜等针对我国民间组织客观存在的、迫切需要解决的问题，提出了更为成熟的、适合我国NGO发展的APC评估理论。这一理论吸取了3E评估理论、3D评估理论和CS评估理论的主要优点，增加了适当性、社会影响和持续性等方面的评估内容。清华大学NGO研究所基于APC评估理论设计了一套较为理想的、全面的、综合的评估框架，该指标体系被评价为“更有针对性、更适合我国的NGO、更有助于我国NGO的健康与可持续发展”①。

（二）指标设置与观测点

APC评估指标包括定性和定量两类。由于社会服务的测度指标较难量化，因此通常需要通过提问等方式进行定性测定。该指标体系包括3个模块，即问责评估、绩效评估、能力评估。

1. 问责评估

问责评估的指标有5个：(1) 是否有健全的理事会；(2) 机构相关信息是否透明；(3) 机构的活动是否与其宗旨一致；(4) 机构资金的使用与运作情况；(5) 劝募的信息是否真实。

每个指标下设若干观测点，5个指标对应的观测点共计34个。例如，在评估是否有健全的理事会时，机构需要回答如下问题（观测点）：理事是否由独立的志愿人员组成？有投票权的理事人数是否在5人以上？直接或间接受薪的理事是否低于有投票权的董事的五分之一？受薪的理事是否担任主席或财务主管？理事会是否每年召开两次以上会议？参加会议的理事人数是否超过一半？理事是否出席理事会会议？理事或工作人员之间是否存在物质利益冲突？

2. 绩效评估

绩效评估的指标包括以下6个：(1) 项目的适当性；(2) 项目的效率；(3) 项目的效果；(4) 项目的社会影响；(5) 项目的可持续性；(6) 受益群体的满意度（见表12－2）。

---

① 林修果：《非政府组织管理》，武汉大学出版社2010年版，第348页。

表 12－2　社会服务机构绩效评估的指标设置

指标设置	各指标下设的观测点
项目的适当性	(1) 该项目是否可以视为当地社会发展的优秀项目；(2) 项目立项的迫切性；(3) 项目是否对目标群体需求进行了及时的回应；(4) 项目是否与机构的宗旨一致
项目的效率	(1) 项目的成本效益如何；(2) 项目在实施过程中是否节约了时间；(3) 项目经验在当地的推广情况；(4) 项目经验在其他地区的推广情况
项目的效果	(1) 项目活动遵守原计划的程度；(2) 项目目标的实现程度；(3) 受益群体知识的变化；(4) 受益群体生活条件的变化；(5) 受益群体生活方法、行为的变化；(6) 受益群体精神面貌的变化
项目的社会影响	(1) 项目对就业问题的影响；(2) 项目对性别与发展问题的影响；(3) 项目对生态环境的影响；(4) 项目对消除贫困的影响；(5) 项目对民族关系影响
项目的可持续性	(1) 项目的管理制度是否完善；(2) 项目管理人员的责任心；(3) 项目管理人员的变更；(4) 项目的风险性；(5) 项目的后续管理是否到位
受益群体的满意度	(1) 受益群体对工作人员或志愿者服务态度的满意度；(2) 受益群体对服务内容的满意度；(3) 受益群体对资金安排的满意度；(4) 受益群体对项目实施时间选择的满意度；(5) 受益群体对项目结果的满意度

3. 能力评估

能力评估的指标包括机构的有形能力与无形能力。在评估机构的有形能力时，评估主体需要考察的观测点包括：(1) 项目专职或兼职管理人员的数量；(2) 项目专职或兼职管理人员的文化程度；(3) 实施项目的机构是否有固定的办公场所；(4) 实施项目的机构是否有相应的办公设备；(5) 实施项目的机构是否有必要的运营经费。在考察机构的无形能力时，评估主体需要观测机构的战略规划、信息系统、公共关系、筹资能力等。

在实际操作中，评估主体可以对参评机构进行全面诊断，也可以根据机构的类型，侧重于了解它的诚信、绩效或能力。例如，针对基金会的评估，评估主体可重点考察其诚信情况；针对民办非企业单位的评估，评估主体可重点评估其组织绩效。毕竟，评估是需要投入成本的，包括时间成本、金钱成本、人力成本等，评估的内容越全面，所需的成本投入越高。作为国内最早的针对民间机构的评估指标体系，APC 评估指标体系为社会服务机构的运营和发展提供了重要的参考。

二、社会组织等级评估指标体系

（一）社会组织等级评估指标体系的产生

2005 年，民政部民间组织管理局与民间组织服务中心启动了对行业性、公益性、学术性、联合性、基金会、民办非企业单位等 6 类社会组织评估指标的研究工作。2007 年，《民政部关于推进民间组织评估工作的指导意见》和《全国性民间组织评估实施办法》出台。此外，民政部还结合实际情况制定了更加切实可行的行业协会商会、学术类社团、公益类社团、职业类社团、联合类社团、民办非企业单位、基金会和非内地居民担任法定代表人的基金会 8 类社会组织评估指标，完成了全国性社会组织评估指标体系建设。

2010 年民政部颁布的《社会组织评估管理办法》明确提出了分类评估的要求：对社会团体和基金会实行综合评估；对民办非企业单位实行规范化建设评估。其中，民办非企业单位的评估内容主要包括基础条件、内部治理、业务活动、诚信建设、社会评价。《民政部关于推进民间组织评估工作的指导意见》中指出，民间组织评估的具体工作可以通过建立或委托相应的评估机构进行，这为第三方评估的发展提供了动力。随着社会组织的发展，民政部也在不断修改与完善评估指标体系。2012 年，民政部对全国性社团评估指标进行了修订，并对相关指标的名称、顺序和分值进行了微调。2017 年，民政部又对全国性行业协会商会、全国性学术类社团、全国性公益类社团、社会服务机构等 7 类社会组织的评估指标进行了修订。

在民政部的推动和指导下，各地民政部门也积极探索制定符合本地实际的社会组织评估指标体系。例如，深圳市于 2009 年开始探索政府委托第三方机构实施社会组织评估的做法，并在实践中逐渐形成了多元主体共同实施评估的工作模式，兼顾“全身体检”与“绩效导向”。2013 年 12 月，广州市民政局印发了《广州市社会组织评估管理办法》（已废止，现为《广州市社会组织等级评估管理办法》），希望通过评估提升社会组织的治理能力。目前，广州市社会组织评估已经做到了常态化、规范化与制度化。2017 年，北京市基于多年的实践探索，形成了具有自身特色的社团评估指标和民办非企业单位评估指标，并由第三方机构在评估中使用。其中，民办非企业单位评估指标对党建有所侧重，社团评估指标中学术类社团评估指标更重视学习型组织的建设。

民政部门是社会组织的主管部门，其推动社会组织评估的目的在于以评促改、以评促建、以评促管，从而引导社会组织朝着规范治理、良性运行、可持续发展的方向前进。社会组织等级评估指标体系的设计也力求能够回应社会组织发展进程中遇到的新问题和新需求，既要考虑社会组织的共性又要顾及不同类型社会组织的差异，既要有基础性制度指标又要有倡导性发展指标。从实践情况看，我国社会组织等级评估指标体系经过多年实践的检验，体现了其科学性与专业性，能够规范社会组织的运行，促进社会组织的发展和完善。

（二）社会组织等级评估指标体系的设计与说明

该体系以基础条件、组织建设（或内部治理）、工作绩效和社会评价这 4 个板块为一级评价指标，然后以此为基础，根据社会组织的不同类别分别形成社会团体、基金会，以及民办非企业单位的二级、三级、四级评估指标和具体的评定方法与说明。所有社会组织评估指标的总分值均为 1 000 分，只是在具体的分值分配上，各类社会组织的规定略有差异。最后按分值高低将参评的社会组织分为 5 个等级，依次为 5A 级、4A 级、3A 级、2A 级、1A 级。社会组织评估等级结果公示无异议后，民政部门向获得 3A 及以上等级的社会组织颁发证书和牌匾，向获得 1A、2A 评估等级的社会组织颁发证书。

在这个指标体系中，除了少部分财务管理需要为评估组织提供数据，依据此数据得出结论外，大部分评估指标均以定性评价为主，由参评专家根据自己的知识、经验，再结合对被评估组织工作场地、人员和文档资料的观察与分析做出评判，定量评价的内容和分值偏少。[①] 该指标体系侧重于引导社会组织开展规范化建设，并且允许各地对上述 4 个板块的分值与评定标准进行调整。目前，各地方政府均以该指标体系为蓝本，定期开展社会组织等级评估工作，并将评估结果作为政府部门及其他组织的重要参考。

社会组织等级评估指标体系的构成如下。

1. 基础条件（120 分）

基础条件下设 4 个二级指标和 9 个三级指标：(1) 法人资格（45 分），包括法定代表人（10 分）、活动资金（15 分）、名称（5 分）、办公条件（15 分）；(2) 章程（20 分），包括制定程序（10 分）、章程核准（10 分）；(3) 变更和备案（25 分），包括变更（15 分）、备案（10 分）；(4) 年检（30 分）。每个三级指标下再设四级

① 董文琪：《社会组织评估指标体系的优化问题分析》，载于孙伟林《中国社会组织评估十周年纪念文集》，中国社会出版社 2019 年版，第 73 页。

指标，如办公条件下设的四级指标包括办公用房、办公设备、场所规模，年检下设的四级指标包括参检时间、年检结论。

2. 组织建设（360 分）

这是社会组织等级评估的重点内容。其下设 5 个二级指标和 19 个三级指标：(1) 组织机构（100 分），包括员工（代表）大会（10 分）、理事会（40 分）、监督机构（20 分）、办事机构（10 分）、党组织（20 分）；(2) 人力资源（70 分），包括管理制度（20 分）、定岗聘员（10 分）、工资福利（20 分）、人员培训（10 分）、工作人员学历与职称（10 分）；(3) 领导班子（40 分）；(4) 财务资产（115 分），包括财务人员（10 分）、民间非营利组织会计制度（40 分）、财务管理（35 分）、税务和票据管理（10 分）、财务监督（20 分）；(5) 档案与证章管理（35 分），包括档案管理（10 分）、证书管理（15 分）、印章管理（10 分）。对于组织建设的评估，评估主体重点考察的是规范性问题。

3. 工作绩效（420 分）

这也是社会组织等级评估的重点内容，分值占比为 42%。其指标设计与观测点如表 12－3 所示。

表 12－3　民政部社会组织等级评估之"工作绩效"模块指标

二级指标	三级指标	四级指标
业务活动（125 分）	业务计划（20 分）	业务发展规划
		年度业务项目计划
	业务监督（20 分）	项目检查
		项目总结
	业务效果（30 分）	年度业务项目计划完成情况
		超额完成计划
		社会影响力
	业务效益（55 分）	年度收支比例
		年度收入增长率
		资产增加情况

续　表

二级指标	三　级　指　标	四　级　指　标
专业队伍建设（30分）	工作人员职业道德建设（15分）	职业道德准则
		职业道德准则落实情况
	人员增加情况（15分）	技术人才变化情况
		工作人员变化情况
提供服务（140分）	承诺服务（30分）	承诺服务制度
		承诺服务效果
	服务政府（50分）	参与制定相关法律、法规
		向政府提出政策建议
		接受政府委托项目和购买服务
	服务社会（60分）	履行社会责任，服务社会公众
		在重大突发事件中发挥作用的情况
		公益活动计划制订
		公益活动支出情况
		公益活动开展情况
		社会效益
信息公开（80分）	信息披露制度（30分）	信息披露情况
	公开内容（50分）	单位基本信息
		收费项目和标准
		重大活动事项
		财务状况
		年度工作报告

续　表

二级指标	三　级　指　标	四　级　指　标
国际交流(20分)	国际活动(20分)	国际合作
		国际影响
社会宣传(25分)	媒体形式(15分)	网站
		报刊
	媒体宣传(10分)	新闻媒体宣传

4. 社会评价(100分)

社会评价下设两个二级指标：(1) 内部评价(30分)，包括理事评价(15分)、监事评价(15分)；(2) 外部评价(70分)，包括登记管理机关(20分)、业务主管单位(20分)、服务对象(20分)、政府有关部门(10分)。

三、社会服务机构评估指标体系

(一) 社会服务机构评估指标体系的产生

中国社会工作联合会(原中国社会工作协会)成立于1991年，并于次年加入国际社会工作协会。它是民政部直属主管的全国性专业社会团体，以开展行业服务、加强行业自律、规范行业行为、反映行业诉求、维护行业权益、促进行业发展为宗旨。近年来，中国社会工作联合会为响应《民政部关于促进民办社会工作服务机构发展的通知》(已废止)等政策文件中提到的“要建立公开、公平、公正的民办社工机构评估体系，形成客观科学的第三方评估体制，将评估结果作为政府购买民办社工机构服务的重要依据，促进民办社工机构发展和良性竞争”，同时也为规范社会工作服务机构，推动机构能力建设，促进机构可持续发展，在全国范围内开展了民办社会工作服务机构的评级工作。

2015年，中国社会工作联合会发布了《社会工作服务机构评估标准体系(试行)》(以下简称《标准体系》)。《标准体系》参考了国内外十几份相关的评估指标，包括民政部民办非企业单位规范化建设评估指标、美国明智慈善联盟的标准、日本社团法人现场评估指标体系以及我国台湾地区非营利性组织评估指标、深圳市社会工作服务机构绩效评估实施办法等。《标准体系》既吸收了上述指标体系的共性内容，又着眼于本土民办社会工作服务机构的发展状况，较好地平衡了本土特色和国际元素。《标准体系》考量机构的内部治理结构、理念和价值观，在注重专业服务的同时，也对机构和工作人员的能力给予了一定的重视。此外，《标准体系》还注重考查社会工作服务机构的信息披露、财务问责、社会影响力等，旨在提升机构的可持续发展能力。

2015 年，在中国社会工作联合会的指导下，国家开放大学社会工作学院与《公益时报》社联合举办了"百强社会工作服务机构"评选活动，并出版国内首部介绍社会工作服务机构发展情况的《社会工作服务机构发展报告》，在行业内引起了很大反响。"百强社会工作服务机构"评选的技术依据就是《标准体系》，参评对象是在民政部门登记并注册不少于两年、实际开展业务两年及以上的民办社会工作服务机构。评估内容涉及使命与实践、内部治理、管理与能力建设、社会工作专业服务、机构对外关系与可持续发展等维度，目的在于从整体上检验社会工作服务机构的综合运营能力和服务质量。截至 2020 年 4 月，"百强社会工作服务机构"榜单已发布了三期。该榜单的发布为社会工作服务机构的发展树立了典范，对推动机构服务水平提升、促进社会工作行业发展具有重大的指导意义。

（二）指标体系的构成与说明

《标准体系》是我国第一个与社会服务机构有关的评估体系。其包括五级指标（总分为 1 000 分），分别是机构使命与实践（100 分）、机构内部治理（150 分）、机构管理与能力建设（250 分）、机构社会工作专业服务（300 分）、机构对外关系与可持续发展（200 分）。相较于社会组织等级评估指标体系，该指标体系更注重评估社会服务机构的专业服务、机构管理和能力建设、对外关系和可持续发展。《标准体系》对评估内容做了十分详细的分解，二级指标有 19 个、三级指标有 46 个、四级指标有 144 个，并且说明了各个指标的评估方法。从实践情况看，运用该指标体系评出的"百强社会工作服务机构"具有较高的可信度，得到了业内的广泛认可。

1. 机构使命与实践

该指标下设如下二级指标：机构的使命与愿景（40 分）、机构的战略与规划（15 分）、机构的目标实践（45 分）。在考察机构的使命与愿景时，评估方需要了解机构的宗旨与目标是不是明确、使命与愿景是不是清晰。为了回答上述问题，指标体系的设计者提出了若干具体问题，即四级指标。例如，三级指标“机构宗旨与目标明确(15 分)”下设 3 个四级指标，即机构是否具有正式文字形式阐述的宗旨(5 分)，机构是否具有独特的标志(5 分)，机构员工是否以机构宗旨与目标为行动准则(5 分)。评估方主要通过查阅机构资料进行评估，少数涉及员工评价的四级指标则组合使用文献法与访谈法，如“机构员工是否普遍认可机构使命”。如果某个四级指标被判定为“是”，就可得到满分；被判定为“否”，就为零分。

2. 机构内部治理

该指标下设如下二级指标：机构权力配置(90 分)、机构监督管理(30 分)、执行部门(30 分)。其中，对于“机构权力配置”的评估主要涉及理事会的构成、职责与行为；对于“机构监督管理”的评估主要考察监事会或监事岗位的设立与章程、监事或监事会履行职责的情况；对于“执行部门”的评估则关注部门设置与运转、科学管理制度。机构内部治理指标下共设 23 个四级指标，主要通过查阅资料的方式予以评价。

3. 机构管理与能力建设

该指标下设如下二级指标：机构基础条件(30 分)、机构部门设置(10 分)、机构人力资源管理(90 分)、机构员工代表(20 分)、机构财务审计(50 分)、机构信息披露(50 分)。本模块重点考察的是机构的运营基础是否良好、制度是否健全、管理是否规范、服务能力是否有保障等。在本模块中，“机构人力资源管理”分值占比最高，评估方主要从社会工作专业人员配备、员工能力建设与发展、机构人员、人才队伍建设等维度考察机构的人力资源管理水平。毕竟，人是行政之本，没有高素质的专业人才，社会服务机构的服务质量就难以保证。此外，“财务审计与信息披露”也是本模块的重点内容，因为这两方面的制度建设与制度执行关乎机构的公信力。其中，财务审计评估包括财务管理制度(20 分)、专职财务人员(15 分)、守法问责(15 分)；信息披露评估包括机构信息管理(10 分)、机构公开信息(20 分)、机构信息沟通(20 分)。本模块的四级指标有 46 个，详细列出了机构管理与能力建设的主要观测点，为机构加强自身的内涵建设提供了指引。

4. 机构社会工作专业服务

本模块设置了 4 个二级指标、12 个三级指标和 25 个四级指标，重点评估机构提供服务的专业性与规范性、效率与效果，以及机构的风险防控能力等。本模块的具体指标设计与说明如表 12　4 所示。

表 12－4　社会工作服务机构评估标准体系之“机构社会工作专业服务”模块

二级指标	三级指标	序号	四级指标	分值	参照来源
4.1 机构服务总体评估（100分）	4.1.1 目标达成情况（30分）	88	机构是否制定活动与项目评估体系	10分	查阅资料
		89	机构是否实施机构项目或活动的评估	10分	查阅资料
		90	机构是否及时分享并学习评估结果	10分	资料与访谈
	4.1.2 按计划执行情况（25分）	91	机构是否制订项目与活动的计划	10分	查阅资料
		92	机构是否科学严谨地实施活动计划	10分	查阅资料
		93	机构是否按计划完成活动	5分	查阅资料
	4.1.3 服务受益人情况（20分）	94	机构专业服务是否具有明显成效	10分	资料与访谈
		95	机构服务对象对机构服务是否满意	10分	实地访谈
	4.1.4 服务经费使用情况（25分）	96	机构资金使用范围是否明确	10分	查阅资料
		97	机构是否有充足的资金来实施项目并应对突发事件	5分	查阅资料
		98	机构项目管理费用占项目总支出比例是否合理	10分	查阅资料
4.2 机构服务的专业性（110分）	4.2.1 专业服务理念（20分）	99	机构是否运用社会工作专业服务理念	10分	查阅资料
		100	机构是否遵循社会工作专业价值原则	10分	查阅资料
	4.2.2 专业理论运用（30分）	101	机构是否依据恰当的社会工作专业理论	15分	资料与访谈
		102	机构是否制定并提供恰当的服务内容	15分	查阅资料

续　表

二级指标	三级指标	序号	四级指标	分值	参照来源
4.2 机构服务的专业性（110分）	4.2.3 专业方法和技巧（30分）	103	机构是否运用社会工作方法和技巧	15分	资料与访谈
		104	机构是否为服务对象提供契合需求的服务	15分	资料与访谈
	4.2.4 督导制度（30分）	105	机构是否建立机构督导制度	15分	查阅资料
		106	机构是否具备人才培养机制	15分	资料与访谈
4.3 机构服务的规范性（40分）	4.3.1 相关政策指引（20分）	107	机构是否具有服务质量管理相关的制度与指引	10分	查阅资料
		108	机构执行团队是否了解相关制度和指引	10分	资料与访谈
	4.3.2 规范的服务记录（20分）	109	机构是否具备规范的服务流程的说明性文件	10分	查阅资料
		110	机构是否有适用及规范的服务记录	10分	查阅记录
4.4 机构的风险管理（50分）	4.4.1 风险预估（25分）	111	机构活动实施过程中是否进行风险评估	25分	资料与访谈
	4.4.2 应急预案（25分）	112	机构是否制订项目与活动的应急预案与措施	25分	查阅资料

5. 机构对外关系与可持续发展

该指标下设如下二级指标：机构利益相关者的权利保障（70分）、社会资源整合（60分）、机构影响力与可持续发展（70分）。其中，对“机构利益相关者的权利保障”的评估，考察的是机构是否提供有效的沟通和资讯平台（20分），是否具有完善的反馈、申诉机制与渠道（20分），以及服务对象与利益相关方的权益保障（30分）；对“社会资源整合”的评估，关注的是法规与政策资源、专家学术资源和有效利用社会资源的情况；对“机构影响力与可持续发展”的评估，考量的是机构的社会形象、表彰奖励、品牌建设、客户稳定增长等情况。

除了上述指标体系外，社会服务机构评估还可以参考王名团队设计的慈善组织评估指标体系。该指标体系是在2016年《中华人民共和国慈善法》颁